Christophe Losfeld & Eva Leitzke-Ungerer (edd.)

Hundert Jahre danach ...

La Grande Guerre:
Konzepte und Vorschläge

für den Französischunterricht und den
bilingualen Geschichtsunterricht

Französischdidaktik im Dialog (FDD)

Herausgegeben von Michael Frings und Jens F. Heiderich

ISSN 2191-8155

1   *Michael Frings & Frank Schöpp (edd.)*
    Varietäten im Französischunterricht
    I. Französische Fachdidaktiktagung (Gutenberg-Gymnasium, Mainz)
    ISBN 978-3-8382-0224-2

2   *Michael Frings & Jens F. Heiderich (edd.)*
    Ökonomische Bildung im Französischunterricht
    II. Französische Fachdidaktiktagung (Gutenberg-Gymnasium, Mainz)
    ISBN 978-3-8382-0244-0

3   *Christophe Losfeld & Eva Leitzke-Ungerer (edd.)*
    Hundert Jahre danach ... *La Grande Guerre:*
    Konzepte und Vorschläge für den Französischunterricht
    und den bilingualen Geschichtsunterricht
    ISBN 978-3-8382-0795-7

Christophe Losfeld & Eva Leitzke-Ungerer (edd.)

Hundert Jahre danach …

LA GRANDE GUERRE: KONZEPTE UND VORSCHLÄGE

für den Französischunterricht und den bilingualen Geschichtsunterricht

ibidem-Verlag
Stuttgart

Bibliografische Information der Deutschen Nationalbibliothek
Die Deutsche Nationalbibliothek verzeichnet diese Publikation in der
Deutschen Nationalbibliografie; detaillierte bibliografische Daten sind im
Internet über http://dnb.d-nb.de abrufbar.

Bibliographic information published by the Deutsche Nationalbibliothek
Die Deutsche Nationalbibliothek lists this publication in the Deutsche Nationalbibliografie;
detailed bibliographic data are available in the Internet at http://dnb.d-nb.de.

∞

Gedruckt auf alterungsbeständigem, säurefreien Papier
Printed on acid-free paper

ISSN 2194-8155

ISBN-13: 978-3-8382-0795-7

© *ibidem*-Verlag
Stuttgart 2016

Alle Rechte vorbehalten

Das Werk einschließlich aller seiner Teile ist urheberrechtlich geschützt. Jede Verwertung außerhalb der engen Grenzen des Urheberrechtsgesetzes ist ohne Zustimmung des Verlages unzulässig und strafbar. Dies gilt insbesondere für Vervielfältigungen, Übersetzungen, Mikroverfilmungen und elektronische Speicherformen sowie die Einspeicherung und Verarbeitung in elektronischen Systemen.

All rights reserved. No part of this publication may be reproduced, stored in or introduced into a retrieval system, or transmitted, in any form, or by any means (electronical, mechanical, photocopying, recording or otherwise) without the prior written permission of the publisher. Any person who does any unauthorized act in relation to this publication may be liable to criminal prosecution and civil claims for damages.

Printed in Germany

Inhaltsverzeichnis

EVA LEITZKE-UNGERER & CHRISTOPHE LOSFELD
Der Erste Weltkrieg als Thema im Französischunterricht und
im bilingual französischen Geschichtsunterricht 5

Enseigner la guerre en France et en Allemagne

CHRISTOPHE LOSFELD
La Guerre de 1914-1918 en cours de français langue étrangère
et dans l'enseignement bilingue 19

TRISTAN LE COQ
Enseigner la Grande Guerre en France 37

Außerschulische Lernorte

CHRISTIAN MINUTH
Élèves et étudiants sur les traces de la Grande Guerre –
pour une approche exploratoire et communicative 47

KATHRIN VAN DER MEER
Ein Buch als Souvenir. *Un parc à prisonniers*
im Französischunterricht der Oberstufe 63

Mediale Vermittlung des Weltkriegs

CORINNA KOCH
La trêve de Noël de 1914: Der europäische Antikriegsfilm *Joyeux Noël*
im Französischunterricht 83

JOACHIM SISTIG
Instrumentalisierung vs. kritische Rezeption:
Der Erste Weltkrieg in zeitgenössischen und modernen frankophonen
Bandes Dessinées im Französischunterricht 103

Von der Erfahrung zur Literatur

MICHAEL SCHNEIDER
Wahrheit und Konstruktion in Buch und Film: Frontbriefe und
Fronttagebücher des Ersten Weltkriegs im Französischunterricht 127

MARTINA BENDER
„Poèmes de la paix et de la guerre" (1913-1916) –
Apollinaires *Calligrammes* im Französischunterricht der Oberstufe 145

CORDULA NEIS
« Moi, mon colon, cell' que j'préfère, C'est la guerr' de quatorz'-dix-huit ! »
Esquisse d'une approche didactique à la chanson
La guerre de 14-18 de Georges Brassens 165

TIMOTHÉE PIRARD
Un exemple de roman de guerre en cours de FLE :
14 de Jean Echenoz ……………………... 185

La Grande Guerre im bilingualen Geschichtsunterricht

MICHELE BARRICELLI
Szenen aus dem Großen Krieg. Interkulturelles narratives Lernen
im bilingualen Geschichtsunterricht Französisch
unter besonderer Berücksichtigung des Mediums Comic 207

CHRISTINE PFLÜGER
Historische und historiographische Konzepte im bilingualen Geschichtsunterricht. Entwurf eines Modells der mentalen Repräsentation 233

AUTORINNEN UND AUTOREN 253

Der Erste Weltkrieg als Thema im Französischunterricht und im bilingual französischen Geschichtsunterricht

Eva Leitzke-Ungerer & Christophe Losfeld

Historische Themen hatten spätestens seit der kommunikativen Wende der 1970er Jahre einen schweren Stand im Fremdsprachenunterricht. Auch der seit den 1980er Jahre zunehmende und bis heute ungebrochene Einfluss des interkulturellen Lernens erwies sich nicht gerade als Motor einer erneuten Auseinandersetzung. Im Zuge der heute dominierenden Kompetenz- und Outputorientierung scheinen Themen und Inhalte ohnehin nachrangig gegenüber den Kompetenzen, und wenn sie, wie von der fachdidaktischen Forschung mehrheitlich gefordert, in der letzten Zeit doch wieder stärker zu berücksichtigen, so haben auch hier die historischen Themen schlechte Karten: Schließlich lässt sich kommunikative interkulturelle Kompetenz einfacher und effektiver anhand von alltagsrelevanten Themen sowie von aktuellen Fragen und Problemstellungen vermitteln bzw. erwerben. Da aber der aktuelle Bezug selbst wichtiger historischer Ereignisse heute oft übersehen wird, mag es als eine Herausforderung erscheinen, wenn man ein historisches Thema wie den Ersten Weltkrieg im fremdsprachendidaktischen Kontext aufgreift. Dieser Herausforderung haben wir uns mit der Konzeption einer fachdidaktischen Sektion zu diesem Thema auf dem Frankoromanistentag 2014 in Münster gestellt; aus den Beiträgen der Sektion ist der Sammelband entstanden. Mit ihm hoffen wir zugleich eine Forschungslücke zu füllen, denn mit Ausnahme des von Corinna Koch herausgegebenen Themenhefts zur *Grande Guerre 1914-1918* (*Französisch heute*, 2/2014) liegen u.W. von Seiten der Französischdidaktik keine aktuellen Arbeiten zum Ersten Weltkrieg vor.

Der Erste Weltkrieg als historisches und aktuelles Thema
Der Frankoromanistentag fand im Herbst 2014 und damit im ‚Auftaktjahr' zum hundertjährigen Gedenken (*Centenaire*) an den Ersten Weltkrieg statt. Es ging also nicht nur um das historische Ereignis an sich, sondern vor allem um die Formen des Gedenkens, die die Aktualität des Ereignisses ausmachen. Eine der wichtigsten Erkenntnisse war, dass in der Fülle und Vielfalt der Arten und For-

men des Gedenkens bedeutsame Unterschiede in der nationalen Wahrnehmung des Kriegs hervortraten. So ist der Erste Weltkrieg im kollektiven Gedächtnis der Franzosen tiefer, nachdrücklicher und wohl auch schmerzlicher verankert als es in Deutschland der Fall ist. Davon zeugt die bloße Anzahl der Gedenkveranstaltungen und sonstigen Projekte des Jahres 2014, die in Frankreich mit rund 900 fast fünfmal so hoch war wie in Deutschland (ca. 200). Davon zeugt aber etwa auch die Bezeichnung *Grande Guerre*, die in Deutschland ungebräuchlich, in Frankreich jedoch weit verbreitet ist (ebenso in Großbritannien: *The Great War*). Der Begriff hebt auf das verheerende Ausmaß des Kriegs für Frankreich ab, sichtbar u.a. daran, dass der Nordosten des Landes Schauplatz entsetzlicher Schlachten zwischen Deutschen und Franzosen war (während das deutsche Staatsgebiet kaum betroffen war); er verweist aber auch darauf, dass die „Urkatastrophe des 20. Jahrhunderts" ein Krieg von bisher nicht gekannten Dimensionen und beispielloser Zerstörung und Vernichtung war.

Diese und andere Unterschiede in der kollektiven Erinnerung bedürfen, ebenso wie Ähnlichkeiten und Übereinstimmungen, einer Bewusstmachung und Reflexion nicht nur in der (Geschichts-)Wissenschaft und in der öffentlichen Diskussion, sondern auch und vor allem in der Schule. Ganz wesentlich ist dabei, dass in den Schülerinnen und Schülern als Konsequenz des schrecklichen Kriegsgeschehens der Wunsch nach Erhalt des Friedens zwischen Frankreich und Deutschland, heute und in Zukunft, geweckt wird.

Der Beitrag des Geschichtsunterrichts
Es ist klar, dass der prädestinierte Ort für die Einführung des Themas ‚Erster Weltkrieg' das Fach Geschichte ist, unabhängig davon, ob es einsprachig oder bilingual unterrichtet wird. Es schafft mit der Vermittlung der Ereignisgeschichte – vom Attentat in Sarajewo (1914) bis zum Vertrag von Versailles (1919) – die Voraussetzungen für sein eigentliches Lernziel, die Entwicklung von Geschichtsbewusstsein. Erst dieses erlaubt den Schülerinnen und Schülern, die Ereignisse, Strukturen und Prozesse der Vergangenheit in ihrem historischen Kontext zu verstehen, kritisch zu reflektieren und in ihrer Bedeutung für die Gegenwart zu beurteilen.

Wenn der Erste Weltkrieg aber auch Gegenstand des Französischunterrichts sein soll, so ist weiterhin klar, dass die besten Rahmenbedingungen dann gegeben sind, wenn im Fach Geschichte bereits entsprechende Vorarbeit geleistet wurde bzw. wenn für einen bestimmten Zeitraum ein fächerverbindender Unterricht von Geschichte und Französisch vorgesehen ist. Entsprechend geht die Mehrzahl der Beiträge im vorliegenden Band vom Vorhandensein historischer Grundlagen aus bzw. von einer bereits erfolgten oder geplanten Kooperation zwischen den beiden Fächern, in deren Rahmen durch eine vorherige oder parallele Erarbeitung im Fach Geschichte dem Französischunterricht einiges an ‚Last' abgenommen wird.

Die interkulturelle Dimension
Geht man das Thema ‚Erster Weltkrieg' im Rahmen des Französischunterrichts an, so ist zunächst an seine Bedeutung für die interkulturelle Zielsetzung zu denken. Ein Französischunterricht, der auf ein umfassendes und vertieftes Verständnis der Zielkultur(en) und ihres Verhältnisses zur eigenen (bzw. den eigenen) Kultur(en) ausgerichtet ist, kann an einem historischen Ereignis wie dem Ersten Weltkrieg, das Teil der gemeinsamen französisch-deutschen Geschichte und der kollektiven Erinnerung ist und das wechselseitige Verhältnis von Franzosen und Deutschen entscheidend mitgeprägt hat, nicht vorbeigehen. Skeptiker mögen einwenden, dass von den in Frage kommenden historischen Ereignissen – die im Französischunterricht natürlich immer nur in Auswahl behandelt werden können – der Zweite Weltkrieg möglicherweise geeigneter sei: die zeitliche Distanz ist geringer, die Beschäftigung mit ihm aus deutscher Sicht vielleicht noch dringlicher. Es hat sich jedoch, nicht zuletzt auch wieder im Gedenkjahr 2014, gezeigt, dass ein Verständnis und eine kritische Auseinandersetzung mit dem Zweiten Weltkrieg ohne Kenntnis und Reflexion der mit dem Ersten Weltkrieg verbundenen Ereignisse und Problemstellungen nicht möglich ist.

Im Einzelnen erfolgt die Förderung der interkulturelle Kompetenz auf allen drei in den Bildungsstandards der Kultusministerkonferenz (2004 bzw. 2012) vorgesehenen Ebenen: Auf der kognitiv-analytischen Ebene des Wissens (*savoir*), der affektiv-attitudinalen Ebene der Einstellungen und Haltungen (*savoir être*) und der Ebene des praktischen Handelns in interkulturellen Begegnungssituationen (*savoir faire*). Aus methodischer Sicht sind unterschiedliche Herangehensweisen möglich. So kann mit der Vermittlung von Wissen, z.B. zu den Eckdaten des Kriegsverlaufs Frankreich-Deutschland, begonnen werden, um auf diese Weise eine sachliche Ausgangsbasis für die Entwicklung und Reflexion von subjektiven Einstellungen und Haltungen zu schaffen. Es kann aber auch der umgekehrte Weg genommen und ein Einstieg über die Ebene der persönlichen Sichtweisen und Wahrnehmungen gewählt werden, z.B. mittels der Lektüre von Zeitzeugendokumenten oder von literarischen Texten. Mehr noch als im Fach Geschichte eröffnen sich für den Französischunterricht über diese zweite Variante, die auch in vielen Beiträgen des vorliegenden Bands gewählt wird, motivierende und schülerorientierte Lernarrangements. Die Ebene des praktischen Handelns kann methodisch z.B. durch Projekte wie etwa die Begegnung mit Zeitzeugen bzw. ihren Nachkommen realisiert werden; auch dafür finden sich Beispiele im vorliegenden Band.

Die fremdsprachliche Dimension
Französischunterricht ist aber auch Fremdsprachenunterricht, und wie bei allen anspruchsvollen Sachthemen – der Erste Weltkrieg ist nur eines von vielen – ist damit zunächst eine Festlegung auf ein höheres Lernjahr im Französischen verbunden; entsprechend sind die Unterrichtsvorschläge, die in den hier versammelten Beiträgen vorgestellt werden, für das Ende der Spracherwerbsphase (3./4. Lernjahr) bzw. für die Oberstufe konzipiert.

Was die angestrebten fremdsprachlichen Kompetenzen betrifft, so zeigen sich Parallelen zum bilingualen Sachfachunterricht, geht es doch darum, auf Französisch über ein komplexes Sachthema auf gehobenem sprachlichen und gedanklichen Niveau kommunizieren zu können. Im Französischunterricht beinhaltet dies die Fähigkeit zur Rezeption authentischer französischsprachiger Texte zum Ersten Weltkrieg (Sachtexte, persönliche Dokumente, literarische Texte – wissenschaftliche Texte bleiben eher dem bilingualen Geschichtsunterrichts vorbehalten) sowie zur mündlichen und schriftlichen Produktion eigener Texte in französischer Sprache; neben dem ‚klassischen' Dreischritt von Zusammenfassung, Analyse und Kommentar kommen hier etwa auch die Präsentation von Referaten oder die Teilnahme an Diskussionen zum Einsatz. Nicht vergessen werden sollte auch die Erweiterung des lexikalischen Kompetenz, welche die Grundlage für die sprachrezeptiven und -produktiven Tätigkeiten bildet; hier geht es vor allem um die Aneignung von thematischem Wortschatz, der von einfachen Vokabeln wie *la tranchée* bis hin zu komplexen Begriffen wie *la Grande Guerre* reicht.

Die Dimension der Text- und Medienkompetenz
Gesondert sei auf die Text- und Medienkompetenz eingegangen; auch sie erfährt im Französischunterricht durch die Behandlung des Themas ‚Erster Weltkrieg' eine spezielle Förderung. Wie schon angedeutet, wurde der hundertjährigen Wiederkehr des Kriegsbeginns im Jahr 2014 unter Einsatz eines immensen Medienangebots gedacht, das Gedenkveranstaltungen, Ausstellungen, TV- und Radiosendungen, Sonderhefte von Zeitschriften, Filme, wissenschaftliche und populärwissenschaftliche Texte sowie literarische und andere Formen der künstlerischen Auseinandersetzung umfasste. Selbst für fortgeschrittene Schülerinnen und Schüler ist es nicht einfach, sich in diesem Überangebot zu orientieren. Der Französischunterricht kann hier einen wichtigen Beitrag zur Auswahl der medialen Produkte und zum kritischen Umgang mit ihnen leisten.

Die Behandlung im bilingualen Geschichtsunterricht
Abschließend soll auch der bilingual französische Geschichtsunterricht kurz in den Blick genommen werden. Dass er sich in seiner Eigenschaft als Geschichtsunterricht für die Thematisierung des Ersten Weltkriegs eignet, steht außer Frage. Dass er anhand dieses Themas die für den bilingualen Geschichtsunterricht einschlägigen Kompetenzen fördert, ist ebenfalls unstrittig; dazu rechnen Fachkompetenz (insbesondere Geschichtsbewusstsein), fachliche Methodenkompetenz, interkulturelle Kompetenz sowie fachbezogene Diskursfähigkeit in der Fremd- und in der Muttersprache (wobei an die fachsprachliche Französischkompetenz höhere Anforderungen gestellt werden als im Französischunterricht). Aber auch die Frage, ob der Erste Weltkrieg ein Thema ist, das sich für den bilingualen Geschichtsunterricht in der Arbeitssprache *Französisch* besonders eignet, kann aus unserer Sicht bejaht werden. Denn auch wenn dieser Krieg die Geschichte und Gegenwart vieler Nationen und Völker beeinflusst und geprägt hat, so sind doch die Auswirkungen auf Frankreich und Deutschland besonders intensiv gewesen.

Übersicht über die Beiträge des Sammelbands

Der vorliegende Band umfasst zwölf Beiträge, die fünf thematischen Schwerpunkten zugeordnet sind: *Enseigner la guerre en France et en Allemagne*; Außerschulische Lernorte; Mediale Vermittlung des Weltkriegs; Von der Erfahrung zur Literatur; *La Grande Guerre* im bilingualen Geschichtsunterricht.

Im ersten Themenbereich (*Enseigner la guerre en France et en Allemagne*) setzen sich Christophe Losfeld und Tristan Lecoq mit historischen Rahmenbedingungen und bildungspolitischen Faktoren auseinander, die auf die Vermittlung des Themas ‚Erster Weltkrieg' in der Schule Einfluss genommen haben. Während sich Tristan Lecoq auf den Geschichtsunterricht in Frankreich konzentriert, geht **Christophe Losfeld** in seinem Grundlagenartikel auf beide Länder sowie auf unterschiedliche Fachtraditionen und deren Entstehung ein (Geschichtsunterricht in Frankreich, Französischunterricht und bilingual französischer Geschichtsunterricht in Deutschland). Ausgangspunkt ist ein Vergleich der Art und Weise, in der sich Erinnerung und Gedenken (*mémoire*) an den Ersten Weltkrieg in Deutschland bzw. Frankreich im Rahmen des *Centenaire* vollziehen. Während dem Ersten Weltkrieg und seiner Aufarbeitung in Deutschland lange nur geringe Aufmerksamkeit geschenkt wurde und sich erst anlässlich des *Centenaire* ein neues Interesse („redécouverte") in Medien, Wissenschaft, Kunst und Öffentlichkeit manifestiert, eine offizielle „politique de commémoration" aber nach wie vor fehlt, sind in Frankreich gegenläufige Tendenzen zu beobachten: Hier war die schmerzliche Erinnerung an den Krieg („le poids des morts sur les vivants") schon immer sehr präsent, wenn auch unter historisch wechselnden Vorzeichen, hier gibt es eine offizielle politische ‚Linie' des Gedenkens, und hier hat das Gedenkjahr 2014 mit seiner Fülle an Veranstaltungen und Dokumenten etwa auch Texte und Medien hervorgebracht, die sich speziell an junge Menschen richten (Romane, Filme, *bandes dessinées*, Chansons, Blogs). Es folgt eine differenzierte Betrachtung des Stellenwerts des Ersten Weltkriegs im Geschichtsunterricht in Frankreich. Hier werden positive Entwicklungen hervorgehoben, u.a. die in den Lehrplänen verankerte, auf der neueren historischen Forschung basierende Auseinandersetzung mit Schlüsselbegriffen wie *la guerre totale, la brutalisation/l'ensauvagement, la culture de guerre* oder mit der Wegbereiterrolle des Kriegs für die Entstehung totalitärer Regimes; es werden aber auch Probleme des Umgangs mit dem Thema erörtert, insbesondere Probleme, die sich aus der in Wissenschaft und Öffentlichkeit nach wie vor kontrovers diskutierten und auch in künstlerischen Formen (Literatur, Film, Chanson) in unterschiedlicher Weise verarbeiteten Dichotomie von Kriegsbegeisterung („consentement") und strikter Ablehnung des Kriegs ergeben, einer Ablehnung, die auf dem Wissen um das entsetzliche Schicksal der in die Kämpfe und Schlachten „gezwungenen" Soldaten („contrainte") basiert. Die abschließenden Ausführungen zum Französisch- und bilingual französischen Geschichtsunterricht in Deutschland heben die Rolle des interkulturellen Lernens, aber auch die Kenntnis (zumindest auf Seiten der Lehrkräfte) der im Artikel beschriebenen Unterschiede in den „politiques pédagogiques développées en-deçà et au-delà du Rhin" hervor.

Als „Inspecteur Général de l'Education nationale" und somit als hoher Beamter im Bildungswesen ist **Tristan Lecoq** einer derjenigen, die die Geschichtskultur zum Ersten Weltkrieg in den französischen Schulen prägen. In seinem Beitrag fasst er nicht nur die verschiedenen Stoßrichtungen des Geschichtsunterrichts zum Ersten Weltkrieg seit 1919 zusammen, sondern er stellt dar, wie schwierig ein solcher Unterricht zwangsweise ist, der auf den Erträgen einer kontrovers geführten universitären Geschichtsschreibung beruht und in der Spannung zwischen Geschichts- und Erinnerungskultur steht. Angesichts solcher Probleme lassen sich die Brüche in der Art und Weise, wie der Erste Weltkrieg in Frankreich unterrichtet wird, erklären.

Christian Minuth und Kathrin van der Meer befassen sich in ihren Beiträgen mit *Außerschulischen Lernorten*; ihre Vorschläge richten sich an Französischlernende in Schule und Hochschule. **Christian Minuth** stellt vier Projekte vor, die den Besuch von Schauplätzen der Kampfhandlungen (wie z.B. des belgischen Ypern) einschließlich von Gedenkstätten und Museen oder das Gespräch mit Zeitzeugen bzw. deren Nachkommen beinhalten. Der den Projekten zugrunde liegende Ansatz (*l'approche exploratoire communicative*) verbindet entdeckendes Lernen mit einem handlungs- und kommunikationsorientierten Vorgehen, das sowohl Empathie als auch die Fähigkeit zur kritischen Reflexion wecken und vor allem einen Beitrag zur Friedenserziehung leisten möchte. Allerdings werfen Zeugenaussagen epistemologisch auch viele Fragen auf. **Kathrin**

van der Meer schlägt daher in einem literaturwissenschaftlich fundierten, aber didaktisch orientierten Beitrag einen anderen Weg vor. Sie zeigt, wie die Erarbeitung des kurz nach dem Krieg edierten Buches der Erinnerung an das nunmehr längst verschwundene Gefangenenlager *Haus-Spital* in Westfalen dazu führen kann, dass die Schülerinnen und Schüler nicht nur die Unterschiede zwischen einem fiktionalen und einem autobiographischen Text reflektieren, sondern sich auch mit der Entstehung von Stereotypen im Spannungsfeld von Fremd- und Selbstbildern auseinandersetzen.

Im Rahmen des Themenschwerpunkts *Mediale Vermittlung des Kriegs* befassen sich Corinna Koch und Joachim Sistig mit zwei Medien, dem Film bzw. den *Bandes dessinées*, die eine besonders häufig gewählte Form der künstlerischen Auseinandersetzung mit dem Krieg darstellen (vgl. zur BD auch den auf den bilingualen Geschichtsunterricht bezogenen Aufsatz von Michele Barricelli). **Corinna Koch** stellt den französischen Film *Joyeux Noël* (2005) des französischen Regisseurs Christian Carion vor, der den sog. „Weihnachtsfrieden" thematisiert, als sich französische, schottische und deutsche Truppen für die Weihnachtstage des Jahres 1914 auf eine kurze Waffenruhe verständigten und im „Niemandsland" zwischen den Fronten zur Feier des Weihnachtsfestes zusammenkamen. Wie die Autorin an differenzierten Vorschlägen für die Oberstufe sowie für den fächerverbindenden Unterricht veranschaulicht, ermöglicht der Film einerseits einen emotionalen Zugang zu den Geschehnissen, andererseits fordert er in seiner Konzeption als Unterhaltungsfilm auch zur kritischen Rezeption auf. **Joachim Sistig** setzt sich mit dem Wandel in der Darstellung des Ersten Weltkriegs in der frankophonen *Bande dessinée* auseinander und arbeitet hier zwei konträre Einstellungen zum Krieg heraus: Während die zeitgenössischen, zwischen 1914 und 1919 entstandenen BDs der Kriegsbegeisterung huldigen und mittels idealisierter Selbstbilder und entstellender Fremdbilder eine gezielte Instrumentalisierung zugunsten der eigenen Nation betreiben, dominiert in den modernen BDs ab den 1970er Jahren eine kritisch-ablehnende, pazifistisch orientierte Haltung. Zu ausgewählten Beispielen für jede der beiden Sichtweisen entwickelt der Autor text- und bildanalytische sowie kreative Aufgabenstellungen für fortgeschrittene Französischlernende.

Die Beiträge des Themenschwerpunkts *Von der Erfahrung zur Literatur* gehen der Frage nach, wie fiktionale, semi-fiktionale und nicht-fiktionale Texte und Medien, in denen Kriegserfahrungen und -ereignisse bzw. Einstellungen zum Krieg thematisiert werden, im Französischunterricht mit unterschiedlichen Zielorientierungen eingesetzt werden können. Im Zentrum des Aufsatzes von **Michael Schneider** stehen zum einen Briefe und Tagebücher französischer Frontsoldaten, die den Lernenden einen ersten, emotionalen Zugang zum Thema ‚Erster Weltkrieg' erlauben, zum anderen eine auf derartigen Schriftzeugnissen beruhende Filmdokumentation aus dem Jahr 2014, die gezielt mit dem Verfahren des *reenactment* arbeitet und daher zur Erforschung des Verhältnisses von Wahrheit und Konstruktion herausfordert. Der Autor zeigt an unterschiedlichen Aufgabenstellungen, inwiefern die Auseinandersetzung mit diesem halb-dokumentarischen, halb-fiktionalen Film einen anderen, kritisch-distanzierten Zugang zum Thema ‚Erster Weltkrieg' ermöglicht. Das Motiv des Krieges bei Guillaume Apollinaire im schulischen Kontext ist schwierig, so **Martina Bender**, da dieser den Krieg zum Teil sehr verherrliche. Aber gerade dies bildet einen Raum für das interkulturelle Lernen, da der Krieg bei Apollinaire an der Schnittstelle zwischen persönlicher Erfahrung und historischem Zeitgeist steht. Dazu kommt, dass die Erfahrung des Krieges bei ihm zur Herauskristallisierung bzw. Vertiefung der eigenen Ästhetik führt, die u.a. durch die Aufhebung der Grenzen zwischen Dichtung und Malerei gekennzeichnet ist, was wiederum den Weg zu einer fachübergreifenden Bearbeitung dieses Motivs im Unterricht ebnet. Zu den genannten Aspekten hat die Autorin ein differenziertes Angebot an Aufgabenstellungen entwickelt. **Cordula Neis** setzt sich in ihrem Beitrag mit dem Lied George Brassens' „La Guerre de 14-18" auseinander. Der Rekurs auf den Ersten Weltkrieg ist bei dem bekannten Liedermacher der Anlass einer mit Witz und Ironie vorgenommenen umfassenden Ablehnung aller kriegerischen Auseinandersetzungen. Im Verlauf einer hier präzise beschriebenen Unterrichtssequenz, die der Spezifik der Gattung ‚Chanson' gerecht wird, sollen die Schülerinnen und Schüler erfahren, warum Brassens im Konflikt von 1914-1918 das Paradigma aller Kriege sah, wobei für seine Haltung auch biographische Aspekte eine Rolle gespielt haben. Abschließend bietet die Autorin die Möglichkeit einer Erweiterung der Thematik, indem sie ein weiteres Antikriegslied, das sich gegen den Algerienkrieg richtet, einbezieht. Der Aufsatz von **Timothée Pirard** thematisiert auf der Grundlage des Romans *14* von Jean Echenoz (2012) die literarische Umsetzung eines historischen Stoffes, wenngleich dieses Werk keinerlei Anspruch erhebt, ein historischer Roman zu sein. Daher soll die Auseinandersetzung mit dem Roman im universitären und – bei leistungsstarken Klassen – auch im schulischen Kontext hauptsächlich dazu beitragen, die Lernenden am Beispiel des Ersten Weltkriegs für einige der Mechanismen literarischen Schaffens zu sensibilisieren, wie etwa Palimpseste, ironische Verfahren oder auch dichterische Freiheit gegenüber der ‚historischen' Wahrheit; der Autor stellt dazu ein breites Spektrum an Aufgaben vor.

Es war uns ein besonderes Anliegen und es ist uns zugleich eine besondere Freude, dass im abschließenden Themenschwerpunkt (*La Grande Guerre* im bilingualen Geschichtsunterricht) zwei Kollegen aus der Geschichtsdidaktik zu Wort kommen, deren Interesse zugleich auch dem bilingualen Geschichtsunterricht gilt. **Michele Barricelli** zeigt in seinem Beitrag, inwiefern durch den Einsatz von Geschichtscomics interkulturelles historisches Lernen entwickelt werden kann. Die Gattung erweist sich für den bilingualen Geschichtsunterricht generell und für das Thema ‚Erster Weltkrieg' als besonders geeignet, verbindet sie doch eine jeweils nationalspezifische (Wort-)Sprache mit einer universellen Bildersprache. Vor allem die visuelle Ebene konfrontiert die Lernenden häufig mit einer drastischen Darstellung von Leid und Zerstörung, führt ihnen aber auch unterschiedliche Perspektiven auf historisches Geschehen vor Augen, die einer entsprechenden Analyse und Deutung bedürfen. Um Schülerinnen und Schüler der 9. Jahrgangsstufe auf dieses Ziel hinzuführen, entwickelt der Autor Aufgabenstellungen zu ausgewählten Beispielen aus den Comics von Jacques Tardi, die sich an den vier Sinnbildungstypen von Jörn Rüsen orientieren. Für jeden Sinnbildungstyp werden drei Aufgabenvorschläge entwickelt, in denen jeweils Sprach- und Textproduktion, bilingual-sprachvergleichende Begriffsarbeit auf Französisch und Deutsch sowie kulturelle Perspektivenwechsel kombiniert werden. Dass der bilinguale Geschichtsunterricht nicht zu einem Verlust an Geschichtsbewusstsein bei den Schülerinnen und Schülern führt, sondern eine Bereicherung bedeutet, zeigt **Christine Pflüger** in einem gleichermaßen theoretisch fundierten wie praxisorientierten Beitrag. Die Autorin thematisiert Konzepte der Geschichtsschreibung („second orders concepts") und Konzepte der historischen, d.h. der zeitgenössischen, uns heute fremd erscheinenden Wahrnehmung („substantive concepts" als „specific categories") und entwickelt daraus, auf den Arbeiten Aneta Pavlenkos zum „Bilingual Lexicon" aufbauend, ein Modell, das Erkenntnisse zur mentalen Repräsentation des zweisprachigen Lexikons mit Überlegungen zur mentalen Repräsentation historischer Konzepte kombiniert. Auf der Basis dieses Modells lassen sich im bilingualen Geschichtsunterricht insbesondere das konzeptuelle Denken in zwei Sprachen und damit die Begriffsbildung schärfen. Dies illustriert die Autorin an verschiedenen Dokumenten wie Schülerzeichnungen und Tagebucheinträgen aus der Zeit des Ersten Weltkriegs sowie anhand von Presseerzeugnissen, die zum Gedenkjahr 2014 publiziert wurden.

Wir hoffen, dass die Beiträge des Bands auch über die Zeit des *Centenaire* hinaus vielfältige Impulse und Anregungen für die Auseinandersetzung mit dem Ersten Weltkrieg im Französischunterricht und im bilingual französischen Geschichtsunterricht geben.

Abschließend möchten wir dem Frankoromanistenverband, mit dessen Unterstützung der vorliegende Band gedruckt wurde, unseren Dank aussprechen. Für die Aufnahme in die neue Reihe „Französischdidaktik im Dialog" bedanken wir uns bei den Herausgebern der Reihe, Dr. Michael Frings und Jens Heiderich.

Halle (Saale), im März 2016

Die Herausgeber

Eva Leitzke-Ungerer und Christophe Losfeld

**Enseigner la guerre
en France et en Allemagne**

La Guerre de 1914-1918 en cours de français langue étrangère et dans l'enseignement bilingue

Christophe Losfeld

1. La mémoire de la Guerre de 1914 en Allemagne : la redécouverte

La guerre de 1914 est, pour les jeunes allemands, « aussi lointaine que Napoléon ».[1] Tels sont les mots de Gerd Krumeich, un des éminents historiens en Allemagne aujourd'hui que cite Demetz (2014, 70). Si l'on prend au sérieux cette assertion et considérant le principe, capital en pédagogie, de l'orientation sur les intérêts des élèves, la fameuse *Schülerorientierung*, on est en droit de s'interroger sur la légitimité d'un ouvrage consacré à ce sujet.

De fait, la Première Guerre mondiale a longtemps été occultée en Allemagne, où elle n'a été perçue que comme ce qu'Etienne François appelait la « catastrophe matricielle de l'histoire allemande et européenne du XXe siècle » (Lemaître 2013, vii). Les raisons de ce silence sont connues et multiples : outre qu'on célèbre moins volontairement une défaite qu'une victoire, la Première Guerre mondiale ne s'est, en Allemagne, nullement prêtée à une vision consensuelle de cet événement. Bien au contraire, l'image qu'on s'en faisait dépendait largement des options politiques de chacun, de sorte que l'on peut, à bon droit, parler d'une représentation spartakiste de ce conflit, d'une représentation social-démocrate – largement véhiculée, depuis les années 20, par *A l'Ouest rien de nouveau* de Remarque et le film homonyme de Lewis[2] –, d'une représentation conservatrice et nationale, ensuite, et, enfin, se fondant, en partie, sur cette dernière, d'une représentation nazie.

Depuis quelques années, la Guerre de 1914, et plus exactement sa genèse suscite, cependant, un intérêt nouveau, nourri tant par le livre, mi-document, mi-fiction de Florian Illies *1913: Der Sommer des Jahrhunderts* (2012) ou les textes d'historiens comme *Der Große Krieg* de Herbert Münkler (2013) et *Les Somnanbules* (2013) de l'Australien Christopher Clark, deux grands succès de librai-

---

[1] Sur l'enseignement de la Grande Guerre en Allemagne, voir Bendick (2000, 2004).
[2] Voir Schneider (2009).

rie remettant l'un et l'autre en cause la thèse d'une responsabilité quasi exclusive de l'Empire dans le déclenchement du conflit. A cela s'ajoute le rôle de nombreuses expositions organisées, outre au Musée historique de Berlin[3] ou à la *Bundeskunsthalle* de Berlin[4], dans les différents Länder – nous songeons, par exemple, à *Deutschland im Krieg*.[5] Ce qui frappe, certes, quand on les envisage, c'est l'absence en Allemagne, d'une politique officielle de la commémoration du Premier conflit mondial, de sorte qu'il convient, pour reprendre une distinction fondamentale dans la didactique de l'histoire en Allemagne, de parler plus de culture du souvenir (« Erinnerungskultur ») que de culture historique (« Geschichtskultur »).[6] Mais en dépit de cette restriction, force est de constater que la Guerre de 14-18 est peut-être devenue, pour les jeunes Allemands, un peu moins lointaine que ne l'était Napoléon.

2. La mémoire de la Guerre de 1914 en France : l'omniprésence

Mais on est encore bien loin de l'importance qu'eut, en France, une mémoire collective dès 1919[7] – ce qui ne signifie nullement qu'elle serait simple et monolithique.[8] Et on est loin aussi de l'importance que continuent à avoir ces quatre années dans une France où, pour reprendre l'expression de Stéphane Audoin-Rouzeau et Annette Becker dans *1914-1918 Retrouver la guerre*, « le poids des morts sur les vivants »[9] reste immense. Il n'est pas le lieu, ici, de revenir dans le

---

[3] http://www.dhm.de/ausstellungen/der-erste-weltkrieg.html (01.09.15).
[4] http://www.bundeskunsthalle.de/ausstellungen/1914-die-avantgarden-im-kampf.html (01.09.15).
[5] http://museum.stendal.de/de/aktuelles/detailanzeige/artikel/2014/01/28/ausstellung-heimat-im-krieg-19141918.html (01.09.15).
[6] Sur cette distinction, voir Pandel (2012).
[7] Dès cette époque, en effet, les Français de droite ou de gauche se rassemblent, par exemple, autour de la tombe du soldat inconnu et il n'est pas un hasard que Verdun figure parmi les « lieux de mémoire » (voir Prost 1997). Un des aspects presque cocasses de cette mémoire collective est la manière dont, aujourd'hui, tous les partis politiques français se rangent dans la tradition de Jean Jaurès, figure polarisatrice s'il en était à l'aube de la Première Guerre mondiale.
[8] Voir Barcellini (2013). La difficulté de la mémoire, même en France explique le souci d'Antoine Prost de « commémorer sans travestir » (Prost 2013).
[9] Que cette dimension ait pour Audouin-Rouzeau une signification éminemment personnelle, apparaît très clairement dans son dernier ouvrage : *Quelle histoire : un récit de filiation (1914-2014)*, Paris 2013.

détail sur les formes plurielles de la mémoire de la 1914 dans la société française, formes bien décrites, récemment, par Nicolas Offenstadt dans *1914-1918 aujourd'hui. La Grande Guerre dans la France contemporaine* (2010) et force est de se contenter de renvoyer à l'omniprésence[10] de ce conflit dans les médias s'adressant, en particulier, à un public jeune comme les romans et même les romans policiers[11], les films[12] ou les téléfilms[13], les bandes dessinées[14] ou encore dans les chansons.[15] Et comment ne pas renvoyer ou à un blog publié par la ville

---

[10] On peut mettre en lumière, ici, une différence dans la manière dont 1914-1918 est perçu actuellement en France et en Allemagne. Alors qu'en Allemagne, on tend à s'intéresser à tous les aspects du conflit, ce qui tient peut-être à l'impossibilité d'aboutir à un discours commun, la guerre de 1914 est perçue, en France, surtout du point de vue des souffrances qu'elle a entraînées pour les Poilus, que ce soit durant le conflit lui-même ou encore après l'armistice. Cela est dû, en partie, à la tradition du témoignage, très forte avant même que ne s'achève le conflit (dans son impressionnante étude *Témoins* Jean Norton Cru ne cite pas moins de 304 publications) et relayée par des romanciers anciens combattants (il suffit de rappeler ici Barbusse (1916), Cendras (1946), Chaine (1916), Chevallier (1930), Delteil (1925), Genevoix (1921), Genevoix (1923), Genevoix (1949), Giono (1931). Cette tradition a été entretenue aussi, dans la mémoire collective par des travaux d'historiens s'adressant à un grand public (voir Ducasse & Meyer & Perreux 1962, Meyer 1966 et, plus récemment, Guéno & Pecnard 1998 ou encore Guéno 2013).

On peut constater, depuis quelques années que de l'intérêt pour la souffrance des poilus a été complétée par le souci apporté aux blessés psychiques du conflit – voir Le Naour (2011) ou le film de Le Bonin : *Les Fragments d'Antonin* (2006), et il faudrait sans doute citer *Capitaine Conan* de Tavernier (1996) – ou aux gueules cassées, dont l'histoire tragique a été popularisée tant par le roman de Dugain *la Chambre des officiers* (1998) et sa transcription cinématographique par Dupeyron que par le roman de Pierre Lemaitre (2013) ou encore par la bande dessinée de Galadon et Dan (2012).

[11] Voir, par exemple, Bourcy (2005), Prévost (2010) ou encore Daeninckx (1985).

[12] Veray (2013).

[13] Beauvillard & Bihl (2014).

[14] Outre les magnifiques albums de Jacques Tardi (2002, 2008-2009, 2014), on peut, à titre d'exemple, renvoyer également à la série de Cothias (2010) ou à celle de Galadon & Dan (2012). Dans une perspective pédagogique, l'utilisation, en classe, d'un médium spécifiquement francophone comme la BD peut déjà constituer une contribution à un apprentissage interculturel.

[15] Les chansons originales de la Première Guerre mondiale ont fait l'objet non seulement de rééditions (par exemple le CD *Chansons Patriotiques de la Grande Guerre 1914-1918*, Isis 2014) et d'études historiques (voir Simon-Carrère 2014), elles sont au centre de nombreuses chansons modernes (N. Offenstadt n'a dénombré pas moins de 23 groupes ayant choisi comme thème la Première Guerre mondiale dans les années 2000 – voir Offenstadt 2010, 90-95).

de Neuville en Ferrain[16] et dans lequel s'exprime un poilu fictif ou encore à des actions pédagogiques menées dans les établissements scolaires, pour sensibiliser, par exemple, les élèves à la lecture d'un monument aux morts, actions qui ont mené, par exemple, à la rédaction d'un guide pour la lecture des documents par des élèves de quatorze ans du collège Despeyrous de Beaumont en Lomagne.[17]

3. La guerre de 1914 dans l'enseignement de l'histoire en France : Concepts et polémiques

Un des facteurs de cette présence très forte de la Première Guerre mondiale est justement l'enseignement, où cette dernière joue un rôle très important, et ce depuis les années 1920 (même si, dans les premières directives de 1920, l'enseignement relevait davantage de la géographie que de l'histoire[18]). Dans le cursus scolaire, après avoir été longtemps objet d'étude dans le seul second cycle, la Première Guerre mondiale est entrée, après 1969, dans les programmes de troisième (la neuvième classe allemande). Pour ce qui est du second cycle, depuis 1957[19], elle est dans les programmes non plus de terminale (la douzième ou treizième classe selon les *Bundesländer*, mais dans ceux de première, c'est-à-dire la onzième ou douzième classe).

Sans entrer dans des détails par ailleurs déjà bien connus, on peut mettre en évidence que jusque dans les années 1980, l'enseignement de ce conflit, relevant de l'histoire militaire et diplomatique, portait essentiellement sur les événements militaires (principales phases de la guerre, théâtre d'opérations) et sur leurs conséquences sur le plan international (démantèlement de l'Empire austro-hongrois,

---

[16] https://www.facebook.com/Ernest.Julien.Neuville1418/photos_stream?ref=page_internal (01.09.15).

[17] Là aussi, on peut mettre en évidence une profonde différence entre la France et l'Allemagne. Alors que dans ce dernier pays, le regard jeté sur ce type de monuments est plus qu'ambivalent – ce dont témoigne, par exemple, l'étude de Pätzold (2012) – un des ouvrages récents publiés en France sur la question est le résultat d'un projet pédagogique mené dans un collège de Beaumont de Lomagne, en Tarn et Garonne (Frank (2013).

[18] D'après Wirth (2013).

[19] Un programme prévoyait, dès 1943, de faire passer son étude en première, mais il ne fut pas réalisé.

création d'états nouveaux).[20] A partir des programmes de 1988, en revanche, c'est l'aspect humain qui passe au premier plan. Puis, avec ceux de 1995 et 1998, cette perspective est renforcée en ce que l'aspect événementiel et chronologique passe au second plan au profit d'une approche globale de la guerre de 14-18. Celle-ci implique de mettre l'accent sur les souffrances des soldats et les difficultés rencontrées par la population. Et les documents officiels d'accompagnement du programme de 3ᵉ, en 1998 – document dont les grandes lignes se retrouvent dans les documents d'accompagnement pour les premières ES et L en 2002 –, ainsi que les nouveaux programmes de 2013, sont particulièrement explicites. C'est ainsi que le texte de 1998 affirme :

> On doit renoncer au récit chronologique des phases du conflit et privilégier la mise en évidence de ses grandes caractéristiques: **son aspect total et la brutalisation** des rapports humains qu'il a impliquée. Cela permet de faire comprendre, par delà les conséquences plus immédiates de la guerre, étudiées dans son bilan, sa résonance profonde et traumatique sur le siècle qui commence. La notion de brutalisation (mal traduite du terme anglais «brutalization» que le néologisme «ensauvagement» aurait mieux fait comprendre) reflète la place fondatrice de la violence liée à la guerre.
>
> (IGEN 1998)

Et les documents publiés par l'Inspection générale pour accompagner les nouveaux programmes de 2013, évoquant « le rôle matriciel » de ce conflit « dans « l'émergence des régimes qualifiés de totalitaires », les « violences extrêmes » de la guerre et une « culture de la guerre » (IGEN 1998) invitent à envisager la Première Guerre mondiale

> comme une étape conduisant à la guerre totale. En effet, la guerre entre alors dans une dimension nouvelle : mobilisation de toutes les ressources des États, processus de radicalisation dans l'engagement des belligérants, extension du conflit à de très larges portions du monde et mobilisation militaire importante.
> Les populations civiles sont impliquées par cette mobilisation des masses, et vont souvent être victimes des violences de la guerre mais en être également des cibles comme jamais elles ne l'avaient été auparavant. [...] C'est dans cette perspective des violences de masse que s'inscrit le génocide des Arméniens.

Le changement de paradigme que l'on peut mettre en lumière dans ces programmes est indissociable du renouvellement de la recherche historiographique,

---

[20] Cet enseignement a d'abord été réservé au second cycle et à la classe de terminale, avant de s'ouvrir également au premier cycle, où la Guerre de 1914-1918 est abordée en troisième.

en France, à partir de la fin des années 1990, et il tient sans doute tant au nouveau mode de fonctionnement des commissions chargées de l'élaboration de programmes que de son impact sur le monde scolaire : entre 1989 et 2004, c'est le conseil national des programmes qui les concevait, un organisme constitué d'universitaires, d'enseignants du secondaire et d'Inspecteur Pédagogique Régional puis, à partir de 2004, ce sont des groupes d'experts rassemblant les mêmes corps et pilotés par l'Inspection Générale de l'Education Nationale. Il n'est donc guère surprenant que ces programmes reflètent le changement de paradigme évoqué ci-dessus, ce que l'on peut montrer en se fondant sur quelques concepts apparaissant dans ces derniers :

La notion de guerre totale
La notion de guerre totale est une notion qui, en Allemagne, en dépit de la lignée entre la guerre absolue (« absoluter Krieg ») de Clausewitz et le livre de Erich Ludendorff *Der totale Krieg* de 1925, est restée dans la mémoire collective surtout à cause du discours tenu par Goebbels le 18 février 1943 au Palais d'hiver. La « guerre totale », en France renvoie, en revanche, à une tradition d'obédience jacobine de l'engagement de toutes les forces vives au service de la nation – même si le mot n'est pas encore en usage. Ce mot, c'est Clémenceau qui le prononce dans un fameux discours au Sénat en juillet 1917[21], discours qui le fit entrer dans la langue française.

La notion de brutalisation / d'ensauvagement
La notion de brutalisation, quant à elle, est la reprise des thèses formulées en 1990 par Georges Lachmann Mosse dans *Fallen Soldiers : Reshaping the Memory of the World War*, un ouvrage traduit par Stéphane Audouin-Rouzeau et Edith Magyar en 1999 sous le titre De la Grande Guerre au totalitarisme, la brutalisation des sociétés européennes. Cette thèse d'une « brutalisation » des sociétés européennes sera justement approfondie par Stéphane Audouin-Rouzeau et Annette Becker dans 14-18, Retrouver la guerre, où il sera question « d'ensauvagement » pour qualifier une rupture dans l'évolution de la civilisa-

---

[21] Cité in Daudet (1918, 7). Dans le discours du 20 novembre 1917, il parlera de « guerre intégrale ».
http://mapage.noos.fr/moulinhg01/Histoire/1.guerre.mondiale/Clemenceau.nov17.html (01.0915)

tion. Et cette thèse, finalement, constitue l'une des convictions fondamentale des historiens du Centre de Recherche de l'Historial de la Grande Guerre, crée à Péronne en 1992.

Un tel ensauvagement et la violence de masse qu'il entraîne, est à même d'expliquer les grands massacres qui eurent lieu durant la guerre, et en particulier le génocide des Arméniens en 1915 et 1916. Ce génocide, dont l'étude est ancrée dans les programmes depuis 2002 est l'un des symptômes que la Grande Guerre est « à l'origine de l'extrême violence du siècle ».

Le rôle matriciel dans « l'émergence des régimes totalitaires »
Ici aussi, c'est un écrivain anglo-saxon qui est déterminant : Modris Eckestein dont l'ouvrage *La Grande Guerre et la naissance de la modernité* paraît en France en 1991 et qui aborde comme une unité la période 1914-1939, dans la mesure où le premier conflit mondial serait une clé d'explication privilégiée de la naissance du nazisme.

Culture de guerre
Se démarquant de la traditionnelle histoire militaire et diplomatique, les historiens du Centre de Recherche de l'Historial de Péronne (comme Audouin-Rouzeau et Becker) ont choisi de présenter la guerre par le bas, ou, pour reprendre une métaphore empruntée au recueil de photographie édité par Keegan et Knightley (2004), s'inscrire dans « l'œil de la guerre ». Pour ce faire, et en démarche qui n'est pas précédent – qu'on se rappelle l'ouvrage d'André Ducasse, Jacques Meyer et Gabriel Perreux Vie et mort des Français 1914-1918 – ces historiens travaillent à mettre en évidence, justement, cette culture de la guerre, c'est-à-dire « [u]n ensemble de représentations, d'attitudes, de pratiques, de productions littéraires et artistiques qui a servi de cadre à l'investissement des populations européennes dans le conflit »[22] et qui a permis un large consentement à la guerre des populations concernées. Cette guerre qui fut totale, les populations la ressentent comme une croisade, d'où la prolifération de discours patriotiques qui vont de pair avec la réaffirmation de discours haineux « où la l'accusation de barbarie

---

[22] Audouin-Rousseau (1995, 10). Cité ici d'après Chambarlhac (2004, s. p.). Sur cette question, voir également Julien (2004).

voisine souvent avec l'animalisation de l'adversaire »[23], un élément qui ouvre la voie à cet ensauvagement évoqué plus haut.[24] Ce consentement à la guerre de la part des belligérants s'exprime aussi dans la solidarité au sein des groupes de combattants. Et sans ce consentement, l'incompréhension notoire entre le front et l'arrière aurait été impossible, alors qu'en ancrant dans la plupart un profond sentiment national, il a permis d'éviter toute fissure dans la cohésion nationale.

Cette position de l'école de Péronne, que l'on appelle la position du consentement, n'a pas été sans susciter de nombreuses oppositions. C'est ainsi que certains historiens reprochent aux « péronistes » d'avoir insisté à tort, tant sur cet esprit de croisade que sur l'idée que l'arrière et le front partageraient la même vision du conflit.[25] De plus, selon ces historiens, la ténacité des combattants tiendrait surtout au réseau coercitif qui les encadrait – que ce soit les gendarmes, ces fameux pandores de la chanson populaire – ou l'armée elle-même et à une « culture de l'obéissance inculquée au travail et à l'école ».[26]

Si les directives ministérielles ne se prononcent pas en faveur de l'une ou l'autre des positions[27], se contentant de rappeler l'existence de deux traditions interprétatives, « celle de la contrainte » et « celle du contentement »[28], ce sont souvent les positions de l'école de Péronne qui réapparaitraient dans des manuels d'histoire [29] privilégiant, pour reprendre les termes de Nicolas Offenstadt, la représentation sur le vécu, et ce au détriment des pratiques. Cela se traduit par la citation, dans certains manuels, essentiellement de textes d'intellectuels, ce qui fausserait la perspective, un défaut que ne corrige en rien l'impression de quelques lettres issues de *Lettres de poilus* de Guéno. Et Nicolas Offenstadt de plaider à un retour à l'événementiel. Cela permettrait de pallier un second défaut de la perspective adoptée dans les programmes : le renvoi à une matrice com-

---

[23] Chambarlhac (2004).
[24] Au lendemain de la guerre, les Anciens combattants « ont aseptisé leur guerre pour pouvoir l'exorciser et la violence du conflit a en partie été masquée par le pacifisme de l'entre-deux guerres », Julien (2004, 56).
[25] Falaize (2014, s. p.).
[26] Julien (2004, 60).
[27] Elles se contentent de les mentionner (IGEN 1998, 2).
[28] Il existe, à côté de cela, une position soutenue par l'éminent Antoine Prost, qui tente de faire la part des choses (voir Julien : « A propos de l'historiographie de la Première Guerre mondiale », art. cit., pp. 62 ff.)
[29] Sur l'évolution globale des manuels d'histoire ces dernières décennies, voir Baquès (2007).

mune de la violence du XXe siècle, qui aboutit à une mise sur le même plan des différents génocides qui s'y sont produits, et ce par le fait d'une déplorable décontextualisation.[30]

En somme, tout en reconnaissant la nécessité d'un devoir de mémoire, Offenstadt met en avant la nécessité d'un devoir d'historicité. Cela apparaît, par exemple, dans son désir que non seulement la Bataille de Verdun soit étudiée, qui, pour avoir quantitativement perdu en importance[31], n'en demeure pas moins l'un des piliers de l'enseignement sur la Première Guerre mondiale, mais également la Bataille de la Somme[32]. Un tel vœu qui le rapproche, de plus, des partisans de la thèse du consentement[33], laisse bien apparaître la situation difficile de l'enseignement sur la Première Guerre mondiale en France.

4. Les difficultés de l'enseignement, en France, de la Première Guerre mondiale

Cet enseignement, en effet, se trouve souvent en porte-à-faux et en décalage par rapport aux représentations très vives de ce conflit dans la société française, perceptions influencées, très souvent, par des œuvres de fiction.

Dans certaines de ces dernières, l'antinomie entre consentement et contrainte est parfois levée. C'est le cas, par exemple, dans la très célèbre série policière : *Célestin Louise. Flic et soldat*. Louis est ainsi parfaitement conscient que les généraux envoient les trouffions à l'abattoir pour quelque médaille, dépêchant les gendarmes à la moindre velléité d'opposition. Cependant, il accomplit pleinement son devoir au nom des liens de solidarité qui l'unissent à ses camarades, au nom du désir que les années de souffrance n'aient pas été utiles, et au nom, enfin, de la liberté.

---

[30] Falaize (2014, s. p.).
[31] Voir Tison (2009). Dans cet intéressant article, Tison montre bien que la perspective sur Verdun a changé, conformément aux modifications de l'historiographie, en ce qu'elle met désormais, davantage l'accent sur la souffrance des combattants et le bilan humain très lourd de cette bataille.
[32] Ici aussi, les partisans du consentement et ceux de la contrainte se retrouvent.
[33] Sur les points de rencontre des partisans de la thèse du consentement et de ceux de la thèse de la contrainte, voir Le Naour (2008).

Cependant, on peut parfaitement mettre en lumière une foule d'œuvres, dans lesquelles la contrainte prend largement le devant, au point que les soldats n'apparaissent plus, désormais, que comme des victimes.

Ces dernières années, le quotidien des soldats a ainsi été perçu, dans l'opinion publique à travers deux aspects très particuliers : celui des mutineries et des fusillades pour l'exemple, d'une part, et, de l'autre, par les problèmes psychiques majeurs causés par l'expérience de la guerre.

Pour ce qui est des secondes, l'accent est mis, en effet, depuis quelques années, sur les ravages psychologiques entraînés par la guerre. Le phénomène de l'obusite, le fameux « shell schock » n'était pas inconnu, mais il est devenu un élément à part entière de la conscience collective sur la guerre de 1914-1918, à la faveur de différents médias, comme les *Fragments d'Antonin* de Gabriel le Bonin (sorti en 2006) qui montre le lent glissement d'un soldat vers la folie, seule possibilité, pour lui, d'échapper aux horreurs de la guerre qui l'oppressent. Cela vaut aussi pour les bandes dessinées, par exemple dans la figure du caporal Peyrac dans *Notre mère la guerre* de Mael et Chris, ou dans celle d'André dans *Pour un peu de bonheur*, de Laurent Galandon. André, un paysan incapable, avant la guerre, de tirer un lapin, devient, au cours du conflit, un tireur d'élite et un tireur pathologique qui ne parvient pas, même après 1918, à dominer ses pulsions de tueur. Par là, le poilu, dépouillé de tout héroïsme et de toute dimension patriotique, n'apparaît plus que comme une victime, une dimension que l'on retrouve aussi chez Tardi.

Et on pourrait multiplier à l'envi les exemples d'une telle « victimisation » des soldats de 1914, à l'heure actuelle, que ce soit en littérature – que l'on songe à *Au revoir la-haut* de Pierre Lemaitre, prix Goncourt 2013, dans les films ou même dans la chanson. Dans les années 2000, 23 groupes ou chanteurs français évoquent ainsi 1914-1918, essentiellement à travers l'image du poilu[34] (voir Offenstadt 2010, 90-100) et, en particulier le soldat mort au Chemin des Dames. Dans « le temps des noyaux » de Marie Cherrier un hommage tout à la fois à Jean-Baptiste Clément et Prévert, elle dénonce l'inutilité de l'offensive de « ce con de Nivelle » : « Ces dames ont un chemin qui mène / à la mort pour les clafoutis ». Et dans les chansons des années 2000 sont souvent évoquées aussi les

---

[34] Voir Offenstadt (2010, 90-100).

mutineries de 1917. Ce dernier phénomène est d'autant plus frappant que si ces mutineries ont retenu, de manière accrue, l'attention des scientifiques ces dernières années[35], le jugement porté sur elles dans les manuels scolaires n'a non seulement pas changé ces dernières années, mais la place qui leur est réservée tend même à diminuer.[36]

Pour ce qui est de la seconde perspective déterminante dans la perception, au sein de la société française de la Première Guerre mondiale, il faut, bien sûr, renvoyer au film d'Yves Boissier, *Le Pantalon* de 1997 et, plus récemment, au téléfilm *Blanche Maupas* de Patrick Jamin, diffusé en 2009. Le film de Boissier qui relatait, fût-ce en prenant quelques libertés avec la vérité historique[37], l'histoire du soldat Bersot, fusillé pour avoir refusé de porter un pantalon récupéré sur un mort et imbibé de sang, aboutit à prise de conscience, dans une large part de l'opinion publique, de la problématique des « fusillés pour l'exemple ». Le sentiment d'injustice face aux mesures prises par les conseils de guerre spéciaux dont les sentences, rappelons-le, étaient sans appel[38], et qui érigeaient les soldats en victime de l'arbitraire, fit naître le désir de réhabiliter ces fusillés. Cela, enfin, incita Lionel Jospin, premier Ministre de l'époque, à demander dans un discours de novembre 1998 la réintégration de ces fusillés dans la mémoire collective de la guerre. Plus de quinze ans après, cette question n'est toujours pas dans les programmes[39] et le dossier de réhabilitation n'est pas encore clos.[40]

Que la procédure de réhabilitation s'éternise ne tient pas seulement à des questions juridiques, mais aussi au poids des sensibilités politiques dans l'approche de 1914-1918. A ce titre, les écarts entre les objectifs fixés par l'Education nationale dans l'étude du conflit et les sensibilités dans la société,

---

[35] Il n'est pas un hasard que la première étude de fonds sur cette question *Les mutineries de 1917* (1967) de Guy Pedroncini, ait été réédité en 1999. Et force est de citer, aussi Loez (2010).

[36] Voir Picard (2008).

[37] Contrairement à ce que disent les plans finaux du film, le colonel Auroux, responsable de l'exécution, ne fut pas nommé général.

[38] Il faudra attendre avril 1916 pour que la justice militaire soit replacée sous le contrôle du pouvoir civil.

[39] Il y a cependant des dossiers pédagogiques sur la question, comme par exemple, celui de Pierrick (2008), accessible sur le site du CNDP. Il est à noter que ce sujet a fait l'objet de travaux scientifiques récents, comme l'étude de Bach (2003) ou d'Offenstadt (2009).

[40] Voir Wieder (2013).

ont à voir aussi avec les appartenances politiques respectives. En cette année de célébration du centenaire, les ténors des partis ont mis un bémol, mais globalement, la mémoire de 1914-1918 et son ancrage dans l'enseignement reste un enjeu politique de tout premier ordre. Preuve en est le lever de bouclier suscité, parmi la droite conservatrice, par un manuel scolaire paru en 2012 chez Belin. Le *Figaro* du 27 août 2012 titrait, sous la plume d'Aude Seres : « Les manuels d'histoire oublient les héros de 1914-1918 ». Et de s'insurger en ces mots :

> Mais où sont passés les héros de la Grande Guerre? Pas de trace de Foch, Joffre, voire du rôle du maréchal Pétain, vainqueur de Verdun, dans les nouveaux manuels d'histoire de troisième... En revanche, plusieurs d'entre eux développent sur deux pages pleines le génocide arménien de 1917, l'œuvre du peintre expressionniste allemand Otto Dix ou encore la bataille de Verdun, mais sans citer le maréchal Pétain.
>
> Seres (2012, s. p.)

Cette critique véhémente n'est, dans le *Figaro*, que l'écho à une offensive plus vaste lancée, le même mois dans le même journal, contre l'enseignement de l'histoire dans les lycées et les collèges, cet enseignement se voyant accusé de « casser l'histoire de France ». Renonçant à la chronologie, d'une part, et à l'étude des grands moments qui ont fait la France, de l'autre, il rendrait impossible la perception des « continuités qui caractérisent la France » « au-delà des différences d'époque et des ruptures » (ibid.). Cet enseignement rendrait donc impossible d'enraciner ce « grand roman national » qui avait caractérisé l'histoire scolaire depuis Jules Ferry jusqu'aux années 1960, Lyotard aurait parlé d'un « grand récit ». Cette idée d'un « roman national » connaît, en retour, depuis 2009 une grande faveur en France, grâce aux ouvrages, par exemple, de Lorànt Deutsch ou Dimitri Casali[41], des ouvrages aussi appréciés par les lecteurs que décriés par les historiens de profession[42] ou les tenants d'un autre bord politique. Comment s'étonner, dès lors, que l'attaque lancée, dans le Figaro, contre les manuels, ait suscité une vive réaction, par exemple dans les pages du *Nouvel Observateur*, un journal de centre gauche ?[43]

---

[41] *Le Métronome, l'histoire de France au rythme du métro parisien* (2009) s'est vendu à 500000 exemplaires en un an. Pareillement, *L'Altermanuel d'Histoire de France* de Dimitri Casali a été un succès de libraire en 2011. De manière significative, Casali a réédité en 2013, en la complétant, l'*Histoire de France, de la Gaule à nos jours* d'Ernest Lavisse.
[42] Sur les réactions des historiens de profession, voir Blanc & Chéry & Naudin (2013).
[43] Bertrand (2012).

Sauf erreur de notre part, un manuel d'histoire n'a jamais suscité en Allemagne, par les pages qu'il consacrait à la Guerre de 14-18. Il n'est pas le lieu, ici, de s'interroger pour savoir si cette différence tient au fait que l'histoire, comme l'a dit l'historien Philippe Joutard (1993), est « une passion française ».

5. De la nécessité d'aborder la Guerre 14-18 en cours de FLE et d'histoire bilingue

Ce qui est décisif, en revanche, c'est de prendre conscience de la polysémie de cette présence de 1914 dans la France actuelle. Dans le cadre d'un enseignement dans lequel la dimension interculturelle est fondamentale, que ce soit dans l'enseignement du français langue étrangère[44] ou celui de l'histoire – qui sera considérée ici essentiellement sous l'aspect de l'enseignement bilingue[45] –, il est, au regard de cette importance de la Première Guerre mondiale, non seulement légitime, mais aussi indispensable de réfléchir aux modes selon lesquels on peut sensibiliser les apprenants à la spécificité des approches française et, en retour, allemande de la Guerre de 1914, ainsi qu'à la difficulté, voire à l'impossibilité d'établir une perspective commune dans la commémoration[46], même si l'on constate, ces dernières années, la volonté tant d'un rapprochement des perspectives historiographiques nationales – que l'on songe, en particulier, à l'ouvrage rédigé en commun par Jean-Jacques Becker et Gerd Krumeich (2010) – ou de mettre en avant des moments de fraternisation entre les soldats du front – une manière de fonder une espèce de mémoire commune.[47]

Eu égard à la nécessité de sensibiliser les élèves allemands à l'importance, dans la société française, du souvenir de la Première Guerre mondiale, on est

---

[44] Voir, par exemple, Volkmann (2002).
[45] Voir Alavi (2006) et Körber (2006).
[46] L'existence de mémoires déchirées ne vaut, en outre, pas seulement pour la France et l'Allemagne, mais elle frappe, bien plutôt, l'Europe tout entière, ce qui explique que la Commission européenne ait renoncé à une commémoration unitaire de 14-18 (voir Lemaitre 2014 et Demetz 2014).
[47] Ces épisodes de fraternisation n'étaient pas inconnus, dont on trouve l'indication dès les témoignages parus au lendemain de la guerre, par exemple dans Chevallier (1930) et le cinéma, dès *Oh! What a Lovely War* (1969) de Richard Attenborough. C'est pourtant seulement avec *Joyeux Noël* (1995) de Christian Carion qu'ils ont accédé à une grande notoriété, avant de faire l'objet même d'études scientifiques, avec, en particulier Ferro & Müller & Brown (2005).

surpris que ce sujet ait si peu intéressé les spécialistes allemands de la didactique des langues étrangères, qui, à l'exception des auteurs ayant participé au numéro récent de *Französisch heute, La Grande Guerre 1914-1918* publié sous la direction de Corinna Koch, ne se sont guère soucié, à ce jour, des moyens de familiariser les apprenants avec cette thématique. Et comment ne pas renvoyer au?

Il faut encore tant mettre en lumière les axes caractéristiques du souvenir de la Grande Guerre ou, pour reprendre le terme allemand, du *Weltkrieg* dans un contexte scolaire français et allemand qu'explorer les voies d'un traitement de ce sujet en cours. Pour ce faire, il serait souhaitable de se pencher sur les politiques pédagogiques développées en-deçà et au-delà du Rhin, avant d'examiner les possibilités d'approche des lieux de mémoire, et, le retravail des représentations sur la guerre dans des médias auxquels les élèves sont généralement sensibles, et enfin, la manière dont la littérature s'approprie l'expérience du premier conflit mondial.

Bibliographie

ALAVI, Bettina. 2006. „Interkulturelles Lernen", in: Mayer, Ulrich e.a. edd. *Wörterbuch Geschichtsdidaktik*. Schwalbach/Ts.: Wochenschau, 94-95.

AUDOIN-ROUZEAU, Stéphane & BECKER, Annette. 2000. *14-18: retrouver la guerre*. Paris: Gallimard.

AUDOIN-ROUZEAU, Stéphane. 2013. *Quelle histoire: un récit de filiation (1914-2014)*. Paris: EHESS-Gallimard-Seuil.

AUDOUIN-ROUSSEAU, Stéphane. 1995. *L'Enfant de l'ennemi. 1914-1918*. Paris: Aubier.

BACH, André. 2003. *Fusillés pour l'exemple – 1914-1915*. Paris: Taillandier.

BAQUES, Marie-Christine. 2007. „L'évolution des manuels d'histoire au lycée. Des années 1960 aux manuels actuels", in: *Histoire de l'éducation* 114, 121-149.

BARBUSSE, Henri. 1916. *Le Feu*. Paris: Flammarion.

BARCELLINI, Serge. 2013. „Au croisement de deux cycles mémoriels", in: *Le Débat* 176, 154-159.

BEAUVILLARD, Ariane & BIHL, Laurent. 2014. *La Grande Guerre au petit écran. Les imaginaires télévisuels de la Première Guerre mondiale*, Lormont: Le Bord de l'eau.

BECKER, Jean-Jacques & KRUMEICH Gerd. 2010. *Der große Krieg. Deutschland und Frankreich 1914-1918*. Essen: Klartext (édition originale: *La Grande Guerre: Une histoire franco-allemande*, Paris 2008).

BENDICK, Reiner. 2000. „La Première Guerre Mondiale dans l'enseignement de l'histoire en Allemagne", in: *Historiens et Géographes*, 2000, 321-335.

BENDICK, Reiner. 2004. „La guerre et la paix dans les manuels scolaires: Allemagne et France (1918-1940)", in: Causarano, Pietro & Galimi, Valeria & Guedj, François. edd. *Le Siècle*

des guerres. Penser les guerres du premier XXe siècle. Paris: Editions de l'Atelier, 331-342.
BERTRAND, Mickaël. 2012. „Enseignement de l'histoire: les 'casseurs' ne sont pas ceux qu'on croit", in: *Le Nouvel Observateur* 03.09.2012. http://leplus.nouvelobs.com/contribution/615422-enseignement-de-l-histoire-les-casseurs-ne-sont-pas-ceux-qu-on-croit.html (01.09.15).
BLANC, William & CHÉRY, Aurore & NAUDIN, Christophe. 2013. *Les historiens de garde: De Lorà250nt Deutsch à Patrick Buisson, la résurgence du roman national*, Paris: Inculte Editions.
BOURCY, Thierry. 2005. *La Cote 512*. Paris: Nouveau Monde éditions (= *Les aventures de Célestin Louise, flic et soldat*).
CASALI, Dimitri. 2011. *L'Altermanuel d'Histoire de France. Ce que nos enfants n'apprennent plus au collège*. Paris: Perrin.
CENDRAS, Blaise. 1946. *La Main coupée*. Paris: Denoël.
CHAINE, Pierre. 1916. *Mémoires d'un rat*. Paris: L'Œuvre.
CHAMBARLHAC, Vincent. 2004. „1914-1918: Une historiographie renouvelée". http://histoire-geographie.ac-dijon.fr/Former/Conferences/Historio/1418.htm (01.09.15).
CHEVALLIER, Gabriel. 1930. *La Peur*. Paris: Delamain et Boutelleau.
CLARK, Christopher. 2013. *Les Somnanbules. Eté 14: comment l'Europe a marché vers la guerre*. Paris: Flammarion (édition originale: *The Sleepwalkers. How Europe went to War in 1914*, London 2012).
COTHIAS, Patrick & Mounier, Alain & Ordas Patrice. 2010. *Croix de sang*. Paris: Bamboo Edition.
CRU, Jean Norton. 1993 [1929]. *Témoins*. Nancy: Presses universitaires de Nancy.
DAENINCKX, Didier. 1985. *Le Der des ders*, Paris: Gallimard.
DAUDET, Léon. 1918. *La Guerre totale*. Paris: Nouvelle librairie nationale.
DAVID, Frank. 2013. *Comprendre le monument aux morts. Lieu du souvenir, lieu de mémoire, lieu d'histoire*. Talmont-Saint-Hilaire: Codex Editions.
DELTEIL, Joseph. 1925. *Les Poilus*. Paris: Grasset.
DEMETZ, Jean-Michel. 2014. „La Guerre des mémoires", in: *L'express* 3263, 15 janvier 2014, 68-75.
DEUTSCH, Loràn250t. 2009. *Le Métronome, l'histoire de France au rythme du métro parisien*. Paris: Michel Lafon.
DUCASSE, André & MEYER, Jacques & PERREUX, Gabriel. 1962. *Vie et morts des Français 1914-1918*. Paris: Hachette.
DUGAIN, Marc. 1998. *la Chambre des officiers*. Paris: Jean-Claude Lattès.
ECKSTEIN, Modris. 1989. *The Great War and the Birth of the Modern Age*. Boston: Houghton Mifflin Company (traduction française 1991: *La Grande Guerre et la naissance de la modernité*. Paris: Pion).
FALAIZE, Benoit. 2014. „La Grande Guerre des manuels scolaires: entretien avec Nicolas Offenstadt". http://crid1418.org/espace_pedagogique/documents/entretien_no.html. (01.09.15).
FERRO, Marc & MÜLLER, Olaf & BROWN, Malcolm. 2005. *Frères de tranchée 1914-1918*, Paris: Perrin.
GALADON, Laurent & DAN, A. 2012. *Pour un peu de bonheur*. T. 1. Paris: Bamboo Edition.
GENEVOIX, Maurice. 1921. *La Boue*. Paris: Flammarion.

GENEVOIX, Maurice. 1923. *Les Eparges*. Paris: Flammarion.
GENEVOIX, Maurice. 1949. *Ceux de 14*. Paris: Flammarion.
GIONO, Jean. 1931. *Le Grand troupeau*. Paris: Gallimard.
GUENO, Jean Pierre & PECNARD, Jérôme. 1998. *Paroles de poilus. Lettre de la Grande Guerre*. Paris: Tallandier.
GUENO, Jean Pierre. 2013. *Les poilus, lettres et témoignages des Français dans la Grande Guerre (1914-1918)*. Paris: Librio.
IGEN. 1998. *Histoire Troisième. Le monde depuis 1914. Partie I - Guerres mondiales et régimes totalitaires (1914 1945)*. http://cache.media.eduscol.education.fr/file/college/13/9/01_RESS_COLL_3_HIST_Partie1_309139.pdf (01.09.15).
ILLIES, Florian. 2012. *1913: Der Sommer des Jahrhunderts*. Frankfurt/M.: S. Fischer.
JOUTARD, Philippe. 1993. „Une passion française: l'histoire", in: Burguière, André et Revel, Jacques. edd. *Les formes de la culture*. Paris: Seuil, 571-570.
JULIEN, Elise. 2004. „A propos de l'historiographie de la Première Guerre mondiale", in: *Labyrinthen* 18, 53-68.
KEEGAN, John & KNIGHTLEY, Philipp. 2004. *L'Œil de la guerre: Mots et images du front*. Paris: Presse de la cité.
KOCH Corinna. 2014. ed. *La Grande Guerre 1914-1918. Französisch heute* 45/2.
KÖRBER, Andreas. 2001: „Geschichte und interkulturelles Lernen. Begriffe und Zugänge", in: *Geschichte in Wissenschaft und Unterricht* 52, 292-304.
LAVISSE, Ernest & CASALI, Dimitri. 2013. *l'Histoire de France, de la Gaule à nos jours. Edition augmentée par Dimitri Casali*. Paris: Armand Colin.
LE NAOUR, Jean-Yves. 2008. „Le champ de bataille des historiens", in: *La vie des idées* nov. 2008. http://www.laviedesidees.fr/Le-champ-de-bataille-des.html (01.09.15).
LE NAOUR, Jean-Yves. 2011. *Les Soldats de la honte*. Paris: Perrin.
LEMAITRE, Frédéric. 2013. „Allemagne. Une discrète Grande Guerre", in: *Le Monde* 05.11.2013. http://www.lemonde.fr/europe/article/2013/11/04/allemagne-une-discrete-grande-guerre_3507590_3214.html (01.09.15).
LEMAITRE, Pierre. 2013. *Au revoir là-haut*. Paris: Albin Michel.
LEMAITRE, Pierre. 2014. „Grande Guerre: une mémoire fragmentée", in: *Le Monde* 01.07.2014. http://www.lemonde.fr/idees/article/2014/07/01/l-europe-en-ordre-disperse_4447304_3232.html (01.09.15).
LOEZ, André. 2010. *14-18, Les Refus De La Guerre: Une Histoire des Mutins*. Paris: Gallimard.
MAËL & KRIS. 2009-2012. *Notre mère la guerre*. 4 tomes. Paris: Futuropolis.
MEYER, Jacques. 1966. *La vie quotidienne des soldats pendant la Grande Guerre*. Paris: Fayard.
MOSSE, Georges Lachmann. 1990. *Fallen Soldiers: Reshaping the Memory of the World War*. Oxford: Oxford University Press (traduction française 1999: *De la Grande Guerre au totalitarisme, la brutalisation des sociétés européennes*. Paris: Hachette).
MÜNKLER, Herbert. 2013. *Der Große Krieg. Die Welt 1914 bis 1918*. Reinbek: Rowohlt.
OFFENSTADT, Nicolas. 2009. *Les fusillés de la Grande Guerre et la mémoire collective (1914-2009)*. Paris: Odile Jacob.
OFFENSTADT, Nicolas. 2010. *1914-1918 aujourd'hui. La Grande Guerre dans la France contemporaine*. Paris: Odile Jacob.

PANDEL, Hans-Jürgen. 2012. *Geschichtsdidaktik. Eine Theorie für die Praxis.*, Schwalbach/Ts.; Wochenschau-Verlag, 161-176.
PÄTZOLD, Kurt. 2012. *Kriegerdenkmäler in Deutschland. Eine kritische Untersuchung.* Berlin: edition ost – Spotless.
PEDRONCINI, Guy. 1999 [1967]. *Les mutineries de 1917.* Paris: Dito.
PICARD, Emmanuelle. 2008. „Les mutineries dans les manuels scolaires de l'entre-deux guerres aux années 1980", in Loez, André & Mariot, Nicolas. edd. *Obéir-désobéir. Les mutineries de 1917 en perspective.* Paris: Editions la Découverte, 375-384.
PIERRICK Hervé. 2011. „Pour mémoire: les fusillés de la Grande Guerre". http://www.cndp.fr/fileadmin/user_upload/POUR_MEMOIRE/fusilles/120106_PM-fusilles-grande-guerre.pdf (01.09.15).
PREVOST, Guillaume. 2010. *La Valse des gueules cassées.* Paris: Nils Editions.
PROST, Antoine. 1997. „Verdun", in: Nora, Pierre. ed. *Les lieux de mémoire.* T. 2. Paris: Gallimard, 1755-1780.
PROST, Antoine. 2013. „Commémorer sans travestir/ La guerre de 1914-1918 comme grand événement", in: *Le Débat* 176, 137-144.
SCHNEIDER, Thomas F. 2009. "'The Greatest of War films'. All Quiet on the Western Front (USA 1930)", in: Reiner Rother & Karin Herbst-Meßlinger. edd. *Der Erste Weltkrieg im Film.* München: edition text + kritik, 68-88.
SERES, Aude. 2012. „Les manuels d'histoire oublient les héros de 1914-1918", in: *Le Figaro* 27.08.2012.
SIMON-CARRERE, Anne. 2014. *Chanter la Grande Guerre. Les « poilus et les femmes » (1914-1919).* Paris: Champ Vallon.
TARDI, Jacques & DAENINCKX, Didier. 2002. *Varlot Soldat.* Paris: L'association.
TARDI, Jacques & VERNEY, Jean-Pierre. 2014. *C'était la guerre des tranchées.* Paris: Casterman.
TARDI, Jacques. 2008-2009. *Putain de guerre.* 3 tomes. Paris: Casterman.
TISON, Hubert. 2009. „Verdun dans l'enseignement et les manuels scolaires", in: *Guerres mondiales et conflits contemporains* 235, 87-110.
VERAY, Laurent. 2008. *La Grande Guerre au cinéma. De la gloire à la mémoire.* Paris: Ramsay.
VOLKMANN, Laurenz. 2002. „Aspekte und Dimensionen interkultureller Kompetenz", in: Volkmann, Laurenz & Stiersdorfer, Klaus & Gehring, Wolfgang. edd. *Interkulturelle Kompetenz. Konzepte und Praxis des Unterrichts.* Tübingen: Narr, 11-48.
WIEDER, Thomas. 2013. „La réhabilitation des fusillés de 1914-1918 est entre les mains de François Hollande", in: *Le Monde* 01.01.13. http://www.lemonde.fr/politique/article/2013/10/01/la-rehabilitation-des-fusilles-de-1914-1918-est-entre-les-mains-de-francois-hollande_3487777_823448.html#mTCMkT3iYmyVQ9Wo.99 (01.09.15).
WIRTH, Laurent. 2013. „La place de la Première Guerre mondiale dans les Programmes scolaires". http://centenaire.org/fr/enseignement/la-place-de-la-premiere-guerre-mondiale-dans-les-programmes-scolaires (01.09.15).

Filmographie

ATTENBOROUGH, Richard. 1969. *Oh! What a Lovely War.*
BOISSIER, Yves. 1997. *Le pantalon.*

Dupeyron, François. 2001. *La Chambre des officiers.*
Jamin, Patrick. 2009. *Blanche Maupas.*
Le Bonin, Gabriel. 2006. *Les Fragments d'Antonin.*
Milestone, Lewis. 1930. *All Quiet on the Western Front.*
Tavernier, Bertrand. 1996. *Capitaine Conan.*

La Grande Guerre. De l'histoire à l'histoire enseignée

Tristan Lecoq

La Grande Guerre se situe, dans les programmes scolaires, en France, au confluent de trois questions :
- une question académique : à quel degré, quand, comment intégrer les résultats de la recherche dans les programmes d'enseignement et lesquels ?
- une question didactique : à quel moment et qu'enseigner de la guerre, dans la continuité des apprentissages, de la fin de l'école élémentaire à la fin du lycée ?
- une question pédagogique : celle des méthodes (la place du document), des ressources, des études de cas.

L'exposé qui suit est celui d'un Inspecteur général, lié par l'obligation de réserve mais conscient des enjeux scientifiques, fidèle donc comme l'écrivait Jean Jaurès à «…la liberté réglée par le devoir ».

Une remarque liminaire : il y a un avant-centenaire, il y a un pendant-centenaire, il y aura un après-centenaire et même une histoire du centenaire. Mais une certitude déjà : le centenaire a remis à jour débats et discussions entre historiens, avec des conséquences sur l'histoire enseignée, comme il a des conséquences plus visibles dans une opinion publique qui est sensible à l'évènement, par-delà les opérations médiatiques, le « tourisme mémoriel »[1] et la lecture ou la relecture de Maurice Genevoix ou d'Ernst Jünger.

Quid donc de l'essentiel, c'est-à-dire ce qui se passe dans les classes, en rappelant que les quelques 45000 enseignants d'histoire, en France, apprennent, tous, à un moment ou à un autre, la Grande Guerre aux quelques cinq millions et demi d'élèves du second degré, après que les professeurs des écoles l'ont enseignée à plus d'un million et demi d'élèves du cycle des approfondissements de l'école élémentaire ?

Les programmes, les documents d'accompagnement, les épreuves sont de la seule responsabilité de l'Institution scolaire, et l'Inspection générale seule com-

---

[1] Voir Durandin (2015).

pétente, en relation avec les corps d'inspection territoriaux, en matière de contrôle et d'expertise disciplinaire, à l'échelon national.
Plusieurs interrogations peuvent dès lors se faire jour, à ce niveau :
- une interrogation sur le sens des programmes, produits de couches sédimentaires successives
- une interrogation sur le sens des commémorations, dont celle du centenaire de la Grande Guerre
- une interrogation sur la relation entre les programmes, la recherche scientifique et les commémorations, et les éventuelles interactions des uns et des autres.

Je proposerai donc trois éléments de réflexion qui sont quelques-unes des remarques possibles sur ces sujets :
1. la commémoration, les programmes et la recherche : une relation à interroger ;
2. l'histoire et l'histoire enseignée : une transposition sans transition ?
3. les programmes d'histoire : résultats, ambigüités, lacunes.

1. La commémoration, les programmes et la recherche : une relation à interroger

Parmi les éléments qui questionnent les commémorations successives et quelquefois emboîtées de la Grande Guerre, l'adéquation - ou non - des programmes d'enseignement, de la recherche universitaire et de la commémoration ne manque pas d'intérêt.

Au lendemain de la Grande Guerre, on posera comme hypothèse une relative correspondance entre les uns et les autres. La Grande Guerre enseignée dans les classes revêt une forme de leçon militaire, politique et diplomatique marquée par l'attachement des enseignants, et singulièrement des instituteurs, à la paix, dans le cadre général d'un enseignement fondé sur la recherche de la paix (et non pas pacifiste, du moins pas généralement) et désenchanté.[2] Si l'Ecole demeure l'institutrice de la Nation, c'est la fin de la guerre qui est commémorée et qui donne en quelque sorte un sens au conflit.[3]

---

[2] Voir Loubes (2001).
[3] Voir Dalisson (2013).

Les années cinquante et soixante sont celles de programmes, de recherches et de commémorations à tonalité militaire, diplomatique et opérationnelle qui voient la rencontre entre l'histoire, l'histoire enseignée et les commémorations, avec l'ombre portée de la Seconde guerre mondiale en surplomb et les héritages des différends entre français.

A Douaumont, le 29 mai 1966, pour le cinquantième anniversaire de la bataille de Verdun le général De Gaulle qui y a combattu pourra ainsi le signifier : « Si par malheur, en d'autres temps, dans l'extrême hiver de sa vie et au milieu d'évènements excessifs, l'usure de l'âge mena le Maréchal Pétain à des défaillances condamnables, la gloire que vingt-cinq ans plus tôt il avait acquise à Verdun, puis gardée en conduisant ensuite l'Armée française à la victoire, ne saurait être contestée, ni méconnue par la Patrie ».[4]

Dans les années quatre-vingt, une attention plus grande est portée aux dimensions sociales du conflit. Dans le même temps, de héros le soldat devient victime. Dans la période plus contemporaine coexistent plusieurs visions successives et emboîtées de la Première guerre mondiale, où la politique de commémoration peut le disputer à l'histoire et à l'histoire enseignée. Avec comme conséquence une forme d'éclatement non des objets de la recherche, mais de ses résultats.

Des années quatre-vingt dix à nos jours, avec la fin de la Guerre froide et le retour de la guerre sur le continent européen, l'attention se porte en effet sur les hommes en guerre, sur la « violence de guerre » et l'explication de la durée de la soumission des hommes au combat par l' « école » du consentement[5], la contestation de ces thèses par l'« école » de la contrainte[6], et plus récemment l'analyse de l'autorité comme relation, au cours du conflit et en suivant les mutations proprement militaires de celui-ci.[7]

---

[4] De Gaulle (1970, 37).
[5] Voir Audoin-Rouzeau (1986), Becker et al. (2002) et l'*Historial* de Péronne. *L'Historial de la Grande Guerre,* ouvert à Péronne (Somme) en 1992, à l'instigation d'un groupe d'historiens rassemblés autour de Jean-Jacques Becker et Jay Winter, est à la fois un musée et un centre de documentation et de recherches, dont la particularité est d'aborder la Première guerre mondiale dans une perspective internationale et comparatiste.
[6] Voir Rousseau (1997) et Offenstadt (2004).
[7] Voir Cochet (2005) et Saint-Fuscien (2011).

2. De l'histoire à l'histoire enseignée : une transposition sans transition ?

Alors même que les résultats de la recherche ne sont pas stabilisés ni reconnus par tous – est-ce possible ? Est-ce souhaitable ? sa traduction et son introduction dans l'enseignement scolaire de l'histoire se portent donc sur une approche nouvelle de la guerre, qui doit compléter l'approche du breveté d'état-major par celle de l'officier de troupe.

C'est en effet le thème de « l'expérience combattante » qui porte la marque la plus significative du renouvellement de l'historiographie de la Grande Guerre. Il ne s'agit plus de décrire les combats, mais de reconstruire l'expression combattante de la violence, de sa banalisation, voire de la « brutalisation », avec les difficultés que pose la transposition de ce dernier terme dans un espace et un contexte historiques différents de ceux de l'étude sociologique à laquelle il se rattache.[8]

Il ne s'agit plus de rechercher les causes de la guerre, mais d'expliquer celles qui permettent aux élèves de comprendre pourquoi et comment les soldats ont combattu et tenu.[9]

Que veut-dire « combattre » ? Que veut dire « tenir » ? Ce sont les questions que se posent nos élèves.

Ainsi la « violence de guerre » est-elle un *topos* désormais incontournable de nos enseignements, applicable non seulement à la Grande guerre, mais à l'ensemble des espaces et des périodes historiques, jusqu'à nos jours. Il s'agit là de l'entrée dans les programmes de l'histoire enseignée, depuis un peu moins de dix ans, d'une notion très profondément différente de celles qui étaient enseignées jusqu'alors.

L'étude de la « violence de guerre » permet cependant de prendre en compte les masses des combattants, de faire voir ce qui les tient ensemble, les soulève d'un même élan ou les sépare, les unit dans l'honneur ou les disperse dans la peur ou la fuite. Conséquence de l'évolution des formes du conflit, de sa massi-

---

[8] Le terme de « brutalisation » a pour origine une étude du sociologue d'origine allemande Georges Mosse (1999) qui analyse les conséquences de la Grande Guerre sur les comportements politiques dans l'Allemagne de Weimar.
[9] Voir Bonneau-Darmagnac & Durdon & Hervé (2008).

fication, de son extension à toutes les activités humaines, la violence de guerre nous renvoie vers les sociétés, avec leurs possibilités et leurs limites, leurs hiérarchies et les formes du vouloir-vivre – et vouloir-mourir ! – ensemble.[10]

Si notre devoir est de comprendre et de faire comprendre, alors il faut expliquer et questionner l'Union nationale.

Il n'en demeure pas moins que l'introduction de ces nouvelles approches rend quelquefois plus difficiles les indispensables nuances qu'il faut leur apporter, si l'on tient compte des différents moments de la Grande Guerre, dans l'espace et dans le temps.

Dans ces domaines, il nous faut comprendre, restaurer, enseigner la complexité.

Logiquement, l'accent mis sur l'expérience de la violence de guerre par les combattants conduit en effet vers l'étude de la forme la plus extrême de la mobilisation : la guerre « totale », expression empruntée à un vocabulaire qui renvoie historiquement et précisément à la Seconde guerre mondiale, et pas à l'ensemble des espaces et des moments de celle-ci.[11]

Il s'agit d'une notion bien abstraite, qu'il convient d'interroger à la lumière des archives et des textes qui montrent des situations concrètes bien différentes, en fonction de la géographie et de l'histoire de la Grande Guerre. Un concept qui ne rend pas compte, pour la Grande Guerre non plus, de ces respirations des sociétés en guerre, lesquelles représentent pourtant une des causes qui leur ont, aussi, permis de tenir.

3. Les programmes d'histoire : résultats, ambigüités, lacunes

Les élèves français abordent à trois reprises, au cours de leur scolarité, la Grande Guerre : en dernière année de l'école élémentaire, en classe de 3ème au collège, en classe de 1ère au lycée. En collège et au lycée, trois à cinq heures peuvent y être consacrées. En lycée professionnel et en lycée technologique, un peu moins.

Encore convient-il d'ajouter à ces enseignements obligatoires le champ très vaste des initiatives qui réunissent plusieurs disciplines : en lettres et en histoire, en histoire des arts et en histoire, en sciences exactes et appliquées et en histoire,

---

[10] Voir Chaline (2005).
[11] Voir Horne (2010).

à condition que la convergence des disciplines et des champs disciplinaires repose sur une parfaite maîtrise de chacune de celles-ci et de ceux-là.[12]

Il s'agit d'étudier en premier lieu et très rapidement un enchaînement logique mais pas inévitable de causalités successives, entre des puissances « centrales » et encerclées, des Alliés en position favorable sur terre et sur mer, et des opérations qui déterminent des types de guerre, de combats, d'armements.

Une fois abordées très allusivement les opérations militaires, ce sont les « violences de masse » qui constituent à la fois la toile de fond et l'axe problématique majeur de l'enseignement de la Grande Guerre. Ainsi la bataille de Verdun permet-elle d'étudier successivement le symbole de la guerre des tranchées, un combat d'une violence d'un degré inédit, « l'expérience combattante dans une guerre totale », pour reprendre l'intitulé du programme de 1ère.

Le type de combat induit par la guerre de position est déterminant dans les éléments d'explication des formes qu'il prend. La mobilisation totale des sociétés en guerre est dès lors analysée comme une conséquence logique de l'évolution des formes de la guerre : mobilisation, massification, industrialisation de la guerre sont liées.

La si longue guerre de positions du premier conflit mondial est cependant difficilement réductible à ces seules approches, pour installées qu'elles soient désormais dans l'histoire enseignée. C'est l'interminable siège des empires centraux, entre la Marne (septembre 1914) et la Marne (juillet 1918). Avec l'interaction des fronts, sur terre entre le front de l'Ouest, le front de l'Est et les Balkans, sur mer en Méditerranée, en mer du Nord et dans l'Atlantique.

A bien des égards, pour les Alliés, la Grande Guerre est gagnée sur les mers et n'est pas perdue sur terre.

Ainsi le note, dix ans après la guerre, le commandant en chef de l'Armée française : « Bien que le principal effort de la guerre ait incombé aux armées de terre, ce serait néanmoins une erreur que de méconnaître l'importance de la guerre navale qui nous a assuré la « maîtrise de la mer », condition nécessaire de la Victoire ».[13]

---

[12] Voir Collectif (2014).
[13] Pétain (2014, 253).

Si notre devoir est de comprendre et de faire comprendre, alors il faut expliquer que la Grande Guerre est une guerre mondiale.

La seule étude de la violence de masse, pour importante et même décisive qu'elle soit, ne rendrait pas compte des autres dimensions du conflit. Elle pourrait conduire par ailleurs à des rapprochements et des regroupements historiques quelquefois anachroniques et contestables. L'étude du programme en classe de 3ème : « Guerres mondiales et régimes totalitaires 1914-1945 » et l'enseignement de la Grande Guerre à partir du thème « Une violence de masse » et des deux exemples de la guerre des tranchées (Verdun) et du génocide arménien ne sauraient s'y réduire.

Les choix des programmes, liés à certaines des avancées historiographiques des vingt dernières années, mettent ainsi l'accent sur certains aspects du conflit, aux dépends d'une approche globale, opérationnelle et militaire de la Grande Guerre.

La Première guerre mondiale n'est alors pas véritablement enseignée pour elle-même, mais replacée dans un temps plus long : « Guerres mondiales et régimes totalitaires » en 3ème, « Guerres mondiales et espoirs de paix » de 1914 à 1945, dans le thème général « La guerre au XXème siècle », en 1ère. Les traumatismes du front, le bouleversement des sociétés en guerre, les violences de masse annoncent, en principe sans les induire, les violences qui conduisent au Second conflit mondial.

S'il est intéressant et sans doute légitime de replacer la Grande Guerre dans un temps long de l'histoire, du début du XXème siècle au lendemain de la guerre de 1939-1945, encore faut-il se garder, dans ce domaine comme dans d'autres, d'enseigner l'inéluctable et choisir de faire comprendre la complexité. Si nos élèves ont besoin de comprendre le passé et de se situer dans leur présent, ils ont aussi besoin d'un horizon d'attente. Expliquer et restaurer le champ complexe des possibles devrait permettre d'éviter, dans l'histoire enseignée de la Grande Guerre, une vision téléologique de celle-ci.

Une approche historique et non seulement mémorielle, qui rende intelligible un évènement essentiel de notre histoire et pour nous doit dès lors conduire les enseignants à distinguer la mémoire, qui est respect de la fidélité, individuelle ou collective et l'histoire, qui est recherche de la vérité.

Bibliographie

AUDOIN-ROUZEAU, Stéphane. 1986. *14-18, les combattants des tranchées* Paris: Armand Colin.
BECKER, Annette & AUDOIN-ROUZEAU, Stéphane & INGRAO, Christian & ROUSSO, Henry. edd. 2002. *La violence de guerre, 1914-1945*. Bruxelles: éditions Complexe/IHTP.
BONNEAU-DARMAGNAC, Marie-Christine & DURDON, Frédéric & HERVE, Pierrick. edd. 2008. *La Grande Guerre*. Poitiers: CRDP de Poitou-Charentes/CNDP.
CHALINE, Olivier. 2005. „La bataille comme objet d'histoire", in *Francia. Forschungen zur Westeuropäischen Geschichte. Frühe Neuzeit Revolution-Empire 1500-1815* 32/2, 1-14.
COCHET, François. 2005. *Survivre au front, les poilus entre contrainte et consentement*. Saint-Cloud: Soteca.
COLLECTIF. 2014. *Arts et littérature de la Grande Guerre*. Paris: CNDP-CRDP.
DALISSON, Rémi. 2013. *11 novembre. Du souvenir à la mémoire*. Paris: Armand Colin.
DE GAULLE, Charles. 1970. *Vers le terme. 1966-1969*. Paris: Plon.
DURANDIN, Catherine. 2015 „Entre deuil, honneur et tourisme mémoriel", in: *Inflexions. Civils et militaires: pouvoir dire"* 25 (« Commémorer » Paris), 11-22.
HORNE, John. edd. 2010. *Vers la guerre totale. Le tournant de 1914-1915*. Paris: Tallandier.
LOUBES, Olivier. 2001. *L'Ecole et la Patrie. Histoire d'un désenchantement 1914-1940*. Paris: Belin.
MOSSE, Georges. 1999. *De la grande guerre au totalitarisme : la brutalisation des sociétés européennes*. Paris: Hachette.
OFFENSTADT, Nicolas. 2004. *Les fusillés de la Grande guerre et la mémoire collective (1914-1994)*. Paris: Hachette.
PETAIN, Philippe. 2014. *La guerre mondiale 1914-1918*. Toulouse: Privat.
ROUSSEAU, François. 1997. *La Guerre censurée. Une histoire des combattants européens de 1914-1918*. Paris: Seuil.
SAINT-FUSCIEN, Emmanuel. 2011. *A vos ordres ? La relation d'autorité dans l'armée française de la Grande guerre*. Paris: éditions EHESS.

Außerschulische Lernorte

Elèves et étudiants sur les traces de la Grande Guerre – pour une approche exploratoire et communicative

Christian Minuth

En guise d'introduction

Dans notre texte nous nous poserons la question à savoir comment travailler les événements barbares et démesurément inhumains de la Grande Guerre dans le cadre d'un enseignement de langues étrangères scolaire ou encore de la formation des enseignants de langues. Les cours de langue étrangère représentent une plateforme adaptée à ces questions de par leur caractère interculturel de compréhension d'autrui ainsi que de leurs objectifs d'éducation à la paix. Les enseignants de langues auront la possibilité d'intégrer dans leurs cours ces questions fondamentales qui sont posées par la barbarie de cette guerre en utilisant l'ensemble des possibilités de prise de contact directes avec la totalité des sources orales disponibles, mettant ainsi en pratique une approche par la découverte, basée sur la communication.

Cette communication avec les petit-fils et arrière petit-fils des *poilus* a pour objectif d'ouvrir la voie vers la compréhension de ces événements historiques. Les apprenants seront aptes de faire des expériences indirectes, maintes fois modifiées par le miroir du temps. Ces expériences communicatives se formeront sur l'empathie des jeunes apprenants pour des souffrances humaines d'une époque lointaine et dont les acteurs avaient tout juste leur âge.

1. L'herbe qui recouvre tout

Trois notions clé représenteront le fil rouge de nos réflexions: Exploration – communication – émotions. Nous étudions ici des évènements guerriers qui se sont passés il y a 100 ans partout en Europe et, en très grande partie, sur le sol français. L'importance cruciale de cette barbarie pour l'histoire du XXe siècle jusqu'à nos jours ne sera jamais assez soulignée. C'est Georges Bensoussan (2006) qui a ainsi démontré la ligne directe entre un antisémitisme millénaire, les idéologies racistes du 19ème siècle et l'application d'une machinerie de destruction totale, préparant l'extermination des Juifs par les Nazis.

De par leur importance cruciale, on a donc besoin de mettre l'accent sur la difficulté de comprendre ces évènements au sens le plus large du terme – ou mieux encore : de les faire comprendre aux jeunes.

L'apprentissage froid, scolaire – ce que Freinet appelait « scholastique » – distancié et basé sur les recherches historiques et leurs informations factuelles ne suffira en aucun cas pour faciliter cette compréhension et permettre un positionnement individuel de la part des jeunes. La Grande Guerre ne peut s'apprendre en termes scolaires et par cours magistral, l'apprentissage ne fonctionnera que sur la base d'émotions ressenties et admises pendant un processus d'acquisition individuel qui permettra l'identification et l'empathie. Qui plus est, les acquis cognitifs actuels concernant la Grande Guerre et les connaissances qu'en ont les élèves en Allemagne restent flous, aléatoires et insuffisants dans l'ensemble, comme nous le montrerons ultérieurement à travers une recherche que nous avons menée auprès de nos étudiants. Un questionnaire concernant quelques mots importants de la Grande Guerre fut présenté à des étudiants pour tester leur savoir. Les résultats furent décevants. Il s'agira donc d'œuvrer dans le sens opposé de ce que Carl Sandburg décrit métaphoriquement dans son poème « Grass » de 1918 comme étant l'œuvre de l'herbe qui recouvre tout. Il s'agira de réfléchir à la question de pouvoir maîtriser la force de l'oubli sans pour autant tomber dans le piège d'une pédagogie de compassion qui ne serait que culpabilisante. Comment intégrer un certain passé, ici la Grande Guerre, dans notre enseignement ? Comment réussir un vrai travail de mémoire ?

> Pile the bodies high at Austerlitz and Waterloo.
> Shovel them under and let me work –
> I am the grass; I cover all.
> And pile them high at Gettysburg
> And pile them high at Ypres and Verdun.
> Shovel them under and let me work.
> Two years, ten years, and passengers ask the conductor:
> What place is this?
> Where are we now?
> I am the grass.
> Let me work.
>
> Carl Sandburg (1918, 91)

2. L'approche exploratoire et communicative

La problématique de l'enseignement de la guerre de 1914-18 sera étudiée à travers une approche que nous appellerons approche exploratoire et communicative (AEC, fig. 1). Son principe exploratoire – auquel nous ajoutons implicitement le terme d' « ethnographique » car l'apprenant avance tel un ethnographe dans un environnement inconnu – place l'apprenant au centre des efforts intellectuels, un centre que celui-ci occupe alors pleinement. Il y acquiert des connaissances et des opinions de façon individuelle ou en petit groupe. Son attitude est celle du chercheur, il développe et pose ses propres questions tout en restant ouvert à nos propositions et à notre soutien en tant qu'enseignants. Cet esprit de chercheur libère des énergies, suscite de la motivation ainsi que des impressions fortes et génère un apprentissage durable.

C'est la communication qui se trouve à la base de ces activités. C'est en communicant que la compréhension de la signification des phénomènes rencontrés est assurée par la négociation de leur sens avec un interlocuteur compétent. Cette négociation crée – et ceci est important et fondamental pour notre approche – des contacts authentiques et forts en émotions.

Sans cette communication et la négociation du sens, le risque est très grand de ne pas comprendre des phénomènes observés et de passer à côté d'émotions sous-jacentes à certaines actions et convictions et même : ignorer le sens d'une notion, d'un mot. Comme nous sommes en situation d'apprentissage de L2 ou L3, la langue cible est à la fois le moyen de communication et la clé pour le décodage des réalités socio-culturelles françaises une validation communicative s'impose pour assurer la compréhension. Cette validation se réalisera en langue cible, soit en discutant avec les pairs et le professeur soit en interrogeant les témoins historiques et leurs descendants éventuels. A titre d'exemple, on ne saisira pas l'acception, la portée et la signification profonde de termes comme *les Boches*, *les Schleus*, *les Fritz* ou *les Vert-de-Gris* sans avoir parlé avec des témoins de l'époque respective ou avec leurs descendants et qui accorderont un sens très personnel à ces mots en fonction de leur biographie.

Nous emprunterons, en l'adaptant à notre propos, un modèle de recherche collaborative pour les sciences de l'éducation.

> Au cœur de notre modèle collaboratif, il y a une activité réflexive, aménagée de diverses façons, on le verra, selon les projets spécifiques, dans laquelle praticiens et chercheurs sont amenés à interagir et à explorer ensemble un aspect de la pratique d'un intérêt commun. Cette activité réflexive s'appuie essentiellement sur l'explicitation et l'analyse de situations [...] vécues par les [*praticiens*, C.M.], sous l'angle de l'intérêt commun défini par le projet d'exploration. C'est dire que l'activité est aménagée de telle sorte qu'elle favorise et fait en sorte que soit entretenue une sorte de « conversation », pour emprunter à Schön (1991), entre la pratique (des enseignants) et le retour réflexif sur cette pratique (entre praticiens et chercheurs). Concrètement, l'activité prend forme à travers des rencontres [...] entre chercheurs et praticiens, rencontres qui permettent ainsi de créer une « zone interprétative » autour de la pratique qui est objet d'exploration. C'est dans cette « zone interprétative » [...] que se coconstruira [sic], entre chercheurs et praticiens, un certain « savoir » à propos de la pratique, sous l'aspect exploré.
>
> Desgagné et al. (2001, 38)

Les « chercheurs » de ce texte seraient les élèves, respectivement les étudiants, futurs professeurs de langues et les « praticiens » du modèle cité ci-dessus seraient les partenaires de communication de la langue cible, les témoins historiques. L'approche scientifique adoptée ici met l'accent sur l'interprétation, voire la compréhension et la construction du sens et qui représente également le facteur essentiel pour le travail en classe. Lorsque ces témoins ne seront plus disponibles, certains termes n'auront plus que leur signification lexicographique. Pour comprendre, il restera cependant la littérature, et l'art comme le souligne Jorge Semprún en parlant de ses terribles expériences à Buchenwald et en exprimant son espoir de pouvoir transmettre une réalité insoutenable par des textes littéraires et les émotions fortes qui en découlent. Comme l'ont fait, entre autres, Elie Wiesel *Tous le fleuves vont à la mer* (1994), Martin Gray *Au nom de tous les miens* (1971) ou encore Primo Levi *Est-ce un homme* (1987 [1947]).

> Si je comprends bien, (...) ils ne sauront jamais, ceux qui n'ont pas été!
> Jamais vraiment... Il restera les livres.
> Les romans de préférence.
> Les récits littéraires, du moins qui dépasseront le simple témoignage, qui donneront à imaginer, même s'ils ne donnent pas à voir.
> Il y aura peut-être une littérature des camps...
> Je dis bien: une littérature, pas seulement du reportage.
>
> Jorge Semprún (1994, 170)

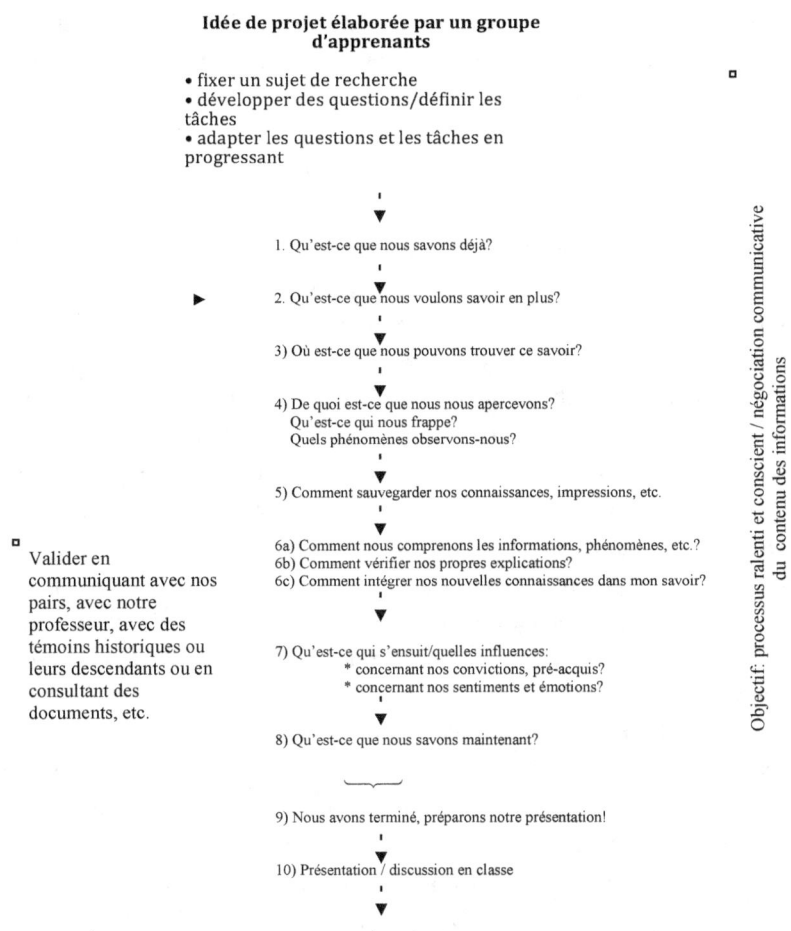

Fig. 1 : Modèle de l'approche exploratoire et communicative (AEC)
(adapté et modifié d'après Minuth 2012, 53)

Il y aura également des dessins forts comme les a publiés Jacques Tardi *C'était la guerre des tranchées* (1993) et qui touchent les apprenants par leur cruelle simplicité en noir et blanc. A l'intérieur de cette bande dessinée ; il y a l'épisode du soldat français Mazurie et de Werner, soldat allemand qui, séparés de leur unités respectives, se sont réfugiés indépendamment l'un de l'autre dans la cave d'une maison en ruines. Ils élaborent un plan pour survivre à une attaque en se promettant de se déclarer prisonniers mutuellement en fonction de la nationalité des soldats qui les trouveront. Ce beau plan parfait échouera lors de la prise de la cave par les Français car l'Allemand est tué sur le coup et Mazurie condamné à mort pour collaboration avec l'ennemi et fusillé à l'aurore. Ce passage dramatique est d'un grand intérêt interculturel ainsi que pour l'éducation à la paix car il ne reste rien de l'humanisme de ces deux hommes. Leur entente au-delà les tranchées ne réussit pas à survivre à la logique guerrière. Une tragédie humaine qui rappelle les nombreux cas de « fusillés pour l'exemple » que le général Bach (2003) a retrouvé dans les archives et qu'il a publiés dans son livre qui porte le même titre. Ces injustices marquent beaucoup les jeunes apprenants et ont conduit au projet *Cellules de la mort* (en anglais *death-cells*, cf. infra).

Des photos, des films ou encore des documents sonores ou écrits par d'anciens poilus constituent une autre base de l'enseignement préparatoire à projet d'exploration. De nombreuses collections de textes existent, nous ne retiendrons que quelques indications : *Lettres de Poilus* (Guéno 1998) ainsi que des documents complets publiés sur les pages web du CRID (*Collectif de Recherche International et de Débat sur la guerre de 14-18*) et par le site *L'histoire par l'image* (2015).

Un travail sur les livres de jeunesse publiés en France depuis un certain temps prépare également au sujet. A l'occasion du centenaire du début de ce premier conflit mondial, une multitude de publications a vu le jour dont une bibliographie très complète se trouve sur la page de « *Ricochet* » de *l'Institut suisse Jeunesse et Médias* (2015). Renvoyons notamment, pour ne citer que deux de ces nombreuses publications : *Le journal d'un enfant pendant la Grande Guerre. Rose France 1914-1918* de Thierry Aprile (2004) et *Zappe la guerre* de PEF (1998). Voici le contenu de *Rose*:

> Rose, neuf ans, raconte sa vie au fil des jours en France, entre 1914 et 1918, dans son journal. Sa maîtresse lui a expliqué que c'était la meilleure façon de se préparer à la dictée et à la rédaction du certificat d'études. Elle habite à Lens, au nord de la France, dans une région envahie par l'armée allemande. Elle doit traverser le pays et se réfugier dans le département du Gers, dans le Sud-Ouest. Elle découvre la vie à la campagne mais aussi les privations et les souffrances des «poilus» que raconte son père dans ses lettres.
>
> (Gallimard jeunesse, 2015)

Quant au contenu de *Zappe la guerre*, il est le suivant:

> Si les victimes de la « der des ders » revenaient, que pourraient-elles constater ? Dans le village de Rezé, deux cent quatre vingt huit noms sont gravés sur le monument aux morts. Une nuit, ces morts décident de parcourir le village pour « une mission spéciale de grande vérification » : leur sacrifice a-t-il servi à quelque chose ? Ils se déploient dans les rues et découvrent le monde tel qu'il est quatre-vingts ans après leur disparition. Dans une maison, un téléviseur égrène des informations sur les conflits en cours : Sarajevo, « Rouanda ». Le grand-père demande au petit-fils de zapper la guerre. Le petit-fils voit, debout derrière les carreaux, les soldats morts. Il sort, ils ont disparu sauf un qui l'attend : c'est l'instituteur qui veut que le gamin sache l'horreur qu'ils ont vécue.
>
> (Académie de Grenoble, 2015)

Les deux livres ont cette capacité de transposer le lecteur à l'intérieur des protagonistes tout en transmettant et illustrant un savoir direct et individualisé de cette époque. Le dessinateur PEF transpose les *poilus* dans notre époque tels les visiteurs d'un autre temps et saisit les émotions de ses lecteurs ; le sort de la petite Rose nous est très proche et nous émeut. Les lettres authentiques de *poilus* compléteront cette préparation au sujet.

3. Connaissances défaillantes

Revenons un moment sur les connaissances que les étudiants, futurs professeurs de français langue étrangère, ont acquis depuis leur scolarité sur la Grande Guerre. Concernant neuf films ayant pour thème la Grande Guerre[1] seuls deux sont marqués comme étant connus par deux étudiantes : *A l'Ouest, rien de nouveau* (1930) et *Merry Christmas* (2005). En réponse à un questionnaire comportant une liste de vingt-cinq mots représentatifs et référencés à cette guerre (cf. Loez 2013), que nous avons soumis à ces mêmes étudiants, nous ne recenserons au total que dix-neuf réponses, dont douze correctes et sept erronées. Trois personnes ne donnent qu'une seule réponse.

---

[1] *Shoulder arms/Charlot soldat* (Charles Chaplin 1918) ; *A l'ouest, rien de nouveau* (Lewis Milestone 1930) ; *La grande illusion* (Jean Renoir 1937) ; *Regeneration* (angl. ; Gillies Mc Kinnon 1997) ; *La vie et rien d'autre* (Bertrand Tavernier 1989) ; *Les croix de bois* (Raymond Bernard 1932) ; *Un long dimanche de fiançailles* (Jean-Pierre Jeunet 2004) ; *Ceux qui aiment ne meurent jamais* (Christophe Malavoi 2004) et *Merry Christmas* (Christian Carlon 2005).

Les termes expliqués plus ou moins correctement par les jeunes Allemands sont : Verdun, La Marne, Tirailleurs sénégalais, Tranchées, Gueules cassées, Alsace-Lorraine, Les boches / Les Fritz, Automutilation, Monument aux morts, Soldat inconnu, No man's land, L'Union Sacrée.

Les mots qui restent sans explication sont : *Douaumont, La Somme, Flandres, Passchendale, Ypres, La « der des ders », Les poilus, Fusil Lebel, 08/15, Obusite/shellshock, Chanson de Craonne, Chemin des Dames, Barbelés.*

Quant aux connaissances générales, on trouve des réponses insuffisantes témoignant du peu de connaissances envers le sujet. A titre d'exemple: « A la fin il y avait un traité qui donnait beaucoup de désavantages aux Allemands », « …l'Allemagne a perdu la guerre. », « L'Alsace-Lorraine était partagé [sic] entre la France et l'Allemagne », « J'ai seulement appris, ce qui s'est passé en Allemagne. » etc.

Ces résultats médiocres et décevants démontrent les limites d'une approche cognitive en classe d'histoire. Dans la mesure où ces notions ne sont pas liées à des concepts ayant une valeur émotionnelle, elles ne sont pas mémorisées. Leur intériorisation n'a pu s'effectuer, un potentiel acquis reste sans ancrage affectif et se perd. Ce qu'il convient également de critiquer, ce sont la rapidité et le caractère superficiel de l'apprentissage scolaire dûs entre autres au cadre institutionnel, comme le 'bac turbo' et qui devront être remplacés par une approche plus contemplative, reposée et ralentie de la prise de conscience des faits historiques et informations diverses par les apprenants. On n'enseigne pas les guerres ; les apprenants doivent se les approprier, ressentir leur cruelle réalité, les intégrer mentalement, les découvrir par multiplicateurs interposés. Il est évident que ces principes sont en contradiction totale avec un système scolaire de plus en plus soumis aux exigences d'une économie de marché déchaînée.

Somme toute, il se dégage de notre étude non seulement une absence quasi totale de connaissances profondes sur la Grande Guerre mais aussi une vision relativement germano-centrique des évènements, qui correspond probablement aux manuels scolaires allemands et à l'enseignement. Globalement, on peut constater que la Grande Guerre – excepté lors de la commémoration du centenaire en 2014 – est un sujet délaissé dans les cours d'histoire en Allemagne et – à plus grande échelle – dans les cours de français langue étrangère. Les différentes approches que nous proposons ci-dessous ne représentent qu'une partie restreinte des possibilités d'exploration pédagogique de ce sujet important. Leur dénominateur commun est double : d'une part l'approche exploratoire qui motive des activités communicatives des apprenants d'autre part leur implication personnelle, voire émotionnelle ; ainsi le sujet deviendra palpable et accessible. Les zones d'ombre et les déficits du savoir sur la Grande Guerre, mentionnés ci-dessus, pourront être diminués.

4. Arrangements pédagogiques : Phases

L'approche exploratoire nécessite certaines structures de travail qui pourraient se définir à travers des phases pédagogiques linéaires ou non et doivent permettre de rebondir et de retourner au point de départ etc. (phases de retour et de vérification, cf. schéma ci-dessous). L'unité didactique pourrait comprendre environ 20 à 25 heures de travail pour une classe de seconde, voir première (10ème ou 11ème classe en Allemagne).

- *Introduction*
  L'enseignant présente l'approche exploratoire et ses caractéristiques et met l'accent sur l'autonomie du travail de chaque groupe et son principe d'autogestion. Cette phase récurrente n'est pas obligatoire à chaque projet car les apprenants habitués à cette approche ne nécessiteront plus d'explications (1 heure).

- *Préparation*
  Former des groupes de travail et fixer un sujet de recherche par groupe. Cette phase exige du temps pour la réflexion et se terminera par une décision commune à laquelle chaque membre du groupe peut souscrire (environ 2 heures).

- *Elaboration*
  Établir un plan de travail ; partager les tâches ; cerner le sujet ; rechercher des documents ; préparer d'éventuels interviews/contacts ; écrire diverses lettres, courriels etc. ; préparer des moyens techniques nécessaires. Cette phase et la suivante sont le noyau de l'approche exploratoire et communicative et prendront une bonne partie du temps disponible (4 à 6 heures).

- *Réalisation*
  Réaliser la recherche en lisant des documents ; faire des interviews ; utiliser les différentes sources d'information ; établir des contacts par internet. Cette phase peut être réalisée dans un pays francophone – ce qui nécessite une préparation méticuleuse en amont de l'excursion - ou par des contacts télématiques (environ 6 à 8 heures pour la réalisation).
- *Négociation/compréhension*
  Discuter aves ses pairs, l'enseignant ou des natifs sur la signification des données. De retour en classe, on évalue les résultats tout en les décodant et en construisant leur sens (2 à 4 heures).
- *Fixation*
  Réunir les documents, transcrire, faire des montages, noter les points importants classer et sauvegarder les documents (2 heures).
- *Présentation et discussion*
  Devant l'assemblée des autres apprenants, chaque groupe présente le résultat de ses recherches et les soumet à discussion. Pour l'évaluation commune, chacun se soumettra au rituel des trois catégories suivantes: *Je félicite – je critique – je propose*. Or chaque réaction respectera ce mode opératoire à part égale. Pour mettre en valeur chaque travail à sa juste valeur, ce rituel s'impose car il aide à éviter les critiques dévastatrices, les louanges flatteuses ou encore l'incapacité à chercher une réponse alternative. Par là même, une situation de communication authentique s'installe (minimum 1 heure par groupe). L'enseignant donne également son opinion et évalue le travail des groupes sur la base de critères fixés au préalable.
- *Suite*
  Cette phase est facultative cependant la présentation peut motiver à poursuivre la recherche ou à découvrir une autre facette de la recherche.

5. Réalisations

Quels procédés mettre en place pour atteindre les objectifs mentionnés cidessus, soit préparer un travail exploratoire autour de projets pédagogiques ainsi que des tâches autogérées d'après les principes du *Task-Based Language Lear-*

ning ? Comment s'organise la classe autour des projets ? Comment ancrer le savoir dans les convictions et attitudes des apprenants, leur personnalité?

Nous présenterons les grandes lignes de quatre projets réalisés par des élèves ou des étudiants et qui correspondent aux questions et exigences nommées.

(1) LES STATUES DE KÄTHE KOLLWITZ en mémoire de son fils tué en Flandre à l'âge de 18 ans et qui avait donc pratiquement le même âge que les élèves sont l'objet d'un travail de mémoire de la part des élèves d'un collège de Gelsenkirchen (*Gesamtschule*). Ils réalisent depuis plusieurs années une excursion à Vladslo et Ypres en collaboration avec l'école *Heilige Familie* à Ypres, déposent une gerbe, chantent des chansons ou récitent des textes. Actions bien documentées sur la page web de l'école (2015). Ces voyages sont préparés en classe d'Anglais et d'Histoire où les élèves préparent des présentations ciblées. Ce qui ressort comme une constante de ces projets réguliers, ce sont l'implication et l'engagement personnels de chaque élève libérant une grande force de travail et une motivation couronnées par un voyage en Flandre hautement valorisant parce que pris en considération par les partenaires belges et la presse locale. Lorsque ces élèves sont venus présenter leur projet à la *Pädagogische Hochschule Heidelberg* dans notre cours sur la Première Guerre Mondiale pour relater leurs expériences, ils étaient émus, certains avaient les larmes aux yeux.

(2) MENIN GATE A YPRES : Le projet de nos étudiants consistait à réaliser des interviews avec des enseignants et des élèves anglais, présents à la cérémonie du *Last post* (présenté depuis 1924 sans interruption en l'honneur des soldats britanniques tombés ici). L'hypothèse de base des étudiants allemands était la suivante : ces Anglais ont des intentions pacifistes et sont ici pour manifester contre la guerre. Lors des entretiens, la véritable motivation s'est fait sentir à travers les interviews menées: en réalité, les élèves et leurs professeurs étaient venus en très grand nombre afin de rendre hommage aux héros tombés pour la Grande-Bretagne : "They gave their life for Britain", fut une des réponses types, récurrentes de la part des jeunes Anglais. L'hypothèse fut ainsi infirmée, les entretiens avaient mis au grand jour une image différente de cette cérémonie (*negotiation of meaning*). Ces connaissances étaient seulement devenues accessibles grâce à des entretiens directs ; leur impact fut considérable.

Le travail en classe consiste donc essentiellement à préparer les interviews, soit des questions et leurs réponses éventuelles. La maîtrise de la technologie vidéo par les apprenants s'impose également et doit être acquise pendant la préparation en classe[2].

(3) WAR MUSEUM & DEATH-CELLS : Dans le musée de la ville d'Ypres se trouve une installation artistique évoquant la trêve de Noël 1914 et qui représente un groupe de soldats se donnant la main. Ce groupe de soldats avait spécialement impressionné les élèves car ces soldats se tenant par la main étaient séparés par un mur invisible en verre épais. Le contact réel qui avait existé en 1914 n'était que factice car la réalité de la guerre s'interposait invisiblement. Après la préparation en classe par la lecture de lettres de Poilus et notamment ces lettres d'adieu des « fusillés pour l'exemple » (Guéno 1998) la visite des cellules de la mort a été mise en scène par les élèves. Dans ces cellules ils avaient préparé des lectures à haute voix de lettres de Poilus. Cette petite cérémonie fut également très touchante car de la fenêtre des cellules, on pouvait voir le poteau où les auteurs de ces textes allaient être fusillés le lendemain à l'aube. Le travail principal en classe consiste en une lecture individuelle d'une multitude de textes écrits par des Poilus. Après la lecture, on peut confectionner des affiches racontant la vie de ces personnes qui ont existé. Ces affiches seront exposées en classe puis présentées par les différents groupes.

(4) MAISON DE RETRAITE : Des contacts directs avec des personnes âgées en Alsace furent instaurés et des rencontres autour d'une table réalisées. Ces personnes âgées racontaient leurs expériences personnelles et celles de leurs aïeux. Leurs biographies respectives étaient sujettes aux changements incessants de l'appartenance géopolitique de l'Alsace aux pressions qui s'ensuivirent. Pressions et mépris dû à l'accent Alsacien quand ils se prononcèrent en français et l'obligation d'apprendre le français après les périodes de domination allemande. Egalement, l'abus des hommes embrigadés de force dans les unités allemandes sous les Nazis (*les malgré-nous*). Toutes ces expériences douloureuses seront narrées aux étudiants fortement impressionnés. Ainsi, des rencontres dans des maisons de retraite en Alsace sont particulièrement bien adaptées à notre propos.

---

[2] L'éphémère des situations de communications exige des enregistrements vidéo ou audio, qui facilitent également la compréhension ultérieure.

Aujourd'hui, même la plupart des enfants d'anciens Poilus sont décédés et les personnes âgées ne peuvent que transmettre les histoires de leur grand-père racontées en famille. Cependant la Grande Guerre a laissé des traces profondes dans la mémoire collective française ; celles-ci restent encore palpables à travers l'ensemble des contacts. Un phénomène observable et récurrent est le silence des survivants dont parlent les anciens. Les grands-pères qui avaient survécu à la guerre n'étaient pas très loquaces et ne s'épanchaient que peu quant aux faits d'armes (Trévisan 2001). Le travail en classe comprendra non seulement la préparation des interviews, mais également la lecture d'autres récits biographiques, de livres pour la jeunesse etc.

Ce dernier exemple représente l'approche de l'histoire orale *(oral history)*, qui fournit un outil expérimenté en sciences sociales et historiques et sera susceptible d'être appliqué aussi dans l'enseignement. Nous évoquerons ici des arguments pour étayer l'importance de cette prise de contact aves des personnes âgées en Alsace:

- Une grande disponibilité/plaisir des anciens et un certain enthousiasme à discuter avec des jeunes et à parler de leurs expériences du passé
- Connaissances de première main
- Entretiens laissant des impressions fortes auprès des jeunes
- A travers ces narrations se profile l'histoire de l'Alsace comme une histoire commune franco-allemande
- Possibilité de *code-switching* grâce au dialecte (en Alsace, ainsi que dans d'autres régions frontalières).

6. Conclusions

Voici pour résumer les points essentiels de notre approche exploratoire communicative:

- Les projets pédagogiques exploratoires représentent la voie royale pour implémenter les objectifs communicatifs et interculturels de l'enseignement d'une langue étrangère. Ces projets peuvent être réalisés en contact direct (voyages, excursions, télématique) ou par un travail créatif dans ou en dehors de la salle de classe.

- L'approche exploratoire communicative (AEC) facilite la découverte et la compréhension des réalités culturelles et subculturelles du pays de la langue cible. Des situations de communication fortes et des contacts profonds peuvent être réalisés par des contacts directs. Une interaction communicative et authentique se met alors en place.
- La compréhension et la construction de sens ne se font que sur la base d'une négociation communicative avec des représentants du pays de la langue cible. La compréhension des divers documents peut être également assurée par des entretiens avec l'enseignant ou par télécommunication avec des écoles et/ou universités partenaires ou encore par un processus herméneutique basé sur des documents et informations.
- Le processus et les phases de travail autogérés créent et maintiennent une dynamique propre, une motivation très forte et libèrent la créativité des apprenants.
- Ces processus favorisent la décentration, le changement de perspectives, l'empathie et une conscience interculturelle.

Bibliographie

Académie de Grenoble. 2015. *Zappe la guerre*. www.ac-grenoble.fr/ien.st-marcellin/guppy/file/Grande_guerre_doc_peda_acc_zappe_la_guerre.pdf (01.09.15).

APRILE, Thierry. 2004. *Le journal d'un enfant pendant la Grande Guerre. Rose, France, 1914-1918*. Paris: Gallimard.

BACH, André. 2003. *Fusillés pour l'exemple 1914-1915*. Paris: PUF.

BENSOUSSAN, Georges. 2006. *Europe. Une passion génocidaire. Essai d'histoire culturelle*. Paris: Mille et une nuits.

CRID (Collectif de Recherche International et de Débat sur la Guerre de 1914-1918). http://www.crid1418.org/temoins/ (01.09.15).

DESCAMPS, Florence. 2001. *L'historien, l'archiviste et le magnétophone. De la constitution de la source orale à son exploitation*. Comité pour l'histoire économique et financière de la France: Paris.

DESGAGNE, Serge & BEDNARZ, Nadine & LEBUIS, Pierre & POIRIER, Louise & COUTURE, Christine. 2001. „L'approche collaborative de recherche en éducation : un rapport nouveau à établir entre recherche et formation", in: *Revue des sciences de l'éducation* 27/1, 33-64. http://id.erudit.org/iderudit/000305ar (01.09.15).

Gallimard jeunesse. 2015. *Pendant la Grande Guerre*. http://www.gallimard-jeunesse.fr/Catalogue/GALLIMARD-JEUNESSE/Le-journal-d-un-enfant/Histoire/Pendant-la-Grande-Guerre (01.09.15).

GRAY, Martin. 1971. *Au nom de tous les miens*. Paris: Le livre de poche.
GUENO, Jean. 1998. *Lettres de Poilus. Lettres et carnets du front (1914-1918)*. Paris: Librio.
HEILIGE FAMILIE. Collège et Lycée. http://www.hfi.be (01.09.15).
HISTOIRE PAR L'IMAGE. 2015. *Hors série: La Grande Guerre*.
 http://www.histoire-image.org/site/lettre_info/hors-serie-premiere-guerre-mondiale.php (01.09.15).
Institut suisse Jeunesse et Médias. 2015. *Les Livres Par Thème: Histoire – Première Guerre Mondiale*.
 http://www.ricochet-jeunes.org/themes/theme/89-histoire-premiere-guerre-mondiale/ (01.09.15).
LEVI, Primo. 1987 [1947]. *Est-ce un homme*. Paris: Le livre de poche.
LOEZ, Henri. 2013. *Les 100 mots de la Grande Guerre*. Paris: PUF.
MINUTH, Christian. 2002. „Das Altersheim-Projekt. Ältere Menschen aus dem Elsass erzählen Schülern ihre Lebensgeschichten", in: *Französisch heute* 33/2, 230-244.
MINUTH, Christian. 2008. „Approche explorative. Projektbasierte und aufgabenorientierte Lernarrangements in der Landeskunde", in: Fäcke, Christiane & Hülk, Walburga & Klein, Franz-Josef. edd. *Multiethnizität, Migration und Mehrsprachigkeit. Festschrift zum 65. Geburtstag von Adelheid Schumann*. Stuttgart: ibidem, 125-137.
MINUTH, Christian. 2012. *Fremdsprachen lernen in Projekten. Entdecken, kommunizieren, verstehen, gestalten*. Bad Heilbrunn: Klinkhardt.
MOSSE, George. 1990. *De la Grande Guerre au totalitarisme : La brutalisation des sociétés européennes*. Paris: Hachette.
PEF (1998): Ferrier, Pierre Elie. 1998. *Zappe la guerre*. Rezé: Edition Rue du monde.
SANDBURG, Carl. 1918. *Cornhuskers*. New York: Bartleby.
SEMPRUN, Jorge. 1994. *L'écriture ou la vie*. Paris: Folio poche.
TARDI, Jacques. 1993. *C'était la guerre des tranchées*. Bruxelles: Casterman.
TREVISAN, Caroline. 2001. *Les fables du deuil. La Grande Guerre : mort et écriture*. Paris: PUF.
WIESEL, Elie. 1994. *Tous les fleuves vont à la mer*. Paris: Le livre de poche.

Ein Buch als Souvenir. *Un parc à prisonniers* im Französischunterricht der Oberstufe

Kathrin van der Meer

An Haus Spital erinnern weder Steine noch Stelen, ihm ist kein Museum gewidmet und keine Gedenktafel. In diesem in unmittelbarer Nähe zur Stadt Münster gelegenen größten Gefangenenlager Nordwestdeutschlands waren im Ersten Weltkrieg mehr als 50.000 Internierte aus Frankreich, Belgien, Italien und Russland untergebracht. Dass die Geschichte dieser 50.000 Menschen unerzählt blieb, die topographische Lage des Lagers über lange Zeit ungewiss, ist symptomatisch für die Schwierigkeiten, den Ersten Weltkrieg zu erinnern, *an* den Ersten Weltkrieg zu erinnern. Und so ist es vielleicht gerade diese Abwesenheit des Gefangenenlagers im öffentlichen Bewusstsein, die einen *non-lieux de mémoire* zu einem Erinnerungsanlass macht. Es wird im Folgenden nicht darum zu tun sein, einen Beitrag zur gegenwärtig noch nicht wissenschaftlich erschlossenen Kriegsgefangenenthematik zu leisten, einem in seiner Verzahnung von informeller und propagandistischer Diskurse ohnehin nicht einmal in Ansätzen homogen zu nennenden Gegenstand. Vielmehr wird es darum gehen, an einem konkreten Beispiel exemplarisch zu zeigen, wie eine Auseinandersetzung mit einem Dokument der Erinnerung im schulischen Kontext als Beitrag zum Fremdverstehen im Französischunterricht der Oberstufe nutzbar zu machen ist.

1. Ein kollektives Tagebuch: Konzipierte Erinnerung

Von Haus Spital in Nienberge bei Münster sind Postkarten geblieben, Zeitungsartikel, Nuntiaturberichte (das Lager wurde 1918 vom späteren Papst Pius XII. besucht), Skizzen, Photographien. Und ein Buch. Es trägt den Titel *Un parc à prisonniers. Haus-Spital près Münster-en-Westphalie* (vgl. Abb. 1).

Bereits zu Beginn des Textes zeigt sich, wie tief diesem *Souvenir de captivité* die Dimension der Fremdwahrnehmung eingeschrieben ist: In seinen einleitenden Worten empört sich der Verfasser über die Wahl des Namens Haus Spital,

Abb. 1: *Un parc à prisonniers*: Titelgestaltung (Pierre o.J., Titelseite)

der aus seiner französischen Perspektive „bon accueil, maison de repos, hostellerie" (Pierre o.J., 12) bedeutet und ihm als Beispiel für den beklemmenden, deutschen Sinn für Ironie erscheint, wirkt das Lager doch auf ihn wie „un parc à bestiaux, aux barrières infranchissables et pourvues de fils de fers, comme dans les grandes exploitations d'élevage" (ebd.).

Das Titelbild in seinen sich nicht korrekt auflösenden Linien stellt eine Dreidimensionalität her, die Bildebenen liegen übereinander. Es erinnert in seiner Form an ein Kriegsdenkmal (vgl. Abb. 2), links und rechts sind, versehen mit den Regimentsangaben, die Namen des Verfassers und des Illustrators eingeschrieben wie auf einer Erinnerung gemahnenden Ehrentafel. In der Mitte, wie aufgebracht, der Stacheldraht, der das Lager umgab und der aus literaturwissenschaftlicher Perspektive ein zentrales inhaltliches Motiv des Textes darstellt. Durch die Lektüre des Buches erschließt sich, neben der Deutung dieses Bildes als Kriegsdenkmal, eine Deutungsmöglichkeit der doppelten Linienführung jener beiden Blöcke links und rechts: sie stellen die Hohlgänge zwischen Stacheldraht und Lagerinnerem dar, jene Gänge, in denen die Deutschen patrouillierten. Damit erscheint, auf einer abstrakten Ebene, dieses Titelbild zugleich als Grundriss des Lagers – eben jenes Grundrisses, der heute nicht mehr sichtbar ist.

Links und rechts, ganz oben auf den beiden Säulen, durch die Wiederholung forciert, steht zu lesen: *Souvenir de captivité*. Dieses kollektive Souvenir soll im Folgenden nicht hinsichtlich der Fragestellung betrachtet werden, ob Lagerzeit-

Un parc à prisonniers im Französischunterricht der Oberstufe 65

Abb. 2: Kriegerdenkmal Lengerich/Westfalen (Foto: K. v. d. M.)

schriften, Fronttagebücher oder Schützengrabenzeitungen überhaupt repräsentativ sein können für die Deutung des Ersten Weltkriegs, und angesichts der Zahl der täglich von deutschen Soldaten und Zivilisten versandten Feldpostbriefe, von Rainer Pöppinghege mit 16,7 Millionen angegeben (Pöppinghege 2006, 17), sei angesichts eines gegenwärtig unüberschaubaren Korpus auf die Unsicherheitsparameter solcher Quellenwerte verwiesen. Grundsätzlich ist in Frage zu stellen, ob 14 / 18 erzählbar ist. Bereits Jean Norton Cru postuliert in *Témoins* von 1929 die These von der Nichtdarstellbarkeit der Kriegsereignisse, die er mit dem Fehlen narrativer Rahmen begründet. Krieg als Sujet sei demnach 1914 insofern neu, als infolge einer unbewussten Lüge bis zum Ersten Weltkrieg in keiner Form über das Dreckige und Widerwärtige des Krieges geschrieben worden sei. Cru prägt den Begriff der ‚témoignage' als Gattungsbezeichnung und entwickelt an einem Korpus von ca. 300 Texten Kategorien zur Strukturierung dieser problematischen Zeugenschaften. Im Unterricht der Oberstufe gilt es folglich, in Anlehnung an Cru zunächst grundlegend die unterschiedlichen Intentionen herauszuarbeiten, aus denen ‚témoignages' entstehen können und mit den Schülerinnen und Schülern zu erarbeiten, welche Ziele diese Texte verfolgen können: Haben sie ein pazifistisches und somit mitunter ethisch-moralisches Anliegen? Idealisieren sie den Krieg, um die Nation zu glorifizieren, einen Beitrag zum nationalen Selbstverständnis zu leisten? Dienen sie der therapeutischen Selbstentlastung ihrer Verfasser und kommen damit einer Beichte gleich? Das Verständnis, dass nicht alle Kriegszeugnisse freiwillig entstanden sind, sondern oft auf Geheiß der Heeresleitung verfasst wurden, trägt zu der Erkenntnis bei, dass das dargestellte Bild des ‚Fremden' immer ein Konstrukt ist. Auch der Krieg selbst, dies gilt es sich zu vergegenwärtigen, war, wie Cru schreibt, bis zu dem Zeitpunkt, als die Soldaten auf den Schlachtfeldern ankamen, eine Täuschung: „Sur le courage, le patriotisme, le sacrifice, la mort, on nous avait trompés, et aux premières balles nous reconnaissions tout à coup le mensonge de l'anecdote, de l'histoire, de la littérature, de l'art [...]" (Cru 1997, 30).[1] Übereinstimmend mit Cru vertritt Annegret Jürgens-Kirchhoff die These, dass die Erwartung der Künstler, der Krieg werde sich als künstlerisches Sujet erweisen, angesichts der Konfrontation mit der Realität keinen Bestand hatte. Die Kriegsniederlage selbst, so die Autorin, „blieb den Karikaturisten und den politischen Zeichnern vorbehalten und den Bildhauern, die nach 1918 [...] im offiziellen Auftrag die Denkmäler schufen" (Jürgens-Kirchhoff 2004, 431).[2] Dieses Ende einer Täuschung in dem Sinne, wie sich im Beispiel Crus erst durch die Materialität der Kugeln und das körperliche Leiden das Erleben des Krieges als Abstraktion, als Lüge erweist, ist ein gestalterisches Grundprinzip zahlreicher Kriegstexte. Remarques *Im Westen nichts Neues* beispielsweise macht diese Täuschung zu einem strukturellen Funktionselement eines Roman, der damit ein Empathieangebot generiert. Das kollektive Tagebuch *Un parc à prisonniers* stellt eine sehr besondere Art der ‚témoignage' dar: es wurde als Souvenir für die französischen Überlebenden einer gemeinsamen Lagerzeit in Münster publiziert (Pierre o.J.).[3]

---

[1] Denkt man das Bild weiter, wird die den Körper penetrierende Kugel zugleich zur Einlassstelle, an der die Fiktion durch die Materie ersetzt wird – ein Gedanke, der dem in den Geistes- und Kulturwissenschaften seit den 1980er Jahren ausgerufenen *material turn* entspricht.

[2] Für die Gattung der deutschsprachigen Kriegskinderbücher – dieser Seitenblick sei gestattet – ist festzustellen, dass eine Kriegsverarbeitung nach Ende des Krieges oder eine Auseinandersetzung mit der Kriegsniederlage ausbleibt. Auch zwischen dem Verstummen von Siegermeldungen und dem Erscheinen (bzw. dem Nichtmehrerscheinen) von Kriegskinderbüchern besteht ein Verhältnis der Reziprozität.

[3] Auf die Thematik des Regionalen Lernens, die sich am Beispiel von Haus Spital exemplarisch darlegen ließe, soll hier nur kurz verwiesen werden. Das von Christian Salzmann (1991 sowie Salzmann & Kohlberg 1989) entwickelte Bildungskonzept zielt auf eine systematische Verknüpfung von kognitiven, affektiven und aktionalen Parametern und soll zur Entwicklung regionaler Identität ebenso beitragen wie zur individuellen Gestaltungskompetenz. – Der aus der Geographiedidaktik stammende Begriff der raumbezogenen Identität zeigt wohl noch konziser die Dimension einer sozialpsychologischen Identitäts-

Das Buch ist, so heißt es im Vorwort, die Realisierung eines kollektiven Versprechens, das sich eine Gruppe von Gefangenen in der Zeit der Internierung gegeben hatte. Noch im Lager selbst trug O. Marquant, Drucker und Verleger aus Lille, die Namen all jener französischen Gefangenen zusammen, die sich eine Erinnerung an Haus Spital wünschten. Für sie wollte er nach Ende des Krieges ein mit Illustrationen versehenes Buch publizieren. G. Pierre sicherte zu, den Text zu verfassen, Auguste Potage, Kunstmaler, versprach, ihm die im Lager angefertigten Zeichnungen zu überlassen. Die kunstreichen 122 Illustrationen von Potage entstanden im Lager unter großem Druck, konsequent versteckt vor den Blicken der Deutschen. Die Lagerleitung versuchte wiederholt, die kollektiv versteckten Skizzen aufzuspüren, die Potage jedoch selbst während seiner anschließenden Internierung im Münsteraner Lager Rennbahn zu schützen vermochte.

Auch der Direktor der Druckerei Camille Robert, in der das Buch 1920, spätestens 1921 erschien, war Gefangener in Haus Spital. Wenn, wie eingangs erwähnt, Cru die Nichtdarstellbarkeit der Kriegsereignisse mit dem Fehlen narrativer Rahmen begründet, heißt dies, anders gewendet, die Frage nach der Leistungsfähigkeit des Genre der ‚témoignage' zuzulassen. Charlotte Lacoste definiert den Begriff der ‚témoignage' als „récit véridique, en prose et à la première personne, des souffrances physiques et morales [...]" (Lacoste 2007, 5).

Un parc à prisonniers läuft dieser Definition – und genau hier liegt die Qualität dieses Textes – zuwider: Weder handelt es sich um einen reinen Prosatext noch wurde der Bericht über den Aufenthalt im Lager in der ersten Person verfasst, auch stellt er keineswegs das physische und geistige Leid in das Zentrum des Textes. Charakteristisch für die Berichte von ehemaligen Lagerinsassen, so Pöppinghege, ist der Verzicht auf die Darstellung alltäglicher Dinge zugunsten von Begebenheiten, die sich „durch ihre besondere Qualität als Erfahrungswerte ins Gedächtnis eingegraben haben. Es handelt sich oft um ritualisierte Erzähltechniken mit textlichen Versatzstücken [...]" (Pöppinghege 2006, 25). Auch diese Definition unterläuft *Un parc à prisonniers* als Text mit einem eigenen

---

auffassung, in der regionale Identität und personale Identität verklammert sind. Eine Auseinandersetzung mit dem Thema Haus Spital, wie sie in Münster von Schülern im Fach Geschichte betrieben wird, zielt auf der aktionalen Ebene als Engagement auf eine zukunftsfähige Gestaltung der Region.

Modell, setzt er doch den Fokus eben auf die präzise Darstellung des Lageralltags.

Bereits die Entstehungsgeschichte unterscheidet den vorliegenden Text von einem Gefangenschaftsbericht, der ein singuläres Erleben in der ersten Person erzählt, und so ist es als Erzählstrategie nur konsequent, dass der Text durchgehend in der ersten Person Plural verfasst ist. Nicht nur die Tatsache, dass hier in einer für einen Gefangenschaftsbericht einzigartigen Weise Text und Illustration einander erhellen – der Band enthält zudem Liedtexte von Alphonse Motte, dessen Revue *Münster qui chante* im Januar 1915 von den Lagerinsassen in Lager Rennbahn aufgeführt wurde. Da die Melodien angegeben werden, die, versehen mit neuen Texten, die Lebenssituation der Gefangenen spiegeln, ist der Text somit über Sprache und Bild hinaus auch akustisch erfahrbar und ermöglicht so einen weiteren emotionalen Zugang zur Thematik.

2. Die Errichtung des Lagers

Vorangestellt werden sollten der schulischen Auseinandersetzung mit einem Kriegsgefangenenbericht grundsätzliche Informationen über die Funktion von Gefangenenlagern als Orte der Verhinderung feindlicher Kriegsaktivitäten, sowie der Zusammenhang zwischen der Behandlung von Kriegsgefangenen im eigenen und im fremden Land. In diesem Kontext gilt es ebenso auf die hohe mediale Wichtigkeit der Lagerbericht-Thematik zu verweisen sowie auf das spezifische Verhältnis zwischen Deutschland und Frankreich, die sich gegenseitig Unfähigkeit zum menschenwürdigen Umgang mit den jeweiligen Kriegsgefangenen vorwarfen.[4]

Es soll hier nicht darum gehen, im Sinne einer Kanonerweiterung die Analyse exemplarischer, in zahlreiche Anthologien aufgenommener Erzählungen und Zeugnisberichte des Ersten Weltkrieges zu ersetzen. *Un parc à prisonniers* jedoch erzählt und illustriert auf mehreren, zu konkretem Handeln anleitenden

---

[4] Eine Überblicksdarstellung des problematischen Verhältnisses zwischen Deutschland und Frankreich, das bekanntlich bereits zu Beginn des Ersten Weltkrieges vorherrscht, bieten Binoche (1996) sowie Bariéty & Poidevin (1979). Zur Darstellung des Kriegsbildes auf jeweils der anderen Seite der Grenze, basierend auf den Bildarchiven der Presseagenturen Agence France Presse und der Deutschen Presseagentur, vgl. Gilles & Weinrich (2014). Siehe auch Schultze-Rhonhof (2012).

Ebenen die Geschichte der Errichtung eines Gefangenenlagers. Der Text setzt – charakteristisch für Kriegsgefangenenberichte, die zumeist die schambesetzte Situation der Gefangennahme selbst ungeschrieben lassen – mit der Ankunft der französischen Soldaten am 14. September 1914 auf dem Bahnhof Nienberge ein, er beschreibt das Errichten der großen Zelte und der kleinen Erdhütten, in denen die Gefangenen auf einem Truppenübungsgelände untergebracht waren. Gerade durch die im Lager selbst entstandenen Illustrationen (vgl. Abb. 3) und die detailreiche Beschreibung des Lageralltags ermöglicht der Text den Lernenden, eine Vorstellung zu entwickeln, die weitaus plastischer ist als jene Formulierungen von offizieller Seite, wie sie etwa in der *Kriegschronik der Stadt Münster 1914/18* über den 19. September kontrastiv zu lesen sind: „Beim Hause Spital wird ein Lager für 7500 Kriegsgefangene errichtet. Ihre Unterbringung ist vorläufig noch mit großen Schwierigkeiten verbunden. Zum Schutze gegen den ständigen Regen wurden zunächst ganze Reihen schräger Holzgerippe ausgerichtet und mit wasserdichten Plantüchern bespannt. In diesen langen Gassen liegen die Gefangenen auf Stroh ziemlich geschützt" (Schulte 1930, 48). Die Zeichnungen, die die Unterbringung von 50 Männern pro Zelt zeigen, unterlaufen dieses „ziemlich geschützt" der offiziellen Darstellung von deutscher Seite, zumal die unzureichende Versorgung mit zu dünnen Decken und der Platzmangel beim Schlafen, wie man der Zeichnung von Potage entnehmen kann, eine eigene (Bild)sprache sprechen. Ist im Münsteraner Kriegsbericht von „schützendem Stroh" die Rede, kommentiert der Verfasser des französischen Textes diese Unterbringung lakonisch mit den Worten: „En Allemagne, au 20e siècle, on y loge des êtres humains sur la paille."

Abb. 3: Das Zeltinnere (Pierre o.J., 36)

3. Dinge im Lager, Dinge des Lagers

In einer Strategie der Sachlichkeit hingegen schildert der Text den Lageralltag: den Mangel an Sitzgelegenheiten, dem die Insassen mit dem Bau kleiner Bänke abhelfen, den Brot- und Wassermangel, den Bau einer Kanalisation und eines Kiosks, den ständigen Schlamm im Lager und die Arbeit außerhalb des Lagers, das unendliche Zuviel an Zeit, dem die Gefangenen mit dem Anfertigen von kleinen Flugzeugen, Kanonen, Uhrenketten und Pfeifen aus Lagermaterialien beizukommen versuchen, er spricht von Lektürelust, Karten- und Glücksspielen und dem gemeinsamen Rauchen. Und eben weil er als Souvenir einer zeitlich begrenzten Lebensspanne angelegt ist, leistet er gerade in der bewussten Reduzierung auf den Alltag eine Vorstellbarkeit des Unvorstellbaren. Dies wird erreicht, indem der Verfasser zu keiner Zeit auf die psychopathologische Situation der Gefangenen und die für Lagerinsassen typischen neurasthenischen Problematiken eingeht, die aus der unfreiwillig beschränkten Selbstverwirklichung resultieren. Er beschreibt sichtbare Handlung, nicht innere Befindlichkeit.

So wie das kollektive, explizit als Erinnerungsobjekt verfasste Tagebuch einer Gefangenschaft ein Souvenir darstellt, wird das Thema im Sinne einer *mise en abyme* auch im Text selbst ausgestellt: eine starke Nachfrage besteht im Lager nach aus Pferdehaar angefertigtem Schmuck als *cadeau de retour* für Frauen und Kinder. Das wichtigste, da mit Schrift versehbare Souvenir aber sind jene Blechtassen, in die als „Souvenir de captivité" der Name der in Frankreich verbliebenen (Ehe)Frau eingraviert wird (vgl. Abb. 4).

Die optimistischen Gefangenen belassen es dabei, 1914 in die Tassen einzuschreiben, die Skeptiker fügen einen Bindestrich an die Zahl 1914 an, um auf die ungewisse Kriegsdauer zu verweisen. So wie diese Tasse, der im Buch eine gesamte Seite gewidmet ist, Erinnerungen speichert und speichern soll, ermöglicht es die Auseinandersetzung mit der Thematik des Ersten Weltkriegs über eine Reduzierung der Perspektive, abstrakte gesellschaftspolitische Strukturzusammenhänge in konkrete Materie zu übersetzen. Es sind, so die Grundüberlegungen im Kontext des material turn, nicht die Dinge, die gedeutet werden, es sind die Dinge, die deuten. Sie deuten die Menschen, die sie besitzen, die sozialen Netzwerke, die über sie verfügen, die Räume, in denen sie präsentiert, geordnet, ausgestellt, besessen werden. Dinge ermöglichen die Etablierung von

Un parc à prisonniers im Französischunterricht der Oberstufe 71

Abb. 4: Eine von den Gefangenen als Souvenir bearbeitete Tasse (Pierre o.J., 119)

Kulturen der Erinnerung und des Wissens, sie sind stumme Speichermedien in einer medialen Welt. Um mit Otto Lauffer zu sprechen: „Sie zeigen nur. Im übrigen sind sie stumm" (Lauffer 1943, 125). Hartmut Rosa vertritt in *Beschleunigung. Die Veränderung der Zeitstrukturen in der Moderne* (2005) die These von einer Auflösung der Intimität mit Dingen in einer durch den Begriff des „rasenden Stillstands" gekennzeichneten Gegenwartsgesellschaft. Die Prozesse des Verwachsens mit den Dingen bzw. ihres Anverwandelns werden, so Rosa, in der Moderne zunehmend unwahrscheinlich. Für das Souvenir indes gilt dies m.E. nicht, steht es doch näher an der nahezu magischen Macht der Dinge, wie sie ihnen etwa im Mittelalter zugeschrieben wurde, als am ‚Ceci n'est pas une pipe'-Dingverständnis[5] des 20. Jahrhunderts.

Un parc à prisonniers funktioniert über die Wirkmächtigkeit des Kleineren. Kriegssouvenirs transportieren. Sie generieren darüber hinaus in einem nur noch partikularen Sinnzusammenhang Sicherheit. Die phänomenologische Formel der Hinwendung zu den Dingen mag zwar in ihrer historisch markierten Entstehungszeit der 1930 Jahre Ergebnis einer Ideologieabwehr sein, doch der Blick

---

[5] Zum Verhältnis zwischen dem abgebildeten Objekt (der Pfeife), seiner Bezeichnung („Ceci n'est pas une pipe") und seiner bildlichen Repräsentation vgl. grundlegend Foucault (1986). *Ceci n'est pas une pipe. Sur Magritte.* Montpellier: Fata Morgana.

auf die Dingdetails macht auch das Brüchigwerden funktionaler Differenzierungen, wie diese so globale Gattungsbezeichnung ‚témoignage', sichtbar. Oder, um mit Novalis zu sprechen: „Wir suchen überall das Unbedingte, und finden immer nur Dinge."[6]

4.   Fremde Blicke. Zum Einsatz des Texts im Französischunterricht

Un parc à prisonniers bietet auf der Text- wie auf der Bildebene reiche Möglichkeiten zu einem Interkulturellen Lernen (basierend auf dem 1997 von Michael Byram entwickelten Modell der hinlänglich bekannten Kategorien *savoir, savoir être, savoir comprendre* und *savoir faire*), er ermöglicht im Kontext interkultureller kommunikativer Kompetenz den Erwerb soziokulturelles Orientierungswissen, das es den Schülerinnen und Schülern erlaubt, die deutsch-französischen Beziehungen unter dem Aspekt der historischen und kulturellen Entwicklung zu analysieren.

In den zahlreichen, indes nur graduell divergierenden Definitionen von interkulturellem Lernen und Fremdverstehen im Sinne Ansgar Nünnings (2007) dürfen trotz fehlender Trennschärfe der Termini folgende inhaltliche Zuschreibungen als konsensuell bestimmt werden: Dialog- und Verständigungsbereitschaft, Toleranz, Empathie sowie die Überwindung von Ethnozentrismus. Stets aber gilt, wie Nicole Bernhard (2002, 197) schreibt: „Interkulturelles Lernen bedeutet neben kognitivem Lernen immer auch emotionales Lernen […]". Auch Lothar Bredella, der in *Das Verstehen des Anderen* von 2010 in Abgrenzung zu einem formalistischen und dekonstruktivistischen Literaturverständnis für eine rezeptionsästhetische Literaturdidaktik plädiert, erachtet das Durchdringen und Verstehen des Anderen als zentral für die „[…] Entwicklung von kognitiven, affektiven, imaginativen und evaluativen Kompetenzen der Lernenden […]." Herbert Christ weist ab Mitte der 1990er Jahre auf die durch Empathie bestimmte qualitative Standpunktveränderung als Bedingungsverhältnis Interkulturellen Lernens hin, ein Perspektivwechsel, der darauf zielt, sich mit dem Fremden vertraut zu machen, ohne es durch eine Homogenisierung mit eigenkulturellen Begriffen zu entfremden. Diese Vermittlung zwischen Außen- und Innenperspektive definiert er als sich kreuzenden Blick: „In der Tat ist es der sich kreuzende Blick – der

---

[6] Novalis (1978). *Werke, Tagebücher und Briefe*, hg. von Mähl & Samuel, 226.

eigene und der fremde –, der Begegnungen konstituiert, der Blick mit der jeweils doppelten Blickrichtung. Wenn Begegnung zustande kommen soll, dann ist eine Vorbedingung die, dass der Blick des anderen mit ins Kalkül genommen und bewusst aufgenommen wird" (Christ 1997, 4).[7] Die Herausforderung für die Fremdsprachendidaktik liegt darin, die Begegnung zwischen Lernendem und Gegenstand aus einer Perspektive zu ermöglichen, die das jeweils Andere – obwohl notwendigerweise Ausdruck eines Fremdsystems – nicht als Wunderkammer oder Kuriositätenkabinett der Fremde ausstellt.

Im Folgenden soll gezeigt werden, wie diese von Christ entworfene Perspektive des sich kreuzenden Blickes im Unterricht fruchtbar gemacht werden kann.

Der Unterrichtseinstieg könnte über folgende Illustration von Potage erfolgen (vgl. Abb. 5).

In der Phase der Erarbeitung lassen sich durch eine von den Schülerinnen und Schülern vorgenommene Bildbeschreibung zunächst die nationalen Zuschrei-

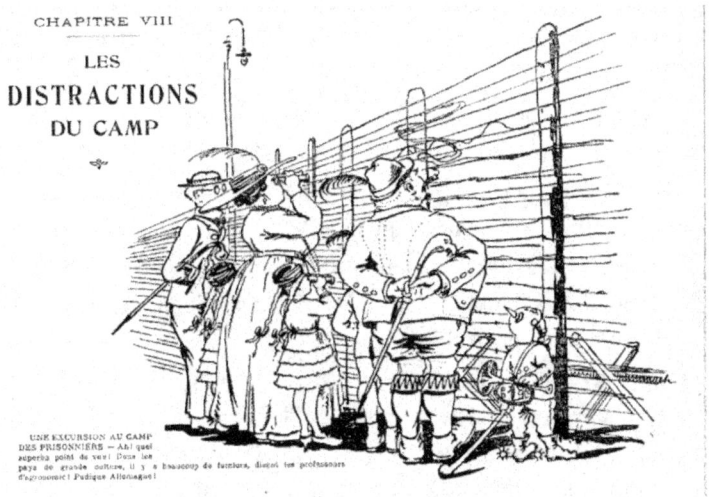

Abb. 5: Die Münsteraner Bevölkerung besucht das Lager (Pierre o.J., 121)

---

[7] Dieses über den Blick geführte Verhältnis zwischen Selbst und Fremdem erinnert an Sartres phänomenologische Ontologie, wie er sie 1943 in *L'Etre et le néant* als Dyaden-Konstellation in Form eines dreistufigen Prozesses konzipiert. Damit beschreibt interkulturelles Lernen recht eigentlich ein Existential.

bungen herausstellen; die für Westfalen untypischen Elemente Tracht, Pickelhaube und Alphorn dürften hierbei, so steht zu vermuten, als deutliche Überzeichnungen als Gesprächsanlass für eine Sammlung von Auto- und Heterostereotypen auch über die konkrete Abbildung hinaus fungieren. Ziel sollte es sein, durch eine andere Perspektive auf das Fremde zu zeigen, dass eben jene Auto- und Heterostereotypen den Blick auf das Fremde als Befremdendes verstärken denn empathisch nutzbar machen. Um *Un parc à prisonniers* im Blick auf das Fremdverstehen fruchtbar zu machen, bieten sich folgende Fragen als Sprech- und Schreibanlässe an:

- Wie stellen sich die französischen Gefangenen selbst dar? (Vermeidung der Opferperspektive, Aussparen der Darstellung von psychischem und physischem Leid im Lageralltag, Schwerpunkte der Selbstdarstellung: Selbstorganisation, sinnstiftende Beschäftigungen, Solidarität der Gefangenen untereinander).
- Was sehen die deutschen ‚Besucher' des Lagers, wenn sie die französischen Gefangenen durch ihre Ferngläser beobachten? (Perspektivwechsel, Sichtbarmachen der tatsächlichen Verhältnisse im Lager: mangelhafte hygienische Bedingungen, schlecht genährte Gefangene).
- Wie nehmen die französischen Gefangenen den Blick der Schaulustigen wahr? Hierzu findet sich folgendes Zitat des Verfassers, der das Verhalten der Bevölkerung als nicht „pudique" bewertet: „On se serait cru, à certains jours, à une représentation dramatique en plein air; les spectateurs ajustaient leurs jumelles, regardaient longuement, puis passaient leur instrument à toute la famille, même aux petites filles, et de loin, on voyait leurs convulsions de rires grossiers; et chacun de se demander avec stupeur quelle pouvait être la mentalité des pères et des mères qui osaient conduire leurs enfants dans des lieux pareils" (Pierre o.J., 134). Die Schamlosigkeit der Beobachtenden wird hier, geführt über das Synthesiskonzept ‚Familie', deutlich verurteilt.

Ausgehend von der moralisch wertenden Haltung der Erzählinstanz könnte die Lehrkraft zu der Frage überleiten, ob diese Situation der Beobachtung eine durch die Demütigung der Exponierung bedingte Überzeichnung tatsächlicher Gegebenheiten darstellt oder auf Tatsachen beruht. Dazu kann der korrespondierende Eintrag vom 19. September 1914 in der *Kriegschronik der Stadt Münster 1914/18* herangezogen werden, in dem es heißt: „Durch Sturm und Regen wandern schon seit Sonntag Hunderte den durchweichten Weg zum Haus Spital, um die zum Teil sehr ungepflegt aussehenden Franzosen anzustarren und sich von den hochmütigen Engländern überlegen betrachten zu lassen. Unreife Burschen reichten den Gefangenen durch das Drahtgitter Zigaretten, versuchten mit ihnen ein paar französische oder englische Wörter zu radebrechen und hielten das ungewohnte Bild auf der photographischen Platte fest." (Schulte 1930, 49). Diese Vorfälle veranlassen den Kommandierenden General zu der Anordnung, zu den Kriegsgefangenen sei ein Abstand von 700 Metern zu halten.

Durch die Kontrastierung der (zahlreich zu findenden) Textbeispiele, in denen das Verhalten der anderen Nation be- bzw. abgewertet wird, lässt sich zeigen, welches die jeweils behaupteten und der anderen Nation abgesprochenen Werte sind. Durch diese Perspektive des sich kreuzenden Blicks im Sinne von Christ (1997) sollen die Schülerinnen und Schüler zwischen Außen- und Innenperspektive vermitteln und erkennen, dass das Gesehene und Beobachtete immer nur eine Zuschreibung an das Bild der anderen Nation darstellt.

Sofern eine fächerübergreifende Arbeit realisierbar ist, bietet sich ein Vergleich dieses Erinnerungstextes mit einer anderen Quelle an: in der vom Generalstab des Feldheeres herausgegebenen, zunächst in den besetzen Gebieten erscheinenden *Gazette des Ardennes*, die sich auch an die französischen Gefangenen in Deutschland richtet, erscheint 1917 der mit zwölf Photographien versehene Artikel eines Kriegsgefangenen aus Haus Spital, der über den weiteren Ausbau des Lagers Haus Spital informiert.[8]

Anhand des Zeitungsartikels sollten die Schüler indes nicht nur die Weiterentwicklung des Lagers als totale Institution im Sinne Goffmans (2001 [1961]) erkennen, es als gesellschaftlichen Mikrokosmos erfassen und beschreiben, sondern auch reflektieren, dass der Darstellung der Lagerverhältnisse nach außen eine eigene politische Funktion innewohnt. Da sich Deutschland und Frankreich, wie eingangs erwähnt, gegenseitig eines nicht adäquaten Umgangs mit den Kriegsgefangenen der anderen Nation bezichtigten, zielt die Außendarstellung

---

[8] *Gazette des Ardennes: Journal des pays occupés (Édition illustrée)* 44 (1917), 3-5. Abrufbar unter: http://digi.ub.uni-heidelberg.de/diglit/feldztggazardenill1917bis1918/0033

des Lageralltags, d.h. die von den Insassen verfassten, zur Publikation bestimmten Berichte, darauf ab, den Eindruck zu vermeiden, die Kriegsgefangenen würden menschenunwürdig behandelt: im Lager organisierte Bildungs- und Kulturangebote gelten als Indikatoren einer wahrgenommenen Sorgfaltspflicht. So wird in der *Gazette des Ardennes* über die Gründung eines Orchesters und einer *Société dramatique* ebenso berichtet wie über den Bau von Sportanlage und Tennisplatz, es wird von Abendkursen für Analphabeten und der Errichtung einer französischen Schule geschrieben und der Organisation von Bibliotheken und Vorträgen. Auf deutschen Befehl, so heißt es, kommt es zur Eröffnung einer Ausbildungsschule, die den körperlich versehrten Gefangenen eine Umschulung ermöglicht. Ein solcher Vergleich sollte im Blick auf die Funktion von Textsorten die Propagandafunktion dieser Darstellung präsent halten und den Verfasser des Textes in seiner Rolle als Künder der positiven Entwicklungen in deutschen Gefangenenlagern nachzeichnen.

Ausblick: Ein Denkmal setzen

Die Ironie, die die Karikatur der deutschen Schaulustigen auszeichnet, ist ein zentrales Strukturmerkmal des Textes. Ob die Unfähigkeit der deutschen Militärverwaltung verspottet oder der Wassermangel im Land von Kneipp ironisiert wird – wo die Definition der ‚témoignage' auf die Darstellung der psychischen und physischen Leiden zielt, kehrt dieses *Souvenir de captivité* die Parameter um, sodass der Text – selbst wenn er die Bestattung der Toten beschreibt – an keiner Stelle eine Opferperspektive einnimmt. Nicht das Leid wird thematisiert, sondern die Verhältnisse dokumentiert, die das Leid hervorbringen. Und so versteht der Verfasser sein Souvenir nicht zuletzt als Hommage an die herausragende Haltung der französischen Soldaten in Haus Spital, an ihre „énergie morale, leur esprit d'ingéniosité, leur habitude de prendre les pires misères par la blague et de masquer la souffrance d'un sourire […]" (Pierre o.J., 4). Hier wird erkennbar, dass der methodische Ansatz, alltagsgeschichtliche Quellen wie Gefangenschaftsberichte zur Vermittlung von Kriegserfahrungen im Sinne einer ‚témoignage' zu deuten, den Aspekt der mentalen Verarbeitung des Krieges im Medium des Schreibens nicht außer Acht lassen darf. Bei Pöppinghege heißt es: „Die Handlungen der Protagonisten sind in diesem Sinne nicht als authentische

Zeugnisse zu begreifen, sondern als strukturierende Elemente einer diskursiven Kultur. Die eigentliche Quelle für die psychohistorische Dimension des Weltkriegs kann demnach kein Faktum oder Dokument der Ereignisgeschichte sein, sondern nur das menschliche Gedächtnis" (Pöppinghege 2008, 21). Oder, wie zu ergänzen wäre, die Objekte, in die er es einschreibt.

An das Lager Haus Spital erinnert heute ein noch in der Zeit der Internierung angelegter, durch einen französischen Architekten und einen französischen Bildhauer gestalteter Friedhof. „Pro patria" und „Dieu et mon droit", so steht es auf dem Ehrenmal, eingemeißelt in den Obelisk, darunter das englische Königswappen, das Wappen des russischen Zarenreiches sowie das belgische Königswappen, jene Nationen, die in Haus Spital zusammengebracht wurden, aufgebracht über dem zentral gesetzten Gallischen Hahn. Die Trennung von Kriegs- und zivilen Friedhöfen bedingt ihre Repräsentationsfunktion des Nationalen, und die Errichtung von Gefangenen-Friedhöfen durch die Gefangenen selbst zeugt vom Versuch der Überwindung jener Ohnmacht, im fremden Land gefangen zu sein, statt für das eigene zu kämpfen. *Pro patria* – so wird schon im Krieg selbst die Erinnerung an den Krieg in den Stein gemeißelt. Der Gallische Hahn, Wappen, Nationen, *Patria*, Geburtsdaten, Sterbedaten: die öffentlich-kollektive Form der Erinnerung.

So wie sich in die von der Zeit verkratzen Tassen des Lagers Haus Spital durch die Gebrauchsspuren eine Geschichte eingeschrieben hat, gilt es auch, nach den Geschichten hinter den öffentlichen Diskursen, hinter der kollektiven Erinnerungskultur, hinter dem großen Begriff der ‚témoignage' zu suchen. Auf der Rückseits des eingangs erwähnten Kriegsdenkmals in Lengerich finden sich,

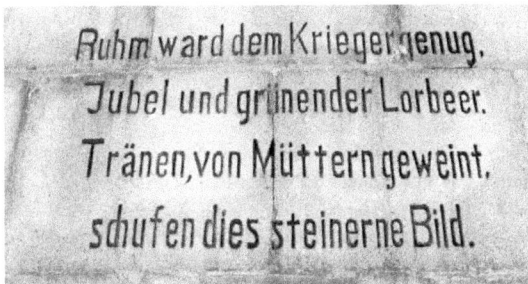

Abb. 6: Inschrift auf der Rückseite des Kriegsdenkmals in Lengerich (Foto: K. v. d. M.)

eingekratzt in den Stein wie „Souvenir de captivité" in eine Tasse, folgende Worte: „Ruhm ward dem Krieger genug. Jubel und grünender Lorbeer. / Tränen, von Müttern geweint, schufen dies steinerne Bild." (vgl. Abb. 6).

Und so sind es immer mindestens zwei Geschichten, die ein Souvenir zu erzählen vermag.

Literaturverzeichnis

BARIÉTY, Jacques & Poidevin, Raymond. 1979 [1977]. *Les Relations franco-allemandes*: 1815-1975. Paris: Colin.

BERNHARD, Nicole. 2002. „Interkulturelles Lernen und Auslandaustausch − ‚Spielend' zu interkultureller Kompetenz", in: VOLKMANN, Laurenz & Stiersdorfer, Klaus & Gehring, Wolfgang. edd. *Interkulturelle Kompetenz. Konzepte und Praxis des Unterrichts*. Tübingen: Narr, 193-216.

BINOCHE, Jacques. 1996. *Histoire des relations franco-allemandes de 1789 à nos jours*. Paris: Masson.

BREDELLA, Lothar. 2010. *Das Verstehen des Anderen. Kulturwissenschaftliche und literaturdidaktische Studien*. Tübingen: Narr.

BYRAM, Michael. 1997. *Teaching and Assessing Intercultural Communicative Competence*. Cleveland 1997.

CHRIST, Herbert. 1997. „Fremdverstehen und interkulturelles Lernen", in: *ZIF* (*Zeitschrift für interkulturellen Fremdsprachenunterricht*) 1/3, 1-22.
https://zif.spz.tu-darmstadt.de/jg-01-3/beitrag/christ.htm (01.09.15)

CRU, Norton Jean. 1997 [1929]. *Du témoignage*. Paris: Allia.

CRU, Norton Jean. 1929 [1993]. *Témoins. Essai d'analyse et de critique des souvenirs de combattants édités en français de 1915 à 1928*. Nancy: Presses Universitaires de Nancy.

FOUCAULT, Michel. 1986: *Ceci n'est pas une pipe. Sur Magritte*. Montpellier: Fata Morgana.

GILLES, Benjamin & Weinrich, Arndt. 2014. *Une guerre des images : 1914-1918. France-Allemagne*.

GOFFMAN, Erving. 2011 [1961]. *Asyle. Über die soziale Situation psychiatrischer Patienten und anderer Insassen*. Frankfurt/M.: Suhrkamp.

JÜRGENS-KIRCHHOFF, Annegret. 2004. „Niedergeschlagene Soldaten. Die Helden des Ersten Weltkrieges in der bildenden Kunst", in: Carl, Horst & Kortüm, Hans-Henning & Langewiesche, Dieter & Langer, Friedrich. edd. *Kriegsniederlagen. Erfahrungen und Erinnerungen*. Berlin: Akademie-Verlag, 427-444.

LACOSTE, Charlotte. 2007. „L'invention d'un genre littéraire. Témoins de Jean Norton Cru", in: *Texto*, 12/3, 1-17.

LAUFFER, Otto. 1943. „Quellen der Sachforschung. Wörter, Schriften, Bücher, Bilder und Sachen. Ein Beitrag zur Volkskunde der Gegenstandskultur", in: *Oberdeutsche Zeitschrift für Volkskunde* 17, 106-131.

NOVALIS. 1978. *Werke, Tagebücher und Briefe Friedrich von Hardenbergs*. Bd. 2. Hg. von Hans-Joachim Mähl & Richard Samuel. München: Hanser.

NÜNNING, Ansgar. 2007. „Fremdverstehen und Bildung durch neue Weltansichten. Perspektivenvielfalt, Perspektivenwechsel und Perspektivübernahme durch Literatur", in: Hallet,

Wolfgang. ed. 2007. *Neue Ansätze und Konzepte der Literatur- und Kulturdidaktik*. Trier: Wiss. Verlag, 123-142.

PIERRE, G. [o.J.]. *Un parc à prisonniers. Haus-Spital près Munster-en-Westphalie*. Lille: Robbe.

PÖPPINGHEGE, Rainer. 2006. *Im Lager unbesiegt. Deutsche, englische und französische Kriegsgefangenen-Zeitungen im Ersten Weltkrieg*. Essen: Klartext.

ROSA, Hartmut. 2008. *Beschleunigung. Die Veränderung der Zeitstrukturen in der Moderne*. Frankfurt a.M.: Suhrkamp.

SALZMANN, Christian. 1991. *Regionales Lernen und Umwelterziehung*. Lüneburg: Neubauer.

SALZMANN, Christian & Kohlberg, Wolf Dieter. edd. 1989. *Modelle des regionalen Lernens und der Umwelterziehung in Europa. Zusammenfassender Bericht über das wissenschaftliche Symposium „Regionales Lernen im europäischen Horizont" vom 22.-24. Oktober 1987 an der Universität Osnabrück*. Heinsberg: Dieck.

SCHULTZE-RHONHOF, Gerd. 2012. *1939. Der Krieg, der viele Väter hatte. Der lange Anlauf zum Zweiten Weltkrieg*. München: Olzog.

SCHOENTJES, Pierre. 2009. *Fictions de la Grande Guerre. Variations littéraires sur 14-18*. Paris: Garnier.

SCHULTE, Eduard. 1930. *Kriegschronik der Stadt Münster 1914/18*. Münster: Aschendorff.

Mediale Vermittlung des Weltkriegs

La trêve de Noël de 1914: Der europäische Antikriegsfilm *Joyeux Noël* im Französischunterricht

Corinna Koch

> „On ne peut pas se tuer une nuit de Noël ..."
> (Julien Arène, *Les carnets d'un soldat en Haute-Alsace et dans les Voges*, 1917)

Am 24. Dezember 1914 verständigen sich an der Westfront in Nordfrankreich französische, schottische und deutsche Truppen auf einen inoffiziellen Weihnachtsfrieden am Heiligen Abend sowie am ersten Feiertag und versammeln sich schließlich sogar im Niemandsland, um gemeinsam Fußball zu spielen, zu musizieren, die heilige Messe zu feiern, gefallene Soldaten beider Seiten zu beerdigen und Lebensmittel auszutauschen. So sieht die versöhnliche Interpretation der (bruchstückhaften) Überlieferungen des Weihnachtsfriedens – der *trêve de Noël* – in Christian Carions europäischem Antikriegsfilm *Joyeux Noël* aus dem Jahr 2005 aus, der in Deutschland und Großbritannien unter dem Titel *Merry Christmas* veröffentlicht wurde.

Damit „jüngere Generationen, die Krieg und seine jahrzehntelang anhaltenden Folgen nie selbst miterlebt haben, die unterschiedlichen nationalen Geschichtsbilder in Europa kennen und verstehen lernen" und um „die Frage nach einer möglichen kollektiven, transnationalen Erinnerungskultur" (Angrand/Ingenlath 2014, 5) mit jungen Menschen diskutieren zu können, bietet sich im Französischunterricht gut 100 Jahre nach Beginn des Ersten Weltkrieges die Behandlung von Ausschnitten dieses Films an. Er eröffnet Lernenden einen möglichen Zugang zu einigen Aspekten des Ersten Weltkrieges, z.B. zu den Zuständen in den Schützengräben, und verdeutlicht die Absurdität von Krieg. Da sich die Auseinandersetzung mit Weltkriegen „nicht auf militärhistorische Aspekte beschränken" sollte (Grau/Fresse 2014, 7), konzentriert sich dieser Beitrag auf die in *Joyeux Noël* dargestellte menschliche Facette des Krieges, würdigt die im Film gewählte (europäische) Perspektive und Machart und hinterfragt sie gleichzeitig kritisch.

1. Theoretischer Rahmen: Geschichtliches Ereignis, Film und Kompetenzorientierung

1.1 Historischer Hintergrund des Weihnachtsfriedens und Erinnerungskultur

Im Dezember 2014, nachdem der deutsche Schlieffenplan, die französischen Streitkräfte schnell zu schlagen, gescheitert ist, hat der Stellungs- und Grabenkrieg bereits begonnen. Die Soldaten beider Seiten kämpfen somit hauptsächlich aus ihren zunehmend ausgebauten Schützengräben heraus und leiden unter Schmutz, Ungeziefer, Lärm, Gasangriffen, Frost und Schnee sowie zum Teil unzureichender medizinischer Versorgung (vgl. Henri/Le Quintrec/Geiss 2008, 192, Koch 2014, 56).

Belege für den in diesem ersten Kriegswinter 1914 stattfindenden Weihnachtsfrieden – im Englischen auch *Christmas Truce* und *Operation Plum Pudding* genannt – finden sich in Regimentsberichten, Tagebüchern, Feldpostbriefen und zeitgenössischen Zeitungsartikeln. Auch Originalaufnahmen sind vereinzelt vorhanden. Von massenweisen Verbrüderungen an verschiedenen Stellen der West- und teilweise auch der Ostfront ist dort zu lesen (vgl. Paletschek 2008, 213, Brunnenberg 2006, 30). Das Singen des deutschen Weihnachtslieds „Stille Nacht" und das Aufstellen von Weihnachtsbäumen entlang des deutschen Grabens soll die Waffenruhe eingeläutet haben. Als einen Grund für die Fraternisierung lässt sich aus den Quellen die Nähe der Gräben ableiten, die es zulässt, dass man die Soldaten in den anderen Gräben reden, lachen und singen hört. Zudem teilen die Soldaten alle ein ähnliches Schicksal, wie Louis Barthas in seinen *carnets de guerre* berichtet: „La même communauté de souffrance rapproche les cœurs, fait fondre les haines, naître la sympathie entre gens indifférents et même adversaires. Ceux qui nient cela n'entendent rien à la psychologie humaine" (Barthas 1979, 215). In englischen Zeitungen war bereits im Januar 1915 von diesen Ereignissen zu lesen, während Frankreich und Deutschland sie eher zu verschweigen versuchten. Auch die Popularität des Weihnachtsfriedens in der heutigen Zeit in Frankreich und Deutschland ist vor allem auf die öffentlichkeitswirksame Bekanntmachung in England und Belgien zurückzuführen. So erschienen in England in den 1980er Jahren beispielsweise eine BBC-Dokumentation, *Peace in No Man's Land*, sowie (Kinder-)Bücher, Theater- und Musikstücke und in Belgien finden bis heute Nachinszenierungen, u.a. des Fußballspiels, an den historischen Schauplätzen statt. In Deutschland erschien 2003 das Werk *Der kleine Frieden im Großen Krieg. Westfront 1914: Als Deutsche, Franzosen und Briten gemeinsam Weihnachten feierten* des Journalisten Michael Jürgs, das auch die Basis des Films *Joyeux Noël* darstellt. In einer Kritik des *Spiegels* zu Jürgs Werk wird deutlich, worin die Faszination für den Weihnachtsfrieden besteht: „Ein faszinierendes, erschreckendes, berührendes Buch, das Hoffnung weckt [...]. Michael Jürgs erzählt die unglaubliche Geschichte vom kurzen Sieg der so genannten kleinen Leute über den großen Hass" (*Der Spiegel* 2004, 45). In ihrem Aufsatz „Der Weihnachtsfrieden 2014 und der Erste Weltkrieg als neuer (west-)europäischer Erinnerungsort" betont auch Paletschek, dass gerade die Unvorhersehbarkeit der Verbrüderung und das „trotz alledem" die Besonderheit des Ereignisses ausmacht (vgl. Paletschek 2008, 215). Die Erinnerungskultur um den Weihnachtsfrieden ist dabei, so Paletschek weiter, geradezu „symptomatisch" für das gegenwärtige Interesse am Ersten Weltkrieg und die Entstehungsmechanismen populärer Erinnerungskultur (vgl. ebd., 219), die den Weihnachtsfrieden zu einem Erinnerungsort machen, „in dem sich die europäischen Nationen im gemeinsamen Leid und ohne Schuldvorwürfe begegnen und der dazu dient, eine europäische Identität zu stiften und eine (west)europäische Friedensmission zu legitimieren" (ebd., 216). Spätestens seit dem 90. Jahrestag 2004 zeugen auch in Deutschland eine ZDF-*History*-Dokumentation sowie zahlreiche Ausstellungen und Veröffentlichungen von der Popularität der *trêve de Noël*.

1.2 Christian Carions *Joyeux Noël*

Einen Höhepunkt der Popularisierung des Weihnachtsfriedens stellt ohne Zweifel der 115-minütige Film *Joyeux Noël* dar, eine deutsch-englisch-französisch-belgisch-rumänische Koproduktion, die Weihnachten 2005 zeitgleich in den Kinos der jeweiligen Länder anlief und als bester europäischer Film u.a. für den *Oscar* und die *Golden Globes* nominiert wurde. Eingebettet in die Liebesgeschichte eines deutschen Tenors, der an die Westfront geschickt wird, und seiner schwedischen Freundin und Gesangspartnerin, die alle Hebel in Bewegung setzt, um Weihnachten bei ihm zu sein, erzählt der Film die Geschichte schottischer, französischer und deutscher Soldaten, die an der belgischen Front für die Weihnachtstage einen Waffenstillstand vereinbaren.

Der Regisseur des Films, Christian Carion, wurde 1963 in der ehemaligen Frontregion Nordfrankreichs geboren und wuchs dort auf. In einem Interview erzählt er:

> Je suis né près de Cambrai, où mes parents étaient agriculteurs, et mon enfance tout entière a été marquée par la Guerre de 1914-1918. Dans la région, on trouve partout des cimetières anglais, et il est fréquent que des vertiges de la guerre remontent à la surface dans les champs: un obus, un fusil rouillé, une médaille, une botte, des ossements ... et cela va encore durer pendant des siècles.
>
> (*Document* 2015, 6)

Joyeux Noël ist somit aus persönlicher Motivation hervorgegangen, denn Carion sagt von sich, er sei „frappé par l'extraordinaire portée de ces gestes de fraternisation, qui sont comme des moments de lumière au milieu du conflit le plus meurtrier que l'on ait connu jusqu'alors" (ebd.). Der Film gliedert sich zudem in den geschichtskulturellen Zeitgeist ein, denn Carions Ziel war es, die am Weihnachtsfrieden beteiligten Soldaten für Mut und Menschlichkeit auszuzeichnen und eine historische wie moralische Aufklärungsfunktion zu erfüllen. Die humanitäre Botschaft wird u.a. am deutschen Untertitel – „In einem unmenschlichen Krieg siegt in einer Nacht die Menschlichkeit" – sowie am englischen deutlich: „Christmas Eve, 1914. On a World War I battlefield, a momentous event changed the lives of soldiers from France, Germany and England […]".

Die europäische Dimension des Films zeigt sich an der konsequenten Koproduktion, die deutsche, französische und schottische Schauspieler vereint, die jeweils in ihrer Muttersprache bzw. teilweise zur Verständigung untereinander, soweit es die Sprachkompetenzen ihrer Charaktere zulassen, in der Sprache des anderen sprechen: „Ce choix permet au spectateur d'être au plus près de la réalité et du ressenti des soldats lorsqu'ils tentent de communiquer" (*Document* 2005, 7). Zudem versucht Carion, alle Seiten möglichst neutral und nah an der Realität darzustellen, ist sich jedoch der Grenzen dieses Unterfangens bewusst: „Bien sûr, mon film est un point de vue, ce n'est pas un livre d'histoire" (ebd.). Carion versteht seinen Film als Perlenkette: „Les perles, ce sont les faits, tous avérés. Le fil qui les fait tenir ensemble pour constituer un tout cohérent (l'histoire racontée), pour que tout prenne un sens, est de pure imagination" (ebd., 3). Auch der französische und der zweite Teil des englischen Untertitels heben dementsprechend hervor, dass der Film auf einer wahren Begebenheit beruht: „Décembre 1914. Une histoire vraie que l'Histoire a oubliée", „The astonishing war story a nation tried to forget. Based on a true story".

In den Kritiken hat der Film von großem Lob bis zum Verriss alles hervorgerufen. Auf der negativen Seite werden der übermäßige Kitsch und die übertriebene Rührseligkeit kritisiert. Von einem „Europudding" ist abwertend die Rede (*Die Welt*, 23.11.2005)[1] und der Tagesspiegel schreibt: „Regisseur Christian Carion hat den Stoff mit Pathos bis zur Lächerlichkeit aufgeblasen" (*Tagesspiegel*, 24.11.2005). Positiv wird auf der anderen Seite das Aufgreifen des Themas, die hochkarätige Besetzung und die menschliche Botschaft hervorgehoben (vgl. auch Bordat 2005):

> Dass man auf die nicht mehr schießen kann, die man als Menschen kennen gelernt hat, ist das eine. Dass der Hass, nicht nur im Krieg, aber durchaus ein Gesicht haben kann, ist eben leider auch wahr. Dies nicht zu vergessen, verleiht diesem Film eine Wahrhaftigkeit, deren Wirkung weit über weihnachtliche Rührung hinausreicht.
>
> (Berliner Zeitung, 23.11.2005)

Auch Lernende müssen bei der Auseinandersetzung mit dem Film keinesfalls einer Meinung über die Qualität des Films sein. So bieten die nachfolgenden Unterrichtsideen immer auch die Möglichkeit, begründete Kritik zu üben und Alternativen zu entwickeln.

1.3 Der Film *Joyeux Noël* im kompetenzorientierten Französischunterricht der Oberstufe

Carions Film bietet sich für den Französischunterricht der Qualifizierungsphase an, wenn die Lernenden das GeR-Niveau B1+ erreicht haben. Thematisch lässt sich der durch seine europäische Besetzung und Koproduktion per se interkulturelle Film in abiturrelevante Unterrichtsreihen zu deutsch-französischen Beziehungen und Europa einbauen und fungiert dort als authentisches Material der Ziel- ebenso wie der eigenen Kultur der Lernenden. Die Distanz, die hier inter-

---

[1] Die hier zitierten Zeitungskritiken sind nachzulesen unter http://www.filmzeit.de/Film/16630/MERRY-CHRISTMAS/Kritik/ (01.09.15).

kulturelles Lernen anregt, ist vor allem der zeitliche Abstand (der filmischen Umsetzung und) der Lernenden zum Ereignis, an dem Franzosen wie Deutsche beteiligt waren. Das Potenzial des Filmeinsatzes liegt darin begründet, dass es Filme in besonderer Weise schaffen, „die Illusion von Wirklichkeit zu erzeugen, den Zuschauer in seinen Bann zu ziehen, ihn zum Lachen oder zum Weinen zu bringen" (Leitzke-Ungerer 2009, 15), „erkennbare Wirklichkeit(en) zu verhandeln und sie zu lebensweltlichen Erfahrungen der Lernenden in ein Verhältnis zu setzen" (Hallet 2010, 51). Zudem erlauben sie den Lernenden „nicht bloß eine pragmatische Einübung in vorgestanzte Situationen und Wirklichkeiten, sondern auch den kritischen, distanzierenden Blick darauf und auf sich selbst" (ebd.). Durch die emotionale Begegnung mit der fiktionalen Welt entsteht in der Regel „das Bedürfnis, über das Erlebte und das Gesehene zu sprechen" (Leitzke-Ungerer 2009, 15), so dass die französischsprachige Anschlusskommunikation über die inter- und (durch die gemeinsame Geschichte ebenso) transkulturellen Inhalte durch das Medium Film besonders angeregt wird.

Neben inter- und transkulturellem Lernen liegt der kompetenzorientierte Schwerpunkt bei der Arbeit mit dem Film im Bereich des Hör-Seh-Verstehens, obgleich auch alle anderen kommunikativen Kompetenzen gefördert und gefordert werden, wie der Bezug zum Sprechen bereits verdeutlicht hat. Im Teilbereich des *Hör*verstehens birgt der Film die Besonderheit der Mehrsprachigkeit, so dass neben französischen auch deutsche und englische Sprachanteile zu verstehen sind, was Lernenden meist leichter fällt – obwohl es sich hier um schottisches Englisch handelt. Zur sprachlichen Vorentlastung der französischsprachigen Anteile könnte im Vorfeld themenbezogenes Vokabular erarbeitet werden, so dass Lernende Begriffe wie *la tranchée* bereits problemlos verstehen (zum Vokabular des Ersten Weltkrieges vgl. Koch 2014, 62-63). Der Teilbereich *Seh*verstehen, der ebenfalls gezielt unterstützt werden kann und sollte, bietet an dieser Stelle mit dem auditiven Kanal einen wechselseitigen Vorteil für den Verstehensprozess: „Was man sprachlich nicht verstanden hat, erschließt sich häufig über das Bild (sowie ggfs. auch über Musik und Geräusche); umgekehrt können schwer deutbare filmische Bilder durch den gesprochenen Text verständlicher werden" (Leitzke-Ungerer 2009, 12). Gerade das Zusammenspiel von Bild, Sprache und Ton, das den Film ausmacht, ermöglicht eine komplexe Interaktion z.B. der sprachlich wie bildlichen Filmeindrücke mit „dem kulturell geprägten Welt- und Erfahrungswissen des Betrachters" (ebd., 13), aus dem sich Verständnis ergibt.

Als weiterer Bereich kommt die Text- und Medienkompetenz hinzu, denn gerade der filmästhetische und medienkritische Umgang mit Filmen zielt darauf ab, dass Lernende Ausdrucksmittel des Films erkennen, benennen und ihre Funktion und Wirkung auf sich als Rezipienten beschreiben können (vgl. ebd., 14-16, Veneman 2012, 3). *Joyeux Noël* fordert eine solche kritische Analyse heraus, wie die anfänglichen Ausführungen zu den unterschiedlichen Rezensionen zum Film zeigen. Zudem bietet es sich an, mit Lernenden im Unterricht darüber zu reflektieren, welchen Einfluss die zeitliche Distanz zwischen dem historischen Ereignis und der filmischen Umsetzung ausübt: Sowohl die nachträglichen Zuschreibungen, die aus dem Weihnachtsfrieden einen europäischen Erinnerungsort machen, als auch die Bedeutung von Religion bieten dazu Anlass. Letztere ist zwar im Film präsent (siehe auch „Fazit und Ausblick"), hat jedoch 1914 eine weitaus größere Rolle gespielt, als dies im Film der Fall ist, was auf die heutige Interpretation zurückgeführt werden kann.

Den Film *Joyeux Noël* oder einen anderen Unterrichtsgegenstand als einziges Material in einer Unterrichtseinheit zum Ersten Weltkrieg – eingebettet in eine Reihe zu deutsch-französischen Beziehungen – einzusetzen, würde den Prinzipien multiperspektivischen Lernens widersprechen. Die Arbeit mit verschiedenen Materialien zum inhaltlich-interkulturellen Schwerpunkt sorgt zudem für eine ausgewogene Kompetenzschulung. Als weitere Materialien bieten sich hier z.B. folgende an:

- **Comics** wie die deutsch-französischen *Carnets 14-18* (vgl. Hogh/Mailliet 2014) und *C'était la guerre des tranchées* (Tardi 1993),
- weitere **fiktionale Filme** zu anderen Aspekten des Ersten Weltkriegs, aktuelle oder Schwarz-Weiß-Filme aus dem ersten Drittel des 20. Jahrhunderts (vgl. z.B. Losfeld 2014),
- **Dokumentationen** zum Weihnachtsfrieden wie Michael Gaumnitz' *Premier Noël dans les tranchées* (2005), anhand derer Unterschiede zu fiktionalen Filmen bei gleichzeitiger Betonung der dennoch vorherrschenden Perspektivierung erarbeitet werden können (vgl. Veneman 2012, 5),

- **zeitgenössische Zeitungsartikel, Tagebucheinträge oder Feldpostbriefe** als authentische Belege, in denen vom Weihnachtsfrieden berichtet wird (vgl. für Briefbeispiele z.B. Guironnet/Laethier 2008; generell zur Arbeit mit Feldpostbriefen z.B. Schneider 2014),
- **Originalaufnahmen** aus dem Ersten Weltkrieg und vor allem zum Weihnachtsfrieden wie das Foto, das der britische Soldat J. Selby Grigg nach Hause schickte (siehe oben, Abb. 1),
- **Sachbücher** wie das von vier Historikern veröffentlichte internationale Werk *Frères des tranchées* (vgl. Ferro et al. 2006), „un essai historique est consacré aux fraternisations sur les différents fronts de la guerre de 14-18" (*Document* 2005, 14), um die fiktionalen Inhalte mit historischen Fakten zu unterfüttern,
- **aktuelle Berichterstattungen zu Gedenkveranstaltungen**, z.B. die Einweihung eines Fußballdenkmals im belgischen Ploegsteert (wo Überlieferungen zufolge während des Weihnachtsfriedens 1914 ein Fußballspiel stattgefunden hat) durch UEFA-Präsident Michel Platini mit den Worten: „Je rends hommage aux soldats qui, il y a cent ans, ont exprimé leur humanité en jouant ensemble au football, ouvrant ainsi un important chapitre dans la construction de l'unité européenne et servant d'exemple pour les jeunes d'aujourd'hui".[2] Auf diese Weise kann den Lernenden auch die immer noch aktuelle Bedeutung der geschichtlichen Ereignisse verdeutlicht werden.

2. Unterrichtsanregungen zu den Hauptmotiven von *Joyeux Noël*

Die Länge des Films mit knapp zwei Stunden und die Komplexität der Handlung sprechen dafür, den Film Lernenden (zu Beginn) nicht als Ganzes zu zeigen. Sicherlich wäre ein Intervallverfahren denkbar, bei dem nach und nach der vollständige Film in Abschnitten gezeigt wird, dann ggf. zum Abschluss noch einmal am Stück. Gerade vor dem Hintergrund des Plädoyers, verschiedene Materialien zum Thema einzusetzen, und mit Blick auf die zeitliche Ausdehnung der Unterrichtseinheit wird hier jedoch ein Sequenzverfahren präferiert, bei dem

---

[2] Zitiert nach: http://www.europe1.fr/sport/football/articles/platini-commemore-le-match-de-la-paix-de-noel-1914-2315341 (01.09.15).

Abb. 1: Französisches Filmplakat zu *Joyeux Noël*
(Laurent Luffroy © Nord-Ouest Production – photo Jean Claude Lother)[3]

nur ausgewählte Szenen erarbeitet werden. Der Vorteil ist, dass in *avant-*, *pendant-* und *après le visionnement*-Phasen verschiedene inhaltliche Aspekte intensiv thematisiert werden können.

Die Auswahl von Filmszenen sollte die Lehrkraft danach treffen, welchen Aspekt sie besonders ins Zentrum rücken möchte. Eine Orientierungshilfe bietet dabei der Anhang dieses Beitrages. Im Folgenden werden exemplarisch einige Szenen zu drei für den Französischunterricht relevanten Hauptmotiven des Films (vgl. auch Bordat 2005) vorgestellt, die nach einer vorentlastenden Einführung, z.B. anhand des französischen Filmplakats (Abb. 1), behandelt werden könnten.

2.1 Erziehung zu Hass

Der Anfang des Films stellt unmittelbar die Verbindung zum Lernort Schule her. Nacheinander sieht man einen französischen, einen englischen und einen deutschen Jungen, der vor dem leeren Klassenzimmer ein Gedicht aufsagt, in dem der Hass gegen den jeweiligen Feind geschürt wird (Carion 2005, 00:53-02:05,

---

[3] Mit freundlicher Genehmigung von Nord-Ouest Films, Paris.

Abb. 2: Ein deutscher Junge sagt in der Schule ein Hassgedicht auf (Carion 2005, 00:01:47; © *Joyeux Noël* a.k.a. *Merry Christmas* de Christian Carion)[4]

und Abb. 2). Als leere Worthülsen wiederholen die Jungen die vermutlich unreflektiert auswendig gelernten Gedichte in ihrer Muttersprache.

Als Hör-Sehauftrag bei der ersten Rezeption dieser Szene könnten Lernende die Fragen *Où? Qui? Quoi?* beantworten. Ein Besprechen der Antworten sichert anschließend das grundsätzliche Verständnis. Beim zweiten Hörsehen könnten arbeitsteilig der Inhalt der Gedichte (Hörschwerpunkt)[5] und die Körpersprache und Situation der Jungen genauer analysiert werden (Sehschwerpunkt). Die Anfangsszene bietet dabei einen wichtigen Gegenpol zu den späteren Verbrüderungen, die trotz dieser Hassindoktrinierungen erfolgen.

2.2 Musik leitet den Weihnachtsfrieden ein

Das Kernstück des Films bietet die Szene, in der Sprink, ein deutscher Tenor, mit einem Weihnachtsbaum in der Hand und „Stille Nacht" singend den deutschen Graben verlässt und eben nicht von den schottischen und französischen Soldaten erschossen wird, sondern Beifall erhält und damit den Weihnachtsfrieden einleitet (Carion 2005, 45:30-50:40, und Abb. 3).

---

[4] Abb. 2 sowie Abb. 3 und 4: Mit freundlicher Genehmigung von Nord-Ouest Films, Paris.
[5] Alternativ können die Gedichte für die Analyse in Textform hinzugezogen werden. Sie finden sich z.B. auf dieser Internetseite in transkribierter Form: http://www.europe14-18.eu/preview_site/fr/pages/memoire.htm (01.09.15).

Der Antikriegsfilm *Joyeux Noël* im Französischunterricht 93

Abb. 3: Der deutsche Tenor Sprink leitet singend den Weihnachtsfrieden ein (Carion 2005, 00:48:44; © *Joyeux Noël* a.k.a. *Merry Christmas* de Christian Carion)

Das Film*erleben* sollte hier zunächst im Zentrum stehen, so dass ein erster Hörsehauftrag ein Achten auf und anschließendes Versprachlichen der eigenen Gefühle während dieser Szene sein könnte. Da in dieser Szene kaum gesprochen wird, liegt der Schwerpunkt dabei auf den visuellen und musikalischen Eindrücken, die entsprechend kommentiert werden sollten. Die Reaktionen der Lernenden können ganz unterschiedlich sein – wie die Filmkritiken, die sich quasi alle explizit auch auf diese Szene beziehen. Bei der Präsentation der eigenen Wahrnehmung sollten, sinnvollerweise zunächst in Partnerarbeit, neben den Gefühlen auch die filmischen Mittel identifiziert werden, die diese Gefühle hervorrufen, z.B. Kameraführung und -einstellungen, Licht und eben Musik. Wenn es für die Gefühlsäußerungen an Vokabular fehlt, sollten Wörterbücher zur Verfügung stehen und die wichtigsten Ausdrücke an der Tafel festgehalten werden, denn sie stellen die Ausgangslage für die anschließend begründete schriftliche Stellungnahme zu dieser Filmszene dar, die in Form einer kurzen Filmkritik erfolgt. Zudem wäre es denkbar, dass, wenn Lernende die Szene z.B. als zu kitschig und klischeehaft inszeniertes Unterhaltungskino empfinden, sie selbst einen Alternativvorschlag für die Einleitungsszene des Weihnachtsfriedens erarbeiten, diesen mit dem Handy filmen und der Lerngruppe vorspielen. Dabei müsste das Wissen über filmische Mittel, ihre Wirkung und Funktion auch aktiv angewendet werden. Sollte keinerlei Kritik von Seiten der Lernenden an der Szene kommen, könnte durch schlechte Filmkritiken diese Perspektive in den

Unterricht gebracht und diskutiert werden. Dazu eignen sich auch Kritiken von französischsprachigen Zuschauern (vgl. z.B. Allociné 2005-2013). Diese könnten die Lernenden in Kleingruppen erarbeiten, die Kritikpunkte der Lerngruppe präsentieren sowie anschließend gemeinsam kommentieren.

Bei der Suche nach Ursachen für dieses Ereignis innerhalb des Films bietet es sich an, kurze Filmausschnitte zu behandeln, in denen die gemeinsame Situation der Soldaten in den drei Schützengräben deutlich wird, um den Übergang zwischen Hassgedichten und Weihnachtsfrieden grob nachzuzeichnen. Dazu können z.B. Szenen zu den Zuständen in den Gräben, der Entfernung von der Familie, den Verletzungen und dem Verlust von Kameraden sowie der Angst der Soldaten bei Gefechten ausgewählt werden (vgl. z.B. Carion 2005, 07:37-15:38), zur Katze, die durch die verschiedenen Gräben streift und überall einen anderen Namen trägt (vgl. z.B. ebd., 54:19-55:18) und zum Wecker des französischen Soldaten Ponchel, der in allen Gräben zu hören ist (vgl. z.B. ebd., 1:10:35-1:10:58). Auch anhand des Gegensatzes zwischen Generälen, die aus der Entfernung Befehle erteilen, und Leutnants und Soldaten, die diese gegen ihren Willen ausführen müssen, ließe sich ein gemeinsames Schicksal an der Front verdeutlichen, beispielsweise in der Szene, in der der französische Leutnant Audebert seinem Vater, dem General, u.a. deutlich macht: „On ne vit pas la même guerre" (ebd., 01:37:00-01:39:16).

Eine Zusammenarbeit mit dem Fach Musik ließe sich auf der verbindenden Kraft von Musik und den Musikstücken aufbauen. Nach der Begleitung von Sprinks „Stille Nacht" auf dem Dudelsack durch den schottischen Priester spielt letzterer ein weiteres Weihnachtslied an, „Adeste Fideles", in das Sprink in lateinischer Sprache einstimmt. Auch in der letzten Szene des Films, wenn die deutschen Soldaten als Strafe für ihre Verbrüderungen an die Ostfront geschickt werden, summen sie – zum Verdruss des deutschen Kronprinzen – im Eisenbahnwagon noch das Lied "I'm dreaming of home", das ebenfalls auf den schottischen Dudelsäcken gespielt wurde und das dadurch zur *hymne des fraternisés* wird. Zudem spielt Musik eine entscheidende Rolle für Anna Sörensen, die Freundin und Gesangspartnerin von Sprink, die durch die Musik die Erlaubnis erhält, zu ihm an die Front zu reisen, und für das französische Ehepaar, dessen Haus der deutsche Kronprinz besetzt hat und das nur beim Hören des Gesangs von Sprink und Sörensen kurz seinen Groll gegen die deutschen Besatzer vergisst (ebd., 38:33-38:38). Auch das deutschsprachige Lied der beiden, „Bist du bei mir (geh ich mit Freuden zum Sterben und zu meiner Ruh)", ist dabei eine sprachliche und musikalische Analyse im inhaltlichen Kontext wert.

2.3 Absurdität des Krieges

Ein weiteres Hauptmotiv, das durch den Weihnachtsfrieden auf seine Spitze getrieben wird, ist die Absurdität des Krieges. Während der Waffenruhe wird mehr als deutlich, dass die Soldaten keinerlei Interesse daran haben, sich zu bekämpfen. Dies zeigt sich anhand der Handlungen im Niemandsland zwischen den Gräben wie dem Karten- und Fußballspiel, dem Austausch von Lebensmitteln, dem gemeinsamen Musizieren und Feiern der Messe (vgl. ebd., 50:50-1:05:34; 1:15:48-1:18:01 und Abb. 4). Nach dem gemeinsamen Aufenthalt im Niemandsland warnen sich die Soldaten sogar gegenseitig vor Angriffen ihrer jeweiligen Luftwaffe (ebd., 1:19:48-1:25:00). In einer Kritik heißt es hierzu:

> *Merry Christmas* lässt keinen Zweifel daran, dass der Krieg absurd ist. Dies gerade auch vor dem Hintergrund der weihnachtlichen Versöhnlichkeit: Nachdem sich die Parteien näher gekommen sind, laden sie sich wechselseitig ein, je nachdem, welche Seite gerade das Artilleriefeuer eröffnet hat. So hocken sie im deutschen Schützengraben, als die deutsche Artillerie die französischen und schottischen Stellungen bombardiert, geeint in der Abscheu gegen das, was gerade vor sich geht. Eindrücklicher kann das Absurdum des Krieges kaum dargestellt werden.
>
> (Bordat 2005)

Zum einen bietet sich die angegebene Szene für eine genauere Analyse an, anhand derer die menschliche Seite des Krieges deutlich gemacht werden kann, zum anderen ließe sich ein Schwerpunkt auf die entstehende freundschaftliche Verbindung zwischen dem französischen und dem deutschen Leutnant legen, die immer mehr Gemeinsamkeiten feststellen. So ist z.B. die Frau des deutschen Leutnants Französin, was sein gutes Französisch erklärt. In zwei kurzen Szenen wird die Absurdität des Krieges darin ersichtlich, dass die beiden gegenseitige Besuche planen, wenn der Krieg vorbei ist, ohne jedoch das eigene Ziel, den Krieg zu gewinnen, aus den Augen zu verlieren. Dies zeigt ihr Rollenbewusstsein, das sie trotz aller Sympathie nicht ablegen (können). Dabei ließen sich folgende Aussagen genauer betrachten (Carion 2005, 1:17:48-1:18:21):

Le lieutenant allemand : Ce n'est pas votre courrier qui nous empêchera de gagner la guerre ! Et puis … quand nous aurons pris Paris et que tout ça sera fini, vous nous inviterez à boire un verre rue Vavin.

Le lieutenant français : Faut pas vous sentir obligé d'envahir Paris pour prendre un verre chez moi.

Später setzen sie ihren Dialog wie folgt fort (ebd., 1:25:00-1:26:00):

Le lieutenant allemand : J'ai été heureux de vous connaître! Peut-être, en d'autres circonstances, on aurait pu …

Le lieutenant français : On aurait pu peut-être, oui. Vous viendrez peut-être boire un verre, rue Vavin. En touriste.

Le lieutenant allemand : Oui. Ce serait … chouette. C'est comme ça qu'on dit, non?

Le lieutenant français : Oui. Vous connaissez mieux le français que moi l'allemand!

Le lieutenant allemand : Je n'ai pas de mérite. Votre femme n'est pas Allemande.

Hier böte sich nach der Verständnissicherung eine Charakterisierung der beiden Protagonisten und ihrer Beziehung zueinander an. Dabei wäre Hintergrundwissen zum Film und zur geschichtlichen Situation einzubeziehen und auf Körpersprache und filmische Darstellung (vgl. Abb. 4) ebenso zu achten wie auf ihre sprachlichen Aussagen.

Abb. 4: Der schottische, der deutsche und der französische Lieutenant friedlich im Niemandsland
(Carion 2005, 01:17:09; © *Joyeux Noël* a.k.a. *Merry Christmas* de Christian Carion)

Fazit und Ausblick

Der Film *Joyeux Noël* ist Unterhaltungskino. Er stellt jedoch eine versöhnliche, europäische Perspektive dar, die Gemeinsamkeiten und den Wert von Frieden ins Zentrum stellt, er macht emotional betroffen, greift historische Überlieferungen auf und gestaltet sie anhand fiktionaler Einzelschicksale aus, z.B. des französischen Leutnants, der seine schwangere Frau zurücklassen musste und erst durch seinen Helfer Ponchel erfährt, dass er einen Sohn, Henri, bekommen hat (Carion 2005, 1:36:00-1:36:25). Ponchel wiederum vermisst seine Mutter, die ganz in der Nähe wohnt, so sehr, dass er sich von einem deutschen Soldaten eine Uniform leiht und sie besuchen geht. Auf dem Rückweg wird er von einem schottischen Soldaten erschossen (ebd., 1:34:30-1:36:30).

Im Rahmen von fächerverbindendem Unterricht ließe sich zudem mit einem deutschen Schwerpunkt die Rahmenhandlung des Sängerpaares Sprink und Sörensen durch den Film nachverfolgen und mit einem englischen Fokus die Geschichte der schottischen Brüder William und Jonathan. Die Wut und Trauer von Jonathan über den Tod seines Bruders ist das einzige, was den Weihnachtsfrieden ernsthaft bedroht. Er ist es auch, der Ponchel in der deutschen Uniform erschießt, während alle anderen sich weigern.

Ein weiteres Hauptmotiv des Films ist Religion, die in jedem Fall behandelt werden sollte. Vertreten wird dieser Aspekt hauptsächlich durch den schottischen Pfarrer Palmer, so dass sich hier auch eine Verbindung mit dem Englisch-, Religions- oder Ethikunterricht anbietet. Vor allem die letzte Szene, in der der Pfarrer für die Verbrüderungen vom Bischof zur Rechenschaft gezogen wird, zeigt eindrücklich die unterschiedlichen Auslegungen von Religion im Krieg. Während sich der Pfarrer aufopferungsvoll allen Menschen widmet, hält der Bischof eine Hasspredigt, die klar zwischen guten und bösen Menschen unterscheidet (ebd., 1:28:49-1:33:29).

Es sollte deutlich geworden sein, dass *Joyeux Noël* ein „Weihnachtsfilm der besonderen Art" ist: „Er setzt dem historisch bedeutsamen Tag des Waffenstillstands im Ersten Weltkrieg ein würdiges Denkmal und bietet die Möglichkeit dieses Ereignis mit allen Facetten im schulischen [Französisch-]Unterricht erfahrbar zu machen" (*Pädagogisches Begleitmaterial* 2005, 2; Ergänzung C.K.).

Literaturverzeichnis

ALLOCINÉ. 2005-2013. „24 Critiques de *Joyeux Noël* avec 0,5 étoile". http://www.allocine.fr/film/fichefilm-56539/critiques/spectateurs/star-0/ (01.09.15).

ANGRAND, Béatrice & INGENLATH, Markus. 2014. „Gedenken und zum Frieden erziehen", in: Deutsch-Französisches Jugendwerk. ed. *Infobrief des Deutsch-Französischen Jugendwerks* 44, 9/2014, 5.

BARTHAS, Louis. 1979. *Les carnets de guerre de Louis Barthas, Tonnelier, 1914-1918.* 3. Ausgabe. Paris: Maspero.

BORDAT, Josef. 2005. „Großer Krieg und kleiner Frieden. Gedanken zu Merry Christmas", in: *Marburger Forum: Beiträge zur geistigen Situation der Gegenwart*, Heft 6. [leicht überarbeitete Version: http://jobo72.wordpress.com/2014/07/28/kleiner-frieden-im-grosen-krieg/ (01.09.15)].

BRUNNENBERG, Christian. 2006. „Stille Nacht im Schützengraben. Die Erinnerung an die Weihnachtsfrieden in Flandern", in: Arand, Tobias. ed. *Geschichtskultur und Krieg*. Münster: ZfL, 15-80.

Carion, Christian. 2005. *Merry Christmas / Joyeux Noël*. DVD. © Nord-Ouest Production – Senator Film Produktion – Joyeux Noël Ltd – Artemis Productions – Media Pro Pictures – TF1 Films Production – Les Production de la Gueville.

Document d'accompagnement pédagogique – Joyeux Noël. 2005. http://horizon14-18.eu/wa_files/Joyeux-noel-film_material.pdf (01.09.15).

DER SPIEGEL. 2004. *Die Ur-Katastrophe des 20. Jahrhunderts. Die Spiegel-Serie über den 1. Weltkrieg und die Folgen.* [Spiegel special 2004.1]. Hamburg: Spiegel.

FERRO, Marc & BROWN, Malcom & CAZALS, Rémy & MÜLLER, Olaf. 2006. *Frères des tranchées*. Paris: Librairie Académique Perrin.

GAUMNITZ, Michael. 2005. *Premier Noël dans les tranchées*. Nord-ouest documentaires, France 5. DVD.

GUIRONNET, Michael & LAETHIER, Serge. 2008. „25 décembre 1914 : dans chaque escadron, il a été organisé un arbre de Noël", in: *www.histoire-généalogie.com*. http://www.histoire-genealogie.com/spip.php?article1590&lang=fr (01.09.15).

GRAU, Ines & FRESSE, Ludovic. 2014. „Geschichtsdidaktik im Rahmen internationaler Jugendbegegnungen", in: Deutsch-Französisches Jugendwerk. ed. *Infobrief des Deutsch-Französischen Jugendwerks* 44, 9/2014, 7-8.

HALLET, Wolfgang. 2010. „Viewing cultures: Kulturelles Sehen und Bildverstehen im Fremdsprachenunterricht", in: Hecke, Carola & Surkamp, Carola. edd. *Bilder im Fremdsprachenunterricht*. Tübingen: Gunter Narr, 26-54.

HENRI, Daniel & LE QUINTREC, Guillaume & GEISS, Peter. edd. 2008. *Histoire / Geschichte: Europa und die Welt vom Wiener Kongress bis 1945*. Leipzig: Klett.

HOGH, Alexander & MAILLIET, Jörg. 2014. *Carnets 14-18 – Quatre histoires de France et d'Allemagne*. Paris: Le buveur d'encre.

JÜRGS, Michael. 2003. *Der kleine Frieden im Großen Krieg. Westfront 1914: Als Deutsche, Franzosen und Briten gemeinsam Weihnachten feierten.* München: Bertelsmann.

KOCH, Corinna. 2014. „Enseigner la Grande Guerre dans le cadre du centenaire: Kriegsverlauf und *lieux de mémoire*", in: *französisch heute* 45.2, 55-63.

LEITZKE-UNGERER, Eva. 2009. „Film im Fremdsprachenunterricht. Herausforderungen, Chancen, Ziele", in: Dies. ed. *Film im Fremdsprachenunterricht: Literarische Stoffe, interkulturelle Ziele, mediale Wirkung.* Stuttgart: ibidem, 11-32.

LOSFELD, Christophe. 2014. „Les films en noir et blanc sur la Première Guerre mondiale en cours français", in: *französisch heute* 45.2, 72-78.

Pädagogisches Begleitmaterial – Merry Christmas. 2005. http://www.lehrer-online.de/merry-christmas-film.php (01.09.15).

PALETSCHEK, Sylvia. 2008. „Der Weihnachtsfrieden 1914 und der Erste Weltkrieg als neuer (west-)europäischer Erinnerungsort. Epilog", in: Korte, Barbara & Paletschek, Sylvia & Hochbruck, Wolfgang. edd. *Der erste Weltkrieg in der populären Erinnerungskultur.* Essen: Klartext, 213-222.

SCHNEIDER, Michael. 2014. „Realer Krieg, mentaler Krieg, erinnerter Krieg: Drei Dimensionen der *Grande Guerre* im Französischunterricht", in: *französisch heute* 45.2, 64-71.

TARDI, Jacques. 1993. *C'était la guerre des tranchées.* Paris: Casterman.

VENEMAN, Cécile. 2012. „*Le film en classe, c'est la classe!* Kompetenzorientierter Französischunterricht mit dem Medium Film", in: *Der fremdsprachliche Unterricht Französisch* 119, 2-9.

Anhang: L'histoire du film *Joyeux Noël*

Temps	Lieu	Actions
01:29-02:36	Une école française, allemande et anglaise	Un élève dans chaque pays récite un poème sur la haine contre l'ennemi.
02:37-05:26	Une église en Écosse	Le déclenchement de la guerre. William convainc son frère Jonathan de se porter volontaire. Leur prêtre se porte volontaire comme infirmier.
05:27-07:36	Un théâtre allemand	On proclame que la guerre a commencé.
07:37-11:25	La tranchée française	Le lieutenant français Audebert regarde une photo de sa femme. Il essaye de motiver les soldats : « On va sortir ! » ; « [...] on passera tous Noël à la maison ». Il y a des bombardements et des combats.
11:26-15:16	Le *no man's land* et la tranchée écossaise	William meurt, Jonathan dit au prêtre : « I abandoned him. ». Le prêtre Palmer essaie de le consoler et reste avec les blessés. Les autres vont à la base militaire. Le prêtre veut sauver un blessé au *no man's land*, mais il est attaqué par les Allemands et retourne dans la tranchée.
15:17-16:10	La tranchée allemande	Sprink n'est pas content qu'un soldat allemand ait tué un infirmier. Le lieutenant allemand Horstmayer n'aime pas Sprink.
16:11-18:49	Une base militaire française	Le père du lieutenant français (un général) n'est pas content avec les décisions de son fils au front. Le lieutenant veut savoir si sa femme va bien, mais son père n'a pas de nouvelles. Il veut que son fils remplace un lieutenant tué, mais Audebert veut rester avec ses hommes.
18:43-19:47	La tranchée française	Le lieutenant français a perdu son portefeuille avec la photo de sa femme. Le réveil a sauvé la vie du soldat français Ponchel.
19:48-22:44	En Allemagne	Anna veut aller au front pour chanter (et pour voir Sprink). Deux généraux discutent pour savoir comment apporter des sapins de Noël au front.
22:44-25:54	La tranchée écossaise	Jonathan écrit une lettre à sa mère en cachant que William est mort. Le prêtre est critiqué à cause de sa tentative de sauvetage ; il s'amuse en dirigeant le général dans les latrines.
25:55-27:32	La tranchée allemande	Les sapins de Noël arrivent. Sprink peut quitter la tranchée pour une nuit afin de chanter avec Anna pour le prince héritier. Le lieutenant Horstmayer ne veut pas qu'il retourne dans la tranchée parce qu'il est artiste.

27:33-30:06	La tranchée française	Ponchel qui est coiffeur coupe les cheveux du lieutenant Audebert. Il parle de sa vie, de sa mère et de sa maison qui est à une heure à pied.
30:07-31:22	Une maison française	Le prince héritier a confisqué une maison. La femme du couple français dit à Anna où elle peut trouver Sprink. Son mari est fâché.
31:25-39:54	Une maison française	Anna retrouve Sprink. Le prince héritier le remercie de participer à la guerre, mais Sprink souligne qu'il a été incorporé. Anna et Sprink chantent pour le prince. Après le concert, Sprink veut chanter pour les soldats; Anna veut l'accompagner.
39:55-40:42	La tranchée française	Les soldats mangent ensemble, mais il faut que quelqu'un repère la position des mitrailleuses.
40:44-43:50	La tranchée écossaise	Les Écossais fêtent Noël dans leur tranchée. Ils chantent et jouent de la cornemuse. Les Français et les Allemands écoutent la musique.
43:12-50:49	La tranchée allemande et le *no man's land*	Anna et Sprink arrivent. Les soldats mettent les sapins sur le bord de la tranchée. Sprink chante „Stille Nacht". Le prêtre écossais l'accompagne à la cornemuse. Les Écossais applaudissent. Le prêtre entonne „Adeste fideles", Sprink commence à chanter et quitte la tranchée. Les trois lieutenants se réunissent au *no man's land* et décident la trêve de Noël.
50:50-1:05:34	Le *no man's land*	Les soldats se partagent du chocolat, montrent des photos et ils boivent ensemble au *no man's land*. Les lieutenants parlent de leurs familles. Le lieutenant allemand a trouvé le portefeuille du lieutenant français. Le prêtre lit la messe en latin. Jonathan cherche William. Anna chante „Ave Maria". Après la messe, les soldats retournent dans leurs tranchées.
1:05:35-1:07:08	La tranchée écossaise	Les Écossais écrivent dans leur rapport: „No hostilities". Le prêtre parle de la messe. Tout le monde se couche pour la nuit.
1:07:09-1:14:19	Le *no man's land*	Jonathan veut enterrer William. Le prêtre veut l'en empêcher. Les lieutenants des trois côtés décident ensemble que les morts doivent être enterrés. Le réveil de Ponchel sonne: normalement il prend le café avec sa mère à dix heures. Les soldats enterrent leurs camarades. Le prêtre bénit aussi les tombes allemandes et écossaises. Anna veut que Sprink quitte la tranchée avec elle, mais il veut rester.
1:15:20-1:15:47	La tranchée allemande	Les soldats demandent à Anna d'emporter leurs lettres parce qu'ils ne font pas confiance à la poste militaire.
1:15:48-1:18:01	Le *no man's land*	Les soldats des trois côtés jouent au foot et aux cartes. Le lieutenant allemand propose d'emporter les lettres du lieutenant français à sa femme. Jonathan écrit une lettre à sa mère.
1:18:02-1:19:47	La tranchée allemande	On attend la voiture qui vient chercher Anna. Sprink doit aller en détention parce qu'il a quitté la maison du prince héritier.

1:19:48-1:22:07	La tranchée française	Le lieutenant allemand avertit les Français et Écossais qu'ils seront attaqués par l'artillerie. Il les invite dans la tranchée allemande.
1:22:08-1:22:30	La tranchée allemande	Le lieutenant français donne ses lettres au lieutenant allemand.
1:22:31-1:25:53	La tranchée écossaise	Tout le monde va dans la tranchée écossaise pour se protéger de la contre-attaque. On dit au revoir et tout le monde va dans sa tranchée.
1:25:54-1:27:41	La tranchée française	Anna et Sprink veulent être pris comme prisonniers par les Français pour être ensemble.
1:27:42-1:28:48	Des offices de poste	Les lettres des soldats dans lesquelles ils parlent de la trêve de Noël sont contrôlées.
1:28:49-1:33:29	L'hôpital militaire écossais	L'évêque congédie le prêtre. Les soldats écossais sont envoyés sur le front est.
1:34:30-1:36:30	Le *no man's land*	Jonathan tue Ponchel qui porte un uniforme allemand pour aller voir sa mère. Avant de mourir, il dit à Audebert que celui-ci a eu un fils (Henri).
1:36:59-1:40:15	Une base militaire française	Le général parle avec son fils, le lieutenant français: il considère le comportement des soldats français comme une „haute trahison".
1:40:16	Un wagon de train	Le prince héritier détruit l'harmonica d'un soldat. Les soldats allemands sont transportés en Prusse-Orientale sans avoir l'occasion de voir leur famille. Les soldats chantonnent une chanson écossaise: "I'm dreaming of home".

Instrumentalisierung vs. kritische Rezeption:
Der Erste Weltkrieg in zeitgenössischen und modernen frankophonen *Bandes Dessinées* im Französischunterricht

Joachim Sistig

1. Narrative, Mythen, Gemeingut

Auf der Suche nach authentischen Bild- und Text-Dokumenten zum Themenfeld *La Grande Guerre* sollen in diesem Beitrag die Potenziale der frankophonen *Bandes Dessinées* austariert werden. Die didaktischen Vorzüge der Textsorte sind hinlänglich dargestellt worden (vgl. Koch 2013, 34, Vignaud 2009, 5f., Sistig 2005, 3f., Leupold 2003, 342f.). Neben der enormen Bandbreite der Sicht- und Herangehensweisen gewährleistet allein schon die über hundertjährige Geschichte des Mediums eine Multiperspektivität, die Michael Schneider (2014, 64f.) jüngst in überzeugender Weise auf die drei Dimensionen realer Krieg, mentaler Krieg und erinnerter Krieg heruntergebrochen hat. Der nachfolgende Überblick über die BD-Gesamtproduktion zum Thema *La Grande Guerre* wird diese drei Dimensionen mit eindringlichen Bildern und Geschichten ausfüllen. Während zeitgenössische Produkte den mentalen Krieg mit stereotypen Selbst- und Fremdbildern illustrieren, zeichnen neuere, minutiös dokumentierte Publikationen den Alltag des realen Krieges nach und fügen sich insgesamt zu einem nüchternen Bild des erinnerten Krieges fern vom patriotischen Pathos im August 1914 zusammen.

Das 1914 noch junge Medium der *Bande Dessinée* gehört neben der Presse, der Karikatur und dem Chanson zu jenen Populärmedien, die Narrative[1], Mythen und Gemeingut besonders plakativ abbilden. Die zahlreichen Narrative von idealisierten Selbstbildern und entstellenden Fremdbildern basieren auf irrationalen Wahrnehmungskategorien, die kollektiv den populären Diskurs der Medien und besonders der Populärmedien prägen. Der Historiker Christopher Clark

---

[1] Im Sinne Clarks sind damit (vermeintliche) Erfahrungen, Mythen und Vorurteil-Konstrukte gemeint, die „in Narrative eingewoben wurden, welche die Wahrnehmungen prägten und Verhalten motivierten" (Clark 2014, 19).

skizziert in *Die Schlafwandler*, wie in den Jahren vor Kriegsausbruch die „Boulevardpresse ihren Lesern ein reichhaltiges Menü aus Chauvinismus, Fremdenfeindlichkeit, Panikmache und Kriegshetze" serviert (Clark 2014, 269) oder einzelne Politiker gezielt Medienkampagnen für ihre politischen Ziele inszenieren. Es ist ein sich selbst verstärkender Prozess zwischen dem maßlosen patriotischen Diskurs, der sein Echo in den Medien findet und damit die nationale Hybris wiederum anfeuert. Fatalerweise werden die Argumentationsstränge, die von den Entscheidungsträgern zuvor durch gezielte Indiskretionen über die Massenmedien lanciert wurden, von denselben hinterher „als Indikator für die Meinung ernst genommen" (ebd., 307), obwohl sie selbst an der fiktiven Quelle ihrer Entstehung standen.

Die Massenmedien dienen als Plattform und Seismograph der Narrative. In Leitartikeln, Chansons, Populärromanen oder frühen *Bandes Dessinées* wurde gerade für eine jugendliche Leserschaft eine „Opferideologie" propagiert, die den Krieg „als Wohltat für die Gesellschaft und Kraft für gesellschaftlichen Fortschritt" pries. „Diese Haltung wurde wiederum von positiven Darstellungen militärischer Konflikte genährt, die in Zeitungen und Büchern zu finden waren, die Jungen im Schulalter lasen" (ebd., 313). Die Textgattung *Bande Dessinée* ist in besonderem Maße für die kritische Auseinandersetzung mit der *Grande Guerre* als Tiefpunkt der deutsch-französischen Beziehungen geeignet – auch und gerade im Rahmen eines Unterrichtsvorhabens unter dem Titel *L'amitié franco-allemande*. Ein hundertster Gedenktag bietet sich für den Vergleich 1914 / 2014 an. Unseren Schülerinnen und Schülern (im Folgenden: SuS) fehlt meist das historische Wissen, um die Dimension dieses Paradigmenwandels zu ermessen. Wichtiger als historisches Faktenwissen von Schlachten, Orten und Entscheidungsträgern wäre die Vermittlung von Zusammenhängen – wie kollektive Bilder, Mythen und Vorurteile entstehen bzw. instrumentalisiert werden. Das scheinbar Selbstverständliche in Frage zu stellen und das nur drei Generationen zurückliegende Unvorstellbare plastisch fühl- und verstehbar zu machen, wäre Aufgabe einer solchen Unterrichtsreihe.

Nach einem Blick auf didaktische Prämissen und die thematische Bandbreite der *Bandes Dessinées* zum Ersten Weltkrieg soll diese gezielte Instrumentalisierung und Indoktrinierung der Jugend durch zeitgenössische *Bandes Dessinées* (vor 1914 und bis 1918) im Fokus einer Unterrichtsreihe zum Thema *La Grande Guerre* im Französischunterricht stehen. Auch wenn hier ausschließlich französische Publikationen im Mittelpunkt der Betrachtung stehen, soll dennoch darauf verwiesen werden, dass die gleichen Mechanismen und Medien bis hin zu fast identischen Bildmotiven und Wortlauten in alle europäischen Kinderköpfe drangen. Anschließend richtet sich der Blick auf die kritische Rezeption der *Grande Guerre* in den frankophonen *Bandes Dessinées* der letzten 40 Jahre, eine Rezeption, die sehr zahlreich und mit unterschiedlichen thematischen Schwerpunkten neue Narrative entwickelt.

2. Didaktische Prämissen

Ergänzend zu einer *tableau chronologique* mit historischen Daten von Abkommen, Krisen und Schlachten sowie Listen von ‚wichtigen' Entscheidungsträgern sollen die SuS über authentische Texte den normativen *écart* von kulturellen Werten und Normen zwischen der Darstellung der *Grande Guerre* im Jahr 1914 und heute erkennen. Der soziokulturelle und interkulturelle Kompetenzzuwachs erwächst aus dem Perspektivwechsel: einmal die kritische Auseinandersetzung mit Propagandaphrasen und -motiven, deren Zielgruppe die Jugend damals war, zum anderen die heutige Rezeption der *Grande Guerre* in den *Bandes Dessinées*, die sehr breit gestreut unterschiedliche Themenschwerpunkte mit Einzelschicksalen verbinden und als ‚Feindbild' nicht den ‚deutschen Feind', sondern die politische und militärische Elite Frankreichs während des Ersten Weltkrieges identifiziert. Der *poilu* als Opfer willkürlicher Befehle und rücksichtsloser militärischer Strategien der eigenen Heeresleitung ist ein fester Topos in den modernen BD-Publikationen.

Die Medienkompetenz der SuS wird durch die Analyse der textsortenspezifischen Gestaltungsmittel erweitert. Formale Mittel der Bildgestaltung, Perspektivierung und Sequenzialität werden auf ihre Wirkungsabsichten hin untersucht und mit dem *scénario* stilistisch und inhaltlich in Relation gestellt. Zur Schulung der kommunikativen Kompetenz dient zunächst das einzelne Bild als *prétexte à la production orale* bzw. als visueller Schlüssel zum Verständnis der Bild-Text-Serie. „Die Bilder der BD fungieren dabei für den Französischlernenden in der Regel als Verständnishilfe oder Möglichkeit zur Verständnissicherung […], weil sie die Handlungen ‚zeigen' und einen schnellen Zugang zur Geschichte erlauben" (Koch 2014, 34). Der gattungsspezifisch hohe Anteil wörtlicher Rede in Verbindung mit einer relativ breiten Streuung der Sprachregister trägt zur Kompetenzerweiterung im Bereich sprachlich-stilistischer Gestaltungsmittel bei.

Im Folgenden sollen Ausschnitte historischer *Bandes Dessinées* aus der Zeit vor und während der *Grande Guerre* kontrastiv aktuellen Publikationen in ihrem jeweiligen sozio-kulturellen Kontext einander gegenüber gestellt werden. Neben text- und bildanalytischen Arbeitsaufträgen sollen die SuS über Aufgaben zur historischen und politischen Perspektive ihr soziokulturelles Orientierungswissen vertiefen. Hierzu liefern begleitende Filtertexte historische oder biografische Hintergrundinformationen. Textkreative Aufgaben sollen insbesondere das Bewusstsein für Normen und Werte im deutsch-französischen Vergleich schärfen. Die SuS schlüpfen in unterschiedliche Rollen, wechseln in alternative Textgattungen oder greifen selbst in den fiktionalen Handlungsrahmen ein.

3. Thematische Bandbreite der *Bandes Dessinées*

Die äußerst zahlreichen *Bandes Dessinées* zur *Grande Guerre* unterscheiden sich nicht nur durch mehr oder weniger gelungene Spannungsbögen, glaubwürdige Szenarien und Charakterzeichnungen, ungewöhnliche Bildformate oder dramatische Kampfszenen. Wenn sich auch bestimmte Bildmotive und situative Handlungsabläufe wiederholen, so wählt doch jede Publikation ihren individuellen Einstieg mit einem thematischen Schwerpunkt: die *mise en scène* authentischer Dokumente wie Tagebücher (Barroux 2011) oder Soldatenbriefe (Guéno 2006). In differenzierten Blickwinkeln werden Brüche innerhalb der beschworenen Einheitsfront beleuchtet, indem beispielsweise Ressentiments gegenüber den peripheren Regionen thematisiert (Le Naour/A. Dan, *La Faute au Midi*, 2014; Servais/Dewamme, *Tendre Violette – L'Alsacien*, 1986) oder die menschenverachtende Taktik der militärischen Befehlshaber angeprangert werden (Babouche/Dorison/Herzet, *Le Chant du cygne*, 2014; Porcel/Zidrou, *Les Folies Bergère*, 2012). Diskriminierung und Verdrängung stehen ebenfalls im Fokus, wenn es um die Darstellung der besonderen Situation der Kolonialtruppen (Tare/Payen, *Turcos*, 2012; Appollo/Huo-Chao-Si, *La grippe coloniale*, 2003-2014) und der Kriegsversehrten geht (Rabaté, *Ex-voto*, 1994; Ducoudray/Mahéo,

Gueules d'amour, 2012). Einzelne Motive wiederholen sich durchaus oder erscheinen als *prétexte* in eher trivialeren Fiktionen als Kriminalroman (Kris/ Maël, *Notre Mère la guerre*, 2009-2014) oder *aventure-fantastique* (Breccia/ Dorison, *Les Sentinelles*, 2008-2011).

Wie im *roman populaire* gibt es einen direkten Dialog mit dem Leser, der über den kommerziellen Absatz bestimmte Szenarien und Zeichenstile sanktioniert. Die Mehrzahl der neueren Publikationen ist als Serie mit drei bis vier Bänden angelegt. Je nach Nachfrage gehen dabei jeweils die Folgebände in den Druck oder werden eingestellt (vgl. *L'oeil des Dobermans* von Cothias/Ordas/ Zanat, 2013; *La Tranchée* von Cady/Adam/Marchetti, 2012). Bestimmte ‚Erfolgsrezepte' bzw. Leitthemen setzen sich in der Lesergunst durch und finden rasch Nachahmer. Der regionalistischen Perspektive und dem Motiv der *gueules cassées* wurden jeweils rund ein Dutzend Publikationen gewidmet. In manchen Publikationen überschneiden sich aber auch einzelne Themenschwerpunkte, wie z.B. bei Jean-Pierre Gibrat, der in *Mattéo* (2008) sowohl die regionalistische als auch die Perspektive der *gueules cassées* einbezieht.

So facettenreich die Blickwinkel auf den Krieg auch angelegt sein mögen, unterscheiden sich die Publikationen während der beiden Zeitfenster ‚vor 1919' und ‚nach 1974'[2] ganz fundamental durch den chauvinistischen, anti-deutschen Impetus bzw. dessen deutliche Zurückweisung. Während ‚vor 1919' die Beiträge in einem humorvollen Duktus den Krieg meist verniedlichen, in jedem Fall aber als patriotische Pflicht zeichnen und die eigene ‚Nation' verherrlichen, distanzieren sich die modernen Autoren in der Folge von Jacques Tardi vom kriegsbegeisterten Pathos und antizipieren im Prinzip Christopher Clarks These von der offenen Kriegsschuldfrage. Nicht das Deutsche Reich und auch nicht einmal der deutsch-französische Gegensatz tragen die Schuld am Ausbruch des Krieges, sondern einzelne Interessengruppen und Entscheidungsträger innerhalb der politischen und militärischen Eliten in allen Ländern, die im Großen Krieg involviert waren. Motive und Zielrichtung der Narrative, wie sie durch die Populärmedien transportiert werden, haben sich innerhalb von 100 Jahren in ihr Gegenteil verkehrt.

---

[2] Im Folgenden werden die vor 1919 publizierten BDs als „zeitgenössisch", die nach 1974 erschienenen BDs als „modern" bezeichnet.

Kurz vor dem Ausbruch des Ersten Weltkrieges beginnt die Erfolgsgeschichte des neuen Massenmediums mit Zeitschriften wie *L'Epatant* (seit 1908) oder *La Semaine de Suzette* (seit 1905). In dem Pariser Wochenmagazin *L'Epatant* lässt Louis Forton seit 1908 seine Helden, die *Pieds-Nickelés*, in das Kriegsgeschehen eingreifen. Mit dem Ausbruch des Ersten Weltkrieges schwenken die Magazine der *Edition Offenstadt* – *Le Petit Illustré*, *L'Epatant*, *Fillette* – auf den allgemein herrschenden patriotischen Kurs um und stellen sich mit vorauseilendem Gehorsam in den Dienst der ideologischen Manipulation. Die Brüder Offenstadt – Nachkommen deutsch-jüdischer Auswanderer – fügen seit August 1914 ihrem Logo auf der Titelseite des *L'Epatant* den Zusatz „maison française" hinzu. Unter dem Motto „bouffer du boche" kämpfen sich die *Pieds-Nickelés* durch unterschiedliche Kampf-Schauplätze des Ersten Weltkrieges bis nach Berlin (*Les Pieds-Nickelés à Berlin*, Forton 1916; vgl. Abb. 1 im Anhang). Viele Zeitungspublikationen widmen sich ausschließlich dem patriotischen Diskurs wie *Les Trois Couleurs* (Edition Nilsson 1914), *La Croix d'Honneur* (Edition Offenstadt 1915) oder *La Jeune France* (anonym in Paris 1915).

Eine Ausnahme bildet der Zeichner Gus Bofa alias Gustav Bofa, dessen Werk erst in den letzten Jahren wiederentdeckt und neu aufgelegt wurde. Als *poilu* entkommt er schwer verletzt dem Tod gleich im ersten Kriegsjahr. Fortan widmet er sich der Anti-Kriegs-Karikatur. Für die anti-militaristische Zeitschrift *La Baïonnette* zeichnet er von 1915 bis zum Kriegsende viele Titelseiten. Einen surrealistischen Roman von Pierre Mac Orlan über ein deutsches U-Boot (*U-713 ou les Gentilshommes d'infortune*) bebildert er mit fantasievollen Karikaturen. Ein Leitmotiv in seinem Werk sind die angeblich unfähigen Ärzte in den Feldlazaretten, als deren Opfer er u.a. auch sich selbst zählt (*Chez les toubibs*[3]).

Eine regionale Variante der anti-deutschen Karikatur und Bildserie stellt der elsässische Zeichner Jean-Jaques Waltz (1873-1951) – alias Hansi – dar, der seit 1908 sein patriotisch überhöhtes Feindbild in das Porträt des *Professeur Knatschké* (1912) projiziert und Ende des Ersten Weltkrieges ein Bildalbum mit dem bezeichnenden Titel *Le paradis tricolore* (1918) veröffentlicht.

---

[3] Die hier herangezogene Ausgabe von *Chez les toubibs* wurde 2014 anlässlich einer dem Autor gewidmeten Ausstellung auf dem Festival in Angoulême veröffentlicht. Erstmals gedruckt wurde die BD in der Wochenzeitschrift *La Baïonnette* vom 1.3.1917 (Nr. 87).

4. Instrumentalisierung des Kriegs: Die *Bande Dessinée* während der *Grande Guerre* (bis 1918)

Gegenüber den „bösen Bubenstreichen" der drei *Pieds-Nickelés* (vgl. Sistig 2014), die vor und nach dem Krieg alle Autoritäten unterminieren und ein klares Klassenbewusstsein des *petit peuple* gegenüber der *bourgeoisie* propagieren, hebt sich die Serie *Bécassine* in der katholischen Mädchenzeitschrift *La Semaine de Suzette* deutlich ab. Seit 1905 gehört *Bécassine* zu den ältesten und populärsten Comicfiguren in Frankreich. Maurice Langureau alias Caumery hat mit dem bretonischen Dienstmädchen eine Ikone der sozialen und kulturellen Überlegenheit der Pariser Metropole gegenüber den Randprovinzen geschaffen. Ein begrenzter intellektueller Horizont, fehlendes Modebewusstsein und ein unhinterfragtes Bekenntnis zur eigenen sozialen Position als Dienstmädchen der Marquise de Grand-Air machen Bécassine zu einer Witzfigur für die eher besser situierten Leserinnen („aux jeunes filles de bonne famille") der Zeitschrift. Trotz ihres niedrigen sozialen Status ist *Bécassine* ein großer Sympathieträger, da sie die in der Zeitschrift propagierten moralischen Tugenden unterhaltsam verkörpert.

Ein bedeutender Popularitätsschub geht besonders von den vier im Krieg publizierten Bänden aus: *Bécassine pendant la Grande Guerre* (1915, vgl. Abb. 2 im Anhang), *Bécassine chez les Alliés* (1917), *Bécassine mobilisée* (1918) und *Bécassine chez les Turcs* (1919). Der Unterhaltungswert basiert weniger auf rasanten Handlungen mit Prügeleien und wilden Beschimpfungen – wie bei den *Pieds-Nickelés* – als vielmehr auf situativer Komik mit Verwechselungen, Missverständnissen und naiven Verhaltensschemata seitens der Protagonistin. Antideutsche Ressentiments fließen vergleichsweise diskret ein. *Bécassine* erweist sich gleich zu Beginn des ersten Bandes *Pendant la guerre* als reine, unbedarfte Seele: „les Boches et la Bochie, elle n'en a jamais entendu parler" (Cauméry/ Pinchon 1915, 1). Erst auf der zweiten Seite stimmt sie gegenüber dem Neffen der Marquise de Grand-Air in ihrem typisch provinziellen Substandard ein: „On les aura les Boches. Ben sûr qu'on les aura, avec des z'héros comme vous".

Der ideologische Tenor der Kriegsbände liegt eindeutig auf dem ,Gemeinschaftsgedanken' – sowohl über die sozialen Gräben hinweg als auch zwischen den Randregionen mit ihren Sprach- und Kulturminderheiten – gegenüber der Pariser Metropole. In gleicher Weise wie die Burgfriedenpolitik im Deutschen

Reich („Ich kenne keine Parteien mehr, ich kenne nur noch Deutsche!"[4]) bemühen sich die politischen und militärischen Eliten in Frankreich um einen nationalen Konsens, der die sozialen und politischen Gräben verschleiert und die Verantwortung für den Kriegseintritt möglichst breit streut.

Die SuS sollen die Ikonographie des patriotischen Diskurses entschlüsseln sowie den zweckgerichteten Appell zur landesweiten Solidarität und Kriegsentschlossenheit als typische Mittel der politischen Instrumentalisierung und Entindividualisierung erkennen (vgl. dazu Unterrichtsvorschlag 1 sowie Abb. 3 im Anhang). Im Vergleich zu den *Pieds-Nickelés* sollen die detailverliebtere, farbige Bildqualität und der geschlechtsspezifische Blickwinkel auf die *Grande Guerre* hervorgehoben werden. Die SuS können am Beispiel von *Bécassine* nachvollziehen, wie der herrschende patriotische Diskurs zu Kriegsbeginn alle Bereiche des öffentlichen Lebens erreicht und sogar die Kinder- und Jugendliteratur für den nationalen „Schulterschluss" instrumentalisiert. Als weibliche Identifikationsfigur spielt sie der Leserschaft geschlechtsspezifisches Rollenverhalten in einer von Männern dominierten und durch Männer ausgelösten Krisensituation vor. Im Gegensatz zu den Böse-Buben-Streichen der *Pieds-Nickelés* ist die Rolle der *Bécassine* die der passiv Betrachtenden, wenn die Soldaten vorbeimarschieren, und der Dienenden, wenn sie verletzte Soldaten betreut.

In der Schlussepisode *Le salut au drapeau* (vgl. Abb. 3 im Anhang) verdichtet sich noch einmal die chauvinistische Ikonographie und vermischt sich mit naiv-beschaulichen Motiven der regionalen Folklore. Typisch elsässische Trachten, Architektur und Volkslieder suggerieren Traditionsstränge mit Ewigkeitsanspruch und eine kulturelle Wiege, als deren Basis am Ende „la France meurtrie, mais héroïque" beschworen wird. Das deutsche Feindbild fokussiert sich im deutschen Lehrer („l'instituteur était un méchant boche"), der 1870 den „bon Monsieur Muller" vertrieb. Das Motiv des „maître d'école alsacien" gehört seit dem Krieg von 1870 zum festen Repertoire des revanchistischen Diskurses. Im

---

[4] In seiner Thronrede verliest der Kaiser im Berliner Reichstag am 4. Juli 1914 diese vom Reichskanzler Bethmann Hollweg formulierten Sätze, um die deutsche Öffentlichkeit auf einen angeblichen Verteidigungskrieg einzuschwören. „Der patriotische Enthusiasmus schob zunächst alle inneren Gegensätze und Spannungen beiseite. Das war der Sinn dessen, was sogleich proklamiert wurde, des Burgfriedens." (Nipperdey 1998, 779)

gleichnamigen Lied „Le maître de l'école alsacien" aus dem Jahre 1872 von Gaston Villemer und Lucien Delormel heißt es „Le maître en parlant de la France / avait des larmes dans les yeux / sa voix enseignait l'espérance" (Lacombe 1992, 135). Zum patriotischen Pathos gehört neben dem Motiv-Repertoire auch die rhetorische Formel, mit deren Hilfe die kriegsverherrlichenden Schlüsselbegriffe inszeniert werden. Der letzte Bildkommentar ist ein typisches Beispiel für diese Kriegsrhetorik und steht in starkem Kontrast zum sonst in *Bécassine* herrschenden naiv-belehrenden Tonfall. Seine appellative Apotheose erreicht der Diskurs in der Trias: „Et c'était l'image de la France meurtrie, mais héroïque, sûre de son droit, forte de sa bravoure, confiante en la victoire." Auch wenn *Bécassine* und die kindliche Leserschaft keine eigentliche Vorstellung vom Krieg und vom Kriegsgegner haben können, vertrauen sie auf dieses fast schon religiös überhöhte Versprechen, sich auf der gerechten Seite – „sûre de son droit" – zu befinden und reihen sich in das Spalier der Einheitsfront aus Soldaten, elsässischen Kindern, dem *maître* und *Bécassine* ein.

Die gleichen Mechanismen und Bildmotive lassen sich in den Medien aller kriegsbeteiligten Nationen beobachten. Für die deutsche Seite hat Heinz Lemmermann 1984 in seiner reich dokumentierten Darstellung *Kriegserziehung im Kaiserreich* die vielen perfiden Pfade des kriegsverherrlichenden Chauvinismus vom Kinderlied bis zum maritimen Dress-Code, vom Heldengedenktag in der Schulaula bis zum Abzählreim auf der Kindergeburtstagsfeier nachgezeichnet. Der Bildungsauftrag der Schulen war per Kaiser-Erlass definiert: „Bedenken Sie, was uns für ein Nachwuchs für die Landesvertheidigung erwächst. Ich suche nach Soldaten, wir wollen eine kräftige Generation haben, die auch als geistige Führer und Beamte dem Vaterland dienen." (Lemmermann 1984, Bd.1, 19) Schullieder, Lernspiele und Kinderbücher bereiten die systemkonforme, ideologische Ausrichtung der Jugendlichen vor. In Karikaturen und Bildergeschichten ordnen sich alle Autoren, auch in der vormals kritischen Presse – *Simplizissimus, Wahrer Jacob, Lustige Blätter* – dem „vaterländischen" Primat unter (vgl. Sistig 2012, 201ff.). Neben Heinrich Zille, Paul Simmel oder Leo Leipziger gehört auch Walter Trier zu den bekannten Autoren der Satire-Presse. Nach dem Kriegsausbruch beteiligen sie sich regelmäßig an der Publikation von patriotischen Karikaturen z.B. in *Bunte Kriegsbilderbogen*.

5. Kritische Rezeption des Kriegs in der modernen *Bande Dessinée*: *Paroles de poilus* – Briefe aus den Schützengräben

Die französische Erinnerungskultur begreift sich seit Pierre Noras epochalem Werk *Les Lieux de Mémoire* (1984-1992) zunehmend als eine Geschichtsschreibung ‚von unten', die möglichst umfassend gesellschaftliche Strömungen und politische Positionen in ihrer Vielfalt und in individuellen Manifestation zu einer *mémoire collective* zusammenträgt. Gerade im Zusammenhang mit der *Grande Guerre* bemüht sich die Geschichtsschreibung im Sinne eines *devoir de mémoire* dem Kriegsalltag ein fassbares, individuelles Gesicht zu geben. Die Briefsammlung *Paroles de poilus – Lettres et carnets du front 1914-1918* von Jean-Pierre Guéno (Guéno/Laplume 1998), die in mehrfacher Auflage ein großes Publikum in Frankreich erreichte, machte erstmals ausführlich persönliche Schicksale und Zeugnisse aus der Sichtweise der französischen Soldaten zugänglich.[5] Die große Mehrheit dieser persönlichen Botschaften an Freunde und Familienangehörige spiegeln weniger den gegen Deutschland gerichteten offiziellen, patriotischen Diskurs wider, als vielmehr einen ernüchterten, kritischen Standpunkt gegenüber diesem nicht enden wollenden Krieg: „9 mai 1916. Il est inutile que vous cherchiez à me réconforter avec des histoires de patriotisme, d'héroïsme ou choses semblables. Pauvres parents ! Vous cherchez à me remettre en tête mes illusions d'autrefois." (Guéno 1998, 121)

Im Jahr 2006 erschienen zwei illustrierte Versionen dieser Chronik, in denen Briefe in kurzen BD-Episoden verarbeitet wurden (*Paroles de poilus – Lettres et carnets du front*; *Paroles de Verdun, 21 février 1916 - 18 décembre 1916*[6]). Realität und Fiktion verbinden sich zu einem eindringlichen Manifest gegen den Krieg. Die Kurzgeschichten beschränken sich jeweils auf maximal fünf Seiten und werden durch ausführliche historische und pädagogische Kommentare begleitet.

Eine weitere Version (*Paroles de poilus – Mon papa en guerre*) aus dem Jahre 2012 fokussiert den Blickwinkel des Kindes: Väter, die ihren Kindern schreiben bzw. Kinder, die ihren Vätern schreiben (vgl. dazu Unterrichtsvorschlag 2

---

[5] Ergänzend könnte auch die von Jean Nicot (2003 [1998]) herausgegebene und edierte Sammlung von Frontbriefen *Les poilus ont la parole* herangezogen werden.
[6] Die eigentliche BD-Fassung des Verdun-Bandes erschien 2007.

sowie Abb. 5 im Anhang). Einen Schwerpunkt stellt darüber hinaus die gezielt auf das Kind gerichtete Kriegspropaganda in der Schule, in Liedern und Bilderbüchern dar. Dieser BD-Sammelband umfasst vierzehn Beiträge verschiedener Autoren. Für den vergleichenden Einsatz im Fremdsprachenunterricht attraktiv ist dabei die stilistische Bandbreite der Zeichen- und Inszenierungstechniken, die vom Fotorealismus bis zur abstrakten Strichzeichnung reicht. Jede Geschichte wird durch weitere Zeitdokumente und einen pädagogischen Kommentar begleitet. Eine grafisch interessante Episode stammt von Thierry Robin, der bereits in seiner Detektivserie *Koblenz* (1999-2005; ein französischer Agent ermittelt gegen einen diabolischen Gegner, der eine deutsche Industriellenfamilie um 1900 im Ruhrgebiet bedroht; vgl. Sistig 2002, 53ff.) sehr expressive, ungewöhnliche Bild- und Panelgestaltungen eingesetzt hat. Sein „Epilogue", in dem er die Geschichte einer Kriegswaise mit einer propagandistisch bearbeiteten Rotkäppchen-Version aus dem Jahr 1917 verbindet, beschließt den Sammelband. Das moralische Fazit dieses patriotischen Märchens „für Mädchen" lautet auf der letzten Seite: „Toi à qui reviendra l'honneur suprême d'enfanter nos futurs Poilus, afin de poursuivre la lutte dans les années à venir !" (Guéno et al. 2012, 92). Der sparsame Einsatz von Farben sowie der gezielte Einsatz von Schatten haben ihre narrative Funktion. Das Gesicht des Onkels bleibt für die hilflose Nichte unscharf, da der desillusionierte Ton seiner „toute dernière lettre" in krassem Widerspruch zur propagierten Kriegsbegeisterung in der Kinderliteratur steht.

6. Schlussbemerkungen

Der Erste Weltkrieg war kein gerechter oder notwendiger Krieg, um einen Schurkenstaat bzw. ein singuläres, weltbedrohendes Regime zu bekämpfen, wie es im Zweiten Weltkrieg der Fall war. Eine ‚Notwendigkeit' wurde von vielen Seiten konstruiert und suggeriert, indem gezielt Narrative wirksam gemacht wurden, die über längere Zeiträume mehr oder weniger diskret ‚schlummerten' bzw. für den aktuellen Anlass in die Welt gesetzt wurden. Ein Gemisch aus stereotypen Selbst- und Fremdbildern wurde so instrumentalisiert, dass der aktive Kriegseintritt des eigenen Landes als unausweichlich und ‚gerecht' von einer Mehrheit der Bevölkerung mitgetragen wurde. Angesichts der Tatsache, dass die *Grande Guerre* insbesondere die deutsch-französische Geschichte nachträglich prägte, soll es das pädagogische Ziel gerade des Französischunterrichtes sein, frühere und heutige Narrative auf ihren historischen Ursprung und ihre Funktion bzw. Funktionalisierung zu befragen, um unsere Schülerinnen und Schüler für populistische Verallgemeinerungen zu sensibilisieren und vor propagandistische Vereinnahmungen zu schützen. Die kombinierte Botschaft in der *Bande Dessinée* aus Text und höchst eindringlichen, begleitenden Bildern weckt in besonderem Maße ihr Interesse und erzeugt Empathie für das Schicksal der Millionen Opfer.

Das Schlusswort hat Jacques Tardi: „Ce qui a retenu mon attention, c'est l'homme, quelle que soit sa couleur ou sa nationalité, l'homme dont on dispose, l'homme dont la vie ne vaut rien entre les mains de ses maîtres ... cette banale constatation étant toujours valable aujourd'hui." (Tardi 1993, 7)

Literaturverzeichnis

Im Folgenden werden nicht nur die im Text genannten *Bandes Dessinées* zum Ersten Weltkrieg aufgeführt; die Bibliographie versteht sich vielmehr auch als repräsentativer Überblick über die frankophone zeitgenössische BD (bis 1919) bzw. die moderne BD (ab 1974).

1. Frankophone Bandes Dessinées zur Grande Guerre

1.1 Zeitgenössische *Bandes Dessinées* (bis 1919)

BOFA, Gus. 1917. *U-713 ou les Gentilshommes d'infortune*. Paris: Société littéraire de France.
BOFA, Gus. 2014. *Chez les toubibs*. Paris: Editions Cornélius.
CAUMERY & PINCHON, J.P.1915. *Bécassine pendant la Grande guerre*. Paris: Editions Gautier-Languereau.
CAUMERY & PINCHON, J.P. 1917. *Bécassine chez les Alliés*. Paris: Editions Gautier-Languereau.
CAUMERY & PINCHON, J.P. 1918. *Bécassine mobilisée*. Paris: Editions Gautier-Languereau.
CAUMERY & PINCHON, J.P. 1919. *Bécassine chez les Turcs*. Paris: Editions Gautier-Languereau.
FORTON, Louis. 1913. *Y a du monde aux Balkans*. Paris: Editions Azur Claude Offenstadt.
FORTON, Louis. 1915. *Les pieds-nickelés s'en vont en guerre*. Paris: Editions Azur Claude Offenstadt.
FORTON, Louis. 1915. *Les Pieds-Nickelés aux Dardanelles*. Paris: Editions Azur Claude Offenstadt.
FORTON, Louis. 1916. *Les Pieds-Nickelés à Berlin*. Paris: Editions Azur Claude Offenstadt.
FORTON, Louis. 1916. *Les Pieds-Nickelés chez le Kaiser*. Paris: Editions Azur Claude Offenstadt.
FORTON, Louis. 1916. *Les Pieds-Nickelés font du sabotage*. Paris: Editions Azur Claude Offenstadt.

HANSI. 1912. *Professeur Knatschké*. Paris: Floury.
HANSI. 1912. *L'Histoire d'Alsace racontée aux petits enfants de France et d'Alsace par l'Oncle Hansi*. Paris: Floury.
HANSI. 1913. *Mon village – Ceux qui n'oublient pas*. Paris: Floury.
HANSI. 1918. *Le Paradis Tricolore*. Paris: Floury.
HANSI. 1919. *L'Alsace heureuse*. Paris: Floury.
TRIER, Walter. 1914. *Bunte Kriegsbilderbogen*. Berlin: Troitzsch Vereinigung der Kunstfreunde.

1.2 Moderne *Bandes Dessinées* (nach 1974)

ALLAM, Norédine et al. 2009. *Cicatrices de guerre(s)*. Paris: Editions de la Gouttière.
APPOLLO & HUO-CHAO-SI. 2003/2012. *La grippe coloniale*. 2 Bde. Paris: Vents d'ouest.
BABOUCHE & DORISON & HERZET. 2014. *Le Chant du cygne*. Paris: Lombard.
BARROUX. 2011. *On les aura !* Paris: Seuil.
BOLLÉE & BEDOUEL. 2010/2011. *Un long destin de sang*. 2 Bde. Paris: 12bis (Glénat).
BOURGERON, Franck. 2009. *L'Obéissance*. Paris: Futuropolis.
BRUNE & DELBOSCO & DUHAND. 2014. *Moufflot, hiver 1914*. Tournai: Casterman.
CADY & ADAM & MARCHETTI. 2012. *La Tranchée*. Paris: Vents d'Ouest.
COMES, Didier. 1976. *L'ombre du Corbeau*. Tournai: Casterman.
CONVARD & DELITTE. 2007-2011. *Tanâtos*. 4 Bde. Paris: Glénat.
COTHIAS & ORDAS & GALLAND. 2011-2014. *Le fils de l'officier*. 3 Bde. Paris: Bamboo.
COTHIAS & ORDAS & MANINI. 2013/2014. *S.O.S. Lusitania*. 2 Bde. Paris: Bamboo.
COTHIAS & ORDAS & MOUNIER. 2010-2013. *L'ambulance 13*. 3 Bde. Paris: Bamboo.
COTHIAS & ORDAS & ZANAT. 2011/2013. *L'œil des Dobermans*. 2 Bde. Paris: Bamboo.
CRUCHAUDET. 2013. *Mauvais genre*. Paris: Delcourt.
DEMETTER & CATEL. 2004. *Le sang des Valentines*. Tournai: Casterman.
DORISON & BRECCIA. 2008-2011. *Les sentinelles*. 3 Bde. Paris: Delcourt.
DUCOUDRAY & PRIET-MAHÉO. 2012. *Gueules d'amour*. Paris: La boîte à bulles.
DUMONTHEUIL & ROUGER. 2005. *Le roi cassé*. Tournai: Casterman.
DUVAL & PÉCAU & MR FAB. 2013. *L'homme de l'année. 1917 – Le soldat inconnu*. Paris: Delcourt.
DUVAL & CHOUIN & BRESSON. 2014. *Jean-Corentin Carré, l'enfant-soldat #1*. Paris: Canal BD.
GALANDON & A. DAN. 2012/2013. *Pour un peu de bonheur*. 2 Bde. Paris: Bamboo.
GAUTHIER, Virgile. 2014. *Il était une fois 1914*. Liège: l'Abbaye de Stavelot.
GIBRAT. 2008. *Mattéo*. Paris: Futuropolis.
GLOGOWSKI, Philippe. 2006/2008. *La Grande Guerre*. 2 Bde. Paris: Editions du Triomphe.
GLOGOWSKI, Philippe. 2009/2013. *Ypres Memories*. 2 Bde. Paris: Editions du Triomphe.
GUÉNO, Jean-Pierre et al. 2006. *Paroles de Poilus – Lettres et carnets du front 1914 – 1918*. Paris: Editions Soleil.
GUÉNO, Jean-Pierre et al. 2007. *Paroles de Verdun 1916*. Paris: Editions Soleil.
GUÉNO, Jean-Pierre et al. 2012. *Paroles de Poilus – Mon papa en guerre*. Paris: Editions Soleil.
HAUTIÈRE & FRANÇOIS. 2010. *De briques et de sang*. Tournai: Casterman.
HAUTIÈRE & HARDOC. 2013/2014. *La guerre des Lulus*. 3 Bde. Tournai: Casterman.

HUGAULT & YANN. 2012. *Le pilote à l'Edelweiss*. Genève: Paquet.
JUNCKER, Nicolas. 2003. *Le Front*. Paris: Glénat.
LARCENET, Manu. 2004. *Une aventure rocambolesque de Vincent Van Gogh*. Paris: Dargaud.
LEHENANFF & FABUEL. 2003. *Les Caméléons*. Tournai: Casterman.
LEFLOCH, Bruno. 2006. *Une après-midi d'été*. Paris: Delcourt.
LENAOUR & LIRUSSI. 2012. *Le soldat inconnu vivant*. Annecy: Roymodus.
LENAOUR & A.DAN. 2014. *La faute au Midi*. Paris: Bamboo.
LINTHOUT & BRAU. 2014. *Comme en Quatorze*. Paris: Des ronds dans l'O.
MAËL & KRIS. 2009-2014. *Notre Mère la Guerre*. 4 Bde. Paris: Futuropolis.
MALLET & LECLOUX. 2012. *Le long hiver 1914*. 2 Bde. Tournai: Casterman.
MOËNARD & OTERO. 2008-2011. *Le sixième soleil – Tezcatlipoca*. 3 Bde. Paris: Glénat.
MONIER & CHABAUD. 2013. *Le Sang Noir*. Bois Guillaume: Physalis.
MORICE & QUELLA-GUYOT. 2011/2012. *Papeete, 1914*. 2 Bde. Paris: Emmanuel Proust.
MORVAN & KORDAY & WALTER. 2007/2008. *Le cœur des batailles – la Marne*. 2 Bde. Paris: Delcourt.
MORVAN & LE GAL & BIESER. 2010. *Vies tranchées*. Paris: Delcourt.
NURY & DEFRANCE & MERWAN & BEDOUEL. 2009-2013. *L'or et le sang – L'appel du large*. 3 Bde. Paris: Glénat.
OLIER & MARKO. 2011. *Les Godillots – Le plateau du Croquemitaine*. Paris: Bamboo.
PÉCAU & KORDEY & BEAU. 2006. *L'Histoire secrète – Notre-Dame des ténèbres*. Paris: Delcourt.
PORCEL & ZIDROU. 2012. *Les Folies Bergères*. Paris: Dargaud.
RABATÉ, Pascal. 1994. *Ex-voto*. Paris: Vent d'Ouest.
ROBIN, Thierry. 1999-2005. *Koblenz*. 4 Bde. Paris: Delcourt.
ROUAUD & DEPREZ. 2005. *Les Champs d'honneur*. Tournai: Casterman.
SERVAIS & DEWAMME. 1986. *Tendre Violette – l'Alsacien*. Tournai: Casterman.
SERVAIS, Jean-Claude. 1995/1996. *Les seins de café*. 2 Bde. Paris: Dupuis.
SUPIOT, Olivier. 2014. *La patrouille des invisibles*. Paris: Glénat.
TARDI, Jacques. 1974. *La véritable Histoire du soldat inconnu*. Paris: Futuropolis.
TARDI, Jacques. 1981. *Les aventures extraordinaires d'Adèle Blanc-Sec – Le secret de la salamandre*. Tournai: *Casterman*.
TARDI & CÉLINE. 1988. *Voyage au bout de la nuit*. Paris: Gallimard.
TARDI, Jacques. 1993. *C'était la guerre des tranchées*. Tournai: Casterman.
TARDI & DAENINCKX. 1997. *Le Der Des Ders*. Tournai: Casterman.
TARDI & DAENINCKX. 1999. *Varlot Soldat*. Paris: L'Association.
TARDI & VERNEY. 2008. *Putain de guerre 1914 – 1915 – 1916*. Tournai: Casterman.
TARDI & VERNEY. 2009. *Putain de guerre 1917 – 1918 – 1919*. Tournai: Casterman.
TAREK & PAYEN & MOUELIEF. 2012. *Turcos – Le jasmin et la rose*. Paris: Tartamudo.
VAN HAMME & VALLÈS. 1994. *Les Maîtres de l'orge – Adrien 1917*. Paris: Glénat.
VANDERMEULEN, David. 2005-2014. *Fritz Haber*. 4 Bde. Paris: Delcourt.
ZIDROU & PORCEL. 2012. *Les folies Bergère*. Paris: Dargaud.

2. Sekundärliteratur

BRUNNER, Vincent. 2014. „Au nom des gueules cassées – entretien avec Jacques Tardi", in: *Les Inrockuptibles* (29.01.2014), 64-67.

CLARK, Christopher. 2014. *Die Schlafwandler. Wie Europa in den Ersten Weltkrieg zog.* München: Deutsche Verlags-Anstalt.

FRACHON, Matthieu. 2013. *Le rire des tranchées.* Paris: Balland.

GUÉNO, Jean-Pierre & LAPLUME, Yves. 1998. *Paroles de poilus.* Paris : Librio (Flammarion).

HOGH, Alexander & MAILLIET, Jörg. 2014. *Carnets 14-18. Quatre histoires de France et d'Allemagne.* Editions Le buveur d'encre. (Deutschlandradio, Radio France, l'Historial de la Grande Guerre de Péronne)

KOCH, Corinna. 2013. „Die spezifischen Merkmale der Medienkombination *bande dessinée* und ihr Potenzial für den Französischunterricht", in: Leitzke-Ungerer, Eva & Neveling, Christiane (edd.): *Intermedialität im Französischunterricht.* Stuttgart: Ibidem, 31-46.

LACOMBE, Nicole et Alain. 1992. *Les chants de bataille. La chanson patriotique de 1900 à 1918.* Paris: Belfond.

LAFON, Alexandre. 2014. „Bécassine s'en va en (grande) guerre", in: *Textes et Documents pour la classe: Arts et littérature de la Grande Guerre* 1069, 40-41.

LEONHARD, Jörn. 2014. *Die Büchse der Pandora.* München: Beck.

LEMMERMANN, Heinz. 1984. *Kriegserziehung im Kaiserreich. Studien zur politischen Funktion von Schulen und Schulmusik 1890-1918.* Bremen: Eres Edition.

LEUPOLD, Eynar. 2002. *Französisch unterrichten: Grundlagen, Methoden, Anregungen.* Seelze: Klett/Kallmeyer.

Nicot, Jean. ed. 2003 [1998]. *Les poilus ont la parole.* Paris: Éditions Complexe.

NIPPERDEY, Thomas. 1998. *Deutsche Geschichte 1866-1918.* 2 Bde. München: Beck.

PRÉMISIER, Sylvie. 1982. „Les frères Offenstadt", in: *Le Collectionneur de Bandes Dessinées* 35, 12-18.

RÉVEILLON, Luc & LE NAOUR, Jean-Yves. 2014. *La Grande Guerre dans la BD – Un siècle d'histoires.* Paris: Beaux Arts Editions.

SCHNEIDER, Michael. 2014. „Realer Krieg, mentaler Krieg, erinnerter Krieg: Drei Dimensionen der *Grande Guerre* im Französischunterricht", in: *Französisch heute* 2, 64-71.

SISTIG, Joachim 2002. *Invasion aus der Vergangenheit. Das Deutschlandbild in frankophonen Bandes Dessinées.* Frankfurt/M.: Peter Lang.

SISTIG, Joachim. 2005. *„Jeux, dessins et créativité*: Arbeit mit *Bandes Dessinées* im Fremdsprachenunterricht", in: *RAAbits Französisch* 46 (Juni).

SISTIG, Joachim. 2011. „Der französische Comic in Zeiten der Nazi-Propaganda im besetzten Frankreich zwischen 1940 und 1944", in: Palandt, Ralf (ed.): *Rechtsextremismus, Rassismus und Antisemitismus in Comics.* Berlin: Archiv der Jugendkulturen, 100-119.

SISTIG, Joachim. 2012. „Der Erste Weltkrieg in populärliterarischen Medien", in: Hieronimus, Marc (ed.): *Historische Quellen im DaF-Unterricht.* Göttingen: Universitätsverlag, 177-208.

SISTIG, Joachim. 2014. „La Grande Guerre et la BD im Französischunterricht der Oberstufe", in: *Französisch heute* 2, 79-88.

VIGNAUD, Marie-Françoise. 2009. „En pleine forme dans ses bulles ! La Bande Dessinée en théorie et en pratique", in: *Der fremdsprachliche Unterricht Französisch* 22, 35-37.

VIRGILI, Fabrice & VOLDMAN, Danièle. 2011. *La Garçonne et l'assassin.* Paris: Payot.

Anhang

Abb. 1: Le crâne kubique des Boches
(Titelseite zu *Les Pieds-Nickelés à Berlin*, Forton 1916)

Der Erste Weltkrieg in zeitgenössischen und modernen *Bandes Dessinées*

Abb. 2: Titelseite zu *Bécassine pendant la Grande Guerre*
(Caumery & Pinchon 1915; © 1991, Gautier-Languereau,
illustrations de J.P. Pinchon, textes de Caumery)[7]

---

[7] Abb. 2 und 3: Mit freundlicher Genehmigung von Editions Gautier-Languereau, Paris.

Unterrichtsvorschlag 1 zur zeitgenössischen BD: *Bécassine mobilisée*

- Lisez les informations sur Bécassine et les albums publiés entre 1914 et 1918.
- Dégagez les traditions culturelles qui caractérisent l'Alsace dans la séquence « Le salut au drapeau » (fig. 3).
- Quel est le message du refrain de la chanson traditionnelle citée dans la BD ?
- Quelle est la position de l'Alsace pendant la Grande Guerre ?
- Comparez les textes qui accompagnent le début de la séquence avec la dernière vignette.
- Analysez la mise en scène graphique et rhétorique de ce « salut au drapeau ».
- Quel est le rôle de l'enfant dans la rhétorique patriotique à l'époque ?
- Comparez *Bécassine* avec les *Pieds-Nickelés*.

Les albums de « Bécassine »

Les albums publiés pendant la Grande Guerre

Quatre albums de l'héroïne de bande dessinée *Bécassine*, née en 1905 dans la revue catholique *La Semaine de Suzette* et destinée aux petites filles, ont été publiés entre 1915 et 1919 par ses créateurs, le scénariste Caumery (pseudonyme de Maurice Languereau) et le dessinateur Joseph Pinchon. Ils mettent en scène la célèbre domestique bretonne dans des aventures marquées par l'expérience de ce conflit et proposent une représentation à la fois réaliste et caricaturale de la (bonne) société en guerre.

Bécassine pendant la Grande Guerre **(Caumery/Pinchon 1915)**

Le premier volume, *Bécassine pendant la guerre* [...] décrit la vie de la jeune bonne au moment de la mobilisation de l'été 1914, qui touche ses maîtres et les employés de maison comme l'ensemble de la société. On y lit le départ des hommes, les différentes affectations, l'organisation des soins, les combats et les tranchées. (Lafon 2014, 40)

Vocabulaire: *l'héroïne* (f.): cf. *le héro* (m.); *la domestique*: une employée chargée du service dans une famille; *breton/bretonne*: de Bretagne; *le premier volume*: der erste Band; *la bonne*: la domestique; *la mobilisation*: die Mobilmachung; *les soins* (m.): die Pflege der Verletzten und Kranken

---

« Le salut au drapeau » : La dernière séquence de la BD (fig. 3)

En tant que domestique, Bécassine suit ses maîtres en Alsace récupérée par l'armée française. Le neveu de la Marquise de Grand-Air veut s'y marier et Bécassine retrouve aussi son petit ami Zidore. Le séjour en Alsace permet à Bécassine de découvrir en compagnie d'enfants alsaciens dans leurs costumes traditionnels une région libérée où règne un fort sentiment patriotique en faveur de la France. Cette dernière séquence de la BD est intitulée « Le salut au drapeau ».

Vocabulaire

la maison à pans de bois: das Fachwerkhaus; *la cigogne*: der Storch; *aligné, -e*: un à côté de l'autre; *un piou-piou*: un jeune soldat; *l'instituteur* (m.): maître d'école; *survenir*: apparaître; *le mariage*: die Hochzeit; *permuter*: avoir des vacances; *guérir*: retrouver sa santé; *le cortège*: die Hochzeitsgesellschaft; *la sonnerie de clairon*: la mélodie jouée à la trompette militaire (*le clairon* 'Flügelhorn'); *le détachement d'alpins*: das Regiment der Alpenjäger; *le pas allègre*: schnellen Schrittes; *le porte-étendard*: der Fahnenträger; *hausser*: lever; *le drapeau*: l'étendard (m.); *froissé*: zerknittert; *troué*: zerlöchert; *la blessure*: die Verletzung; *la bravoure*: le courage; *le salut au drapeau*: der Fahnengruß

Der Erste Weltkrieg in zeitgenössischen und modernen *Bandes Dessinées* 121

Abb. 3: *Le salut aux drapeaux*
(Schluss-Sequenz aus *Bécassine pendant la Grande Guerre*,
Caumery & Pinchon 1915, 61; © 1991, Gautier-Languereau,
illustrations de J.P. Pinchon, textes de Caumery)

Unterrichtsvorschlag 2 zur modernen BD: *Paroles de poilus – Mon papa en guerre*

Abb. 4: *Paroles de poilus – Mon papa en guerre* (Titelseite; Guéno et al. 2012, © Éditions Soleil 2012)[8]

- Lisez les informations sur *Paroles de poilus*.
- Décrivez la planche « Épilogue » (fig. 5) au niveau graphique – ses contrastes, ses parties obscures.
- Dégagez les différents récits qui s'entremêlent sur cette planche
- Distinguez les éléments appartenant à l'univers enfantin et à l'univers adulte.
- Quelle est la position de l'enfant face à la guerre « des adultes » ?
- Quel est le message de l'oncle Martin à ses « chers petits » ?
- Rédigez une réponse à l'oncle Martin à la place de la fille.

Paroles de poilus (Gueno et al. 2012)

Un collectif d'auteurs de BD s'est associé pour publier quatorze épisodes adaptés des lettres écrites par les Poilus dans les tranchées durant la guerre. Chacun des courts récits illustrés est accompagné de documents et d'explications pédagogiques qui font référence à la lutte quotidienne des soldats contre la mort, la maladie, la faim et l'ennui. Tous les auteurs ont choisi la perspective de l'enfant – l'enfant qui écrit ou qui reçoit des lettres de son père et qui est confronté à l'échec absolu du monde adulte dans lequel les gens s'entre-tuent sauvagement.

Un des dessinateurs, Thierry Robin, est connu pour son art graphique extraordinaire et ses mises en scène insolentes. Dans son récit, il dresse le portrait d'un enfant dont le père est tué à la guerre et qui est confronté à la propagande guerrière destinée aux enfants à travers une version anti-allemande du conte de fée « Le Chaperon rouge ».

Vocabulaire du texte : *le poilu*: le soldat français de la Première Guerre mondiale (mal rasé); *l'ennui* (m.): die Langeweile; *s'entre-tuer*: se tuer mutuellement; *l'orphelin* (m.): un enfant sans parents; *le Chaperon rouge*: Rotkäppchen

Vocabulaire pour comprendre la planche « Épilogue » (fig. 5) : la *chaumière*: die Scheune; *ricaner*: rire méchamment; *le Teuton*: l'Allemand (péjoratif); *Haut les pattes!*: Pfoten hoch!; *le bois*: la forêt; *la dévastation*: la destruction; *la relique*: le souvenir; *instruire*: apprendre

---

[8] *Paroles de Poilus*, vol. 2, de Jean-Pierre Gueno, auteur de l'ouvrage original adapté « Mon papa en guerre » © Editions Soleil, 2012.
Abb. 4: Mit freundlicher Genehmigung von Editions Soleil, Paris.

Abb. 5: „Épilogue" aus *Paroles de poilus – Mon papa en guerre*
(Guéno et al. 2012, 90; © Éditions Soleil 2012)[9]

---

[9] *Paroles de Poilus*, vol. 2, de Jean-Pierre Gueno, auteur de l'ouvrage original adapté « Mon papa en guerre » © Editions Soleil, 2012.
Abb. 5: Mit freundlicher Genehmigung von Editions Soleil, Paris.

Von der Erfahrung zur Literatur

Wahrheit und Konstruktion in Buch und Film: Frontbriefe und Fronttagebücher des Ersten Weltkriegs im Französischunterricht

Michael Schneider

Vorüberlegungen

Die Relevanz des Themas ‚Erster Weltkrieg' ist nicht nur für den Geschichts-, sondern auch für den Französischunterricht unbestreitbar, denn es birgt die Möglichkeit, wichtige Kompetenzen zu schulen. Zentral steht dabei die interkulturelle Kompetenz mit kulturellem Wissen und persönlichen Einstellungen, aber auch sprachliche Kompetenzen im Umgang mit Texten und Medien können anhand des Themas erweitert und neuer Wortschatz erworben werden.

Dennoch ist das Thema für den Französischunterricht nicht unproblematisch, weil es eine zeitliche Distanz beinhaltet und gegebenenfalls nicht sofort ein spontanes Lernerinteresse hervorruft. Weitere Probleme können sich ergeben, wenn man jenseits einer faktenorientierten Vermittlung versucht, die Schülerinnen und Schüler zu einer Auseinandersetzung mit der menschlichen Seite des Kriegs zu führen und sie mit der Erfahrung des Grauens durch die unendlich vielen Todesopfer und Kriegsversehrten etc. konfrontiert, um „Erfahrungen und Konflikte von Menschen in der fremden Kultur" (Bredella 2009, 32) nachvollziehbar zu machen.

Der folgende Beitrag sucht Lösungen für diese Probleme auf zwei Wegen:

1. über eine emotionale Annäherung. Hier sollen sich die Schülerinnen und Schüler mit Frontbriefen auseinandersetzen, die eine authentische und nichtfiktionale Basis bilden, um sich einen Aspekt des Kriegsalltags zu vergegenwärtigen, der nicht nur in Kriegshandlungen besteht und somit für sie Anknüpfungspunkte bietet.

2. über einen (nach einer Erstbegegnung) kritisch-distanzierenden Zugang, in der Konfrontation mit einer Filmdokumentation, die gezielt mit Reenactmentszenen arbeitet. Letzteres funktioniert über eine anspruchsvolle und motivierende Form der Aufgabe, nämlich die Erforschung des Verhältnisses von Konstruktion und Wahrheit an einem begrenzten Filmausschnitt.

Damit ergibt sich nicht nur eine noch breitere Förderung der interkulturellen Kompetenzen, die über das Orientierungswissen hinaus auf Empathie und Einstellungen wie die Ablehnung des Krieges zielt, sondern auch die Schulung medienkritischer Kompetenzen. Da diese Arbeit die Entschlüsselung fremdsprachlicher Texte (im weiten Textsinn) verlangt, werden auch konkrete sprachliche Kompetenzen gefördert.

1. Frontbriefe als Zugang zum Alltagsleben eines Soldaten

Mit dem ersten Ansatz sollen authentische, nichtfiktionale Materialien, nämlich Frontbriefe, zum Einsatz kommen, um den Schülerinnen und Schüler eine Wirklichkeit jenseits fiktionaler Verdichtungen zu zeigen. Alltagsberichte, die durch die persönliche Ebene der Briefe eine besondere Nähe zu den Ereignissen erreichen, sprechen die Schülerinnen und Schüler gezielt auf der emotionalen Ebene an.

Über die Empathie erlangen die Schülerinnen und Schüler ein vertieftes Verständnis für die Situation der Soldaten, die sie sich vermutlich normalerweise nie im Detail vorgestellt haben und die auch in Filmen nur andeutungsweise zur Darstellung kommt.

Die Problematik des ‚vrai'[1] spielt hier eine wichtige Rolle für die Wahl: Es handelt sich bei den Briefen weder um fingierte Briefe, noch um andere fiktionale Texte. Die Kategorie des ‚Wahren' spielt in der heutigen Welt eine betrachtenswerte Rolle, weil sie von teils imaginierten, teils virtuellen Welten und Ereignissen quasi verdrängt wird: Man kann imaginäre Abenteuer hautnah erleben, ohne die Entbehrungen zu spüren (Kino, Fernsehen, Internet). Man bewegt Daten und Informationen, ohne auch nur einen realen Schritt in der Welt zu tun. Die soziale Integration in virtuelle Netzwerke bestimmt vehement die sich vermindernde reale soziale Interaktion v.a. der heranwachsenden Generation. Wenn neben diesen Erscheinungen der imaginierten und virtuellen Welt das Bild der Geschichte, z.B. durch Bilder des Ersten Weltkriegs, ebenfalls in Form von

---

[1] Wie unten noch zu zeigen sein wird (vgl. 3.), ist jede Art von Geschichtsschreibung, also auch das Verfassen von Briefen über die Gegenwart ein Konstruktionsprozess aus einer bestimmten Perspektive. Mir geht es an dieser Stelle aber nicht um historische Wahrheit im engeren Sinn, sondern um Authentizität im Sinne von Nicht-Fiktionalität.

Spielfilmen gezeigt wird, stellt sich die Frage, wie die Informationsverarbeitung der Schülerinnen und Schüler erfolgt und auf welcher Wirklichkeitsstufe sie die so gezeigten historischen Ereignisse situieren.

Die Briefe sollen dazu beitragen das Reale der Erlebnisse der Soldaten auch außerhalb virtueller Welten greifbar zu machen und über das emotionale Ansprechen der Schülerinnen und Schüler einen Einstieg in die Thematik ‚Erster Weltkrieg' zu finden. Dies geschieht mit einem Blick in das *Alltagsleben eines Soldaten* im Ersten Weltkrieg. Wenn in Filmen und anderen bildgestützten Medien Soldaten im Blickfeld stehen, werden oft Kampfhandlungen gezeigt. Für Filme gilt insbesondere, dass die Inhalte bezüglich der Soldaten häufig bestimmte Situationen betreffen: es geht um Höhepunkte des Grauens, Momentaufnahmen des Kampfes und der Zerstörung, die kaum auf Dauer ausgelegt sind.

Dies gilt, wenn auch mit Einschränkungen, selbst für einen Film wie *Im Westen nichts Neues*, der trotz seines Versuchs, den Alltag zu schildern, die Dauer nur an bestimmten Stellen vermitteln kann (Angriff im Unterstand; Milestone 1930, 00:33:38-00:40:55). An anderer Stelle ist man überrascht, dass bereits drei Jahre vergangen sein sollen. Der Rhythmus von Angriff und Ruhezeit wird nicht plastisch, ein immens wichtiger Aspekt der Kommunikation, Briefe und Pakete zwischen Front und Heimat, spielt im Bild im Prinzip gar keine Rolle, Hobbys sind auf Momente des Kartenspiels reduziert. Im Mittelpunkt steht letztlich das Sterben oder das Überleben im Kampf.

Statt der Frage: „Wie *stirbt* ein Soldat?" soll hier nun die Frage ‚Wie *lebt* ein Soldat?' im Vordergrund stehen und damit ist nicht allein die Angst vor dem nächsten Angriff gemeint, sondern die Organisation des Alltags: Wann und wie schlafen Soldaten? Wie kommen sie von einem Einsatzort zu anderen? Welche Verbindung gibt es für sie zu ihren Angehörigen? Welche Informationen tauschen sie mit ihnen aus? Gibt es Probleme jenseits der Kriegshandlungen, die Soldaten bewegen? Welche? Können Soldaten Hobbys haben? Diese und andere Fragen werden von Bildern und Filmen meist nur unzureichend beantwortet. Die Briefe sind hier aussagekräftiger, z.B. wenn an einer Stelle die Dimension eines Fußmarsches mit Gepäck in eisiger Kälte und über Nacht beziffert wird: „Nous allons, cette fois, très loin, à vingt-cinq kilomètres environ; ce sera, comme on part à 10 heures, toute la nuit de marche." (26.2.1915, Barbusse 1937, 57)

Das im Folgenden vorzustellende Briefbeispiel stammt aus den *Lettres de Henri Barbusse à sa femme*. Die Briefe erschienen posthum 1937 ohne Vorwort und Angaben zum Herausgeber. Offensichtlich gibt es aber Auslassungen, d.h. die Briefe sind z.T. nicht vollständig abgedruckt. Zum Kontext der Briefe und ihres Autors ein paar kurze Bemerkungen:

Henri Barbusse (1873-1935) ist Journalist und Schriftsteller mit humanistischen und pazifistischen Idealen und hat vor dem ersten Weltkrieg schon eine Reihe von Büchern veröffentlicht. Durch sein Alter zu Beginn des Krieges (41) und seine instabile Gesundheit wird er nicht den primären Kampftruppen zugeteilt, sondern gehört zu den *auxiliaires*. Damit könnte er abwarten, bis er eine Einberufung zu einer Tätigkeit im Hinterland erhielte. Er meldet sich jedoch freiwillig an die Front, denn er sieht im Krieg eine Auseinandersetzung verschiedener Gesellschaftssysteme:

> Il voit dans la guerre déclenchée par les Empires centraux le conflit décisif entre les démocraties et les régimes semi-féodaux et réactionnaires, une bataille des peuples contre l'absolutisme et le militarisme, une guerre qu'il faut gagner au cri de : « Guerre à la guerre ! »
>
> (Duclos & Fréville 1946, 9)

Nach seiner freiwilligen Meldung im August 1914 und einiger Zeit im Hinterland kommt er an die Front bei der Aisne. Er verbleibt an der Front bis Anfang 1916, kommt krankheitsbedingt (Ruhr) ins Krankenhaus, lässt sich aber danach wieder an die Front versetzen, bis er schließlich im Juni 1917 entlassen wird.

Während seiner Zeit der aktiven Kriegsteilnahme schreibt er sehr viele Briefe an seine Frau. Die meisten seiner Briefe beschreiben den Alltag im Schlachtfeld, der bisweilen kleinere Probleme, bisweilen die Grauen des Kriegs umfasst. Aus seinen Erlebnissen schöpfend schreibt er auch einen Roman, *Le feu*, der bereits Ende 1916 publiziert wird und einen großen Erfolg feiern kann.

Nur manchmal enthalten die hier im Zentrum stehenden Briefe Gedanken über den Krieg und seine Bedeutung allgemein, die aber nichtsdestotrotz die Grundlage für Interpretationen bieten können. So schreibt er im ersten Kriegsjahr im Zusammenhang mit einem Gesuch, entgegen anders lautenden Plänen seiner Vorgesetzten an der Front zu bleiben: „Je crois à la nécessité du sacrifice dans une guerre qui est une guerre de libération sociale, comme celle de 1792." (18.4. 1915, Barbusse 1937, 74). Hier klingt der damals häufig geäußerte Gedanke der *mission civilisatrice* an, die Frankreichs gesellschaftliche Höherentwicklung unterstellt. In dieser Optik führt Frankreich nicht nur einen Verteidigungskrieg, der schon deshalb moralisch vertretbar ist, sondern Frankreich wird zum Ausführungsorgan einer moralisch hochwertigen Idee.

Dass Barbusse diese Meinung im Laufe des Krieges ändert, zeigt sich in einer Betrachtung, die er ca. ein Jahr später anstellt:

> Quand on vient nous dire : c'est l'Allemagne qui a attaqué, on a raison. Mais quand on ajoute que nous étions des petits saints qui honoraient et pratiquaient le pacifisme et que jamais — oh mon Dieu ! — nous n'avons eu des idées de revanche et de triomphes militaires et que jamais nous n'avons commis vis-à-vis de l'Allemagne le moindre acte d'hostilité et de provocation — on « attige un peu la cabane[2] » comme on dit ici. La crise actuelle est l'aboutissant logique et fatal des vanités nationales, et que chacun en prenne sa part de responsabilités.
>
> (14.4. 1916, Barbusse 1937, 155)

Der Ausschnitt aus dem Brief vom April 1916 zeigt deutlich eine Kategorienverschiebung in seinen Gedanken: aus einem *Krieg Frankreichs*, der sich als national fundiert mit gesellschaftlichem Überlegenheitsgestus *im Dienste der guten Sache* sieht, wird ein *fataler Krieg*, der eine Infragestellung nationaler Modelle nach sich zieht, weil die Nationen allesamt die Verantwortung für ihn tragen. Hier zeichnet sich die Kontur jenes Barbusse ab, der sich zum Sozialismus bekennt, nach dem Ersten Weltkrieg für kommunistische Ziele kämpft, selbst Mitglied der kommunistischen Partei wird und für die Bewahrung des Friedens kämpft, weil er ohne voranschreitende Völkerverständigung einen baldigen Krieg nahen sieht, der die alte Welt vollkommen zu zerstören droht, wie er im selben Brief weiter ausführt:

> J'ajoute qu'elle [la crise actuelle, M.S.] sera, dans un temps donné – dans dix ans, dans vingt ans – suivie d'une autre guerre qui achèvera la ruine en hommes et en argent du vieux monde – si d'ici-là les peuples qu'on mène à la boucherie ne prennent enfin la simple et logique résolution de se tendre la main les uns les autres à travers les préjugés des traditions et des races, malgré les désirs des gouvernants et à travers toutes les stupidités de l'orgueil belliqueux, de la gloire militaire et des malhonnêtes calculs commerciaux des nations pour prospérer en empêchant, par la force et le brigandage, l'expansion du voisin.
>
> (14.4. 1916, Barbusse 1937, 155)

Er sollte leider Recht behalten, auch wenn er es selbst nicht mehr erlebte.

---

[2] *attiger la cabane* – übertreiben

Für die emotionale Annäherung sollen nun aber gerade nicht diese reflexiven Passagen im Mittelpunkt stehen, sondern Schilderungen, die den Alltag zeigen. Zur Veranschaulichung dient folgender Brief.

Dimanche, 14 février 1915

Mon cher petit, je suis désolé.

On a encore changé les heures du courrier ; il part à 2 heures au lieu de 4. Non averti, je n'ai remis la missive qu'à 3 heures, et elle part aujourd'hui. Il y aura donc, vers le 17, un trou de vingt-quatre heures de plus dans la distribution. Mon pauvre coco chéri, comme vous vous inquiétez facilement — beaucoup trop, je vous le redis sur tous les tons — il va y avoir encore là un petit mauvais provisoire pour vous. [...]

Hier et aujourd'hui, je me suis plongé dans les délices d'un **repos béat et d'un farniente extrêmement doux. Je ne les ai interrompus aujourd'hui que pour graisser mes brodequins (une heure) et nettoyer à fond mon fusil (trois heures).** Mon fusil est à présent épatant et quasi neuf, j'ai d'ailleurs relativement peu tiré avec, jusqu'ici. [...] Mais dès à présent, **je vous demande de m'adresser de la graisse pour chaussures.** Mais je préfère de la vraie graisse à la composition que vous m'avez envoyée et qui est un peu cireuse. C'est le principe graisse et non le principe encaustique que je crois le meilleur pour l'entretien des tartines.

Je vous écris au son du violon, le sergent Suilhard joue la Rêverie, de Shumann [sic], **et la Mort d'Aase, de Grieg sur un violon qu'il a dégoté au cantonnement.** Un autre sergent, arrivé d'Albi, joue aussi fort bien de cet instrument harmonieux. Vous voyez que la vie ici n'est point sans charmes.

Médard vient de rapporter, d'une virée qu'il a faite dans la ville, **un numéro de L'Illustration** qui contient un **dessin** assez exact **d'un cantonnement** que nous avons occupé dans les grottes du Château de B. . . **Mais on ne voit sur le dessin, ni le froid, ni les courants d'air, et il y en avait, nom d'un chien !** Vous verrez aussi là des vues intéressant notre région et même une carte d'icelle. **Quant aux tranchées, ce n'est pas tout à fait les nôtres. Les nôtres ne sont pas des talus, mais des fosses très étroites — ayant soixante-dix centimètres de largeur dans lesquelles on est serré en diable, et où on ne peut passer deux de front,** [...]**, et qui rend les mouvements des troupes terriblement longs** : les relèves, c'est-à-dire le remplacement d'un détachement par un autre, durent parfois trois heures. [...]

Ce que **je voudrais bien avoir, moi, c'est un appareil photographique!** Je regrette de n'avoir pas à ma disposition un Kodak quelconque qui me permette de fixer les physionomies et les événements de ces moments un peu extraordinaires que je vis ici. J'hésite à vous demander votre appareil parce que **des plaques, ce n'est pas pratique** et commode. **Il faudrait un appareil à pellicules.** [...] Médard va essayer, de son côté, de trouver quelque chose.

Et je m'arrête, le vaguemestre — il n'est pas encore passé ! — va paraît-il venir, et comme cette lettre est avancée, je vais la donner, et elle vous arrivera en même temps

que celle que je n'ai pas postée hier en temps opportun. Je vous embrasse de tout mon cœur. Bon courage, soyez patiente et rassurée.
Votre tout à vous.
Mes cheveux sont déjà trop longs, la tondeuse va repasser là.

(Barbusse 1937, 46-48; Hervorhebungen M.S.)

Dieser in Auszügen wiedergegebene Brief von Barbusse handelt, wie man anhand der hervorgehobenen Passagen schnell sehen kann, von einem Problem beim Postversand und einem Ruhetag, an dem er nur Stiefel putzt und sein Gewehr reinigt. Des Weiteren möchte Barbusse gern Fett für seine Schuhe geschickt bekommen, er berichtet davon, dass jemand Geige spielt und dass in einer Zeitschrift *L'illustration*, die sie bekommen haben, Zeichnungen von Quartier und Schützengraben sind, und er erklärt die Unterschiede zu denen, mit denen er zu tun hat. Schließlich bittet er um einen Fotoapparat und erörtert die Problematik Planfilm vs. Rollfilm. Der Briefträger soll kommen, also beendet er den Brief.

In einem anderen Brief schreibt er auch, dass er die entwickelten Filme in Briefumschlägen schicken will und dass die Soldaten an der Front Chemikalien für die Entwicklung und Papier für Abzüge haben: „J'attends avec impatience le petit pige-tout.[3] Je vous expédierai les pellicules développées, à plat, dans les lettres. Ça nous distraira de développer quand nous serons au cantonnement de repos. Nous avons ce qu'il faut comme produits et papiers." (22.2.1915, Barbusse 1937, 53).

Aus wieder anderen Briefen geht der Rhythmus hervor, dem die Soldaten unterworfen sind, nämlich vier Tage im Ruhequartier und vier Tage im Schützengraben.

Im Französischunterricht soll die Auseinandersetzung mit diesen und anderen Auszügen aus den Briefen dazu dienen, die Lebensbedingungen der Zeit und der konkreten Situation plastisch werden zu lassen, denn der Bezug auf den Alltag ermöglicht eine emotionale Nähe und ‚Nachfühlbarkeit' und kann das Interesse der Jugendlichen aufschließen. Aus dem oben zitierten Brief geht u.a. deutlich hervor, dass das Soldatenleben nicht nur aus Kriegshandlungen besteht, sondern Soldaten auch bestimmte Bedürfnisse haben, deren Existenz man sich häufig

---

[3] Mit *pige-tout* ist hier ein Fotoapparat gemeint.

nicht klarmacht. Durch das so gewonnene Interesse können die Schülerinnen und Schüler motiviert werden, einen tieferen Blick in die Geschichte zu werfen und die Bedeutung des Ersten Weltkriegs für Frankreich zu erarbeiten (z.B. durch Einbindung anderer Dimensionen wie der Erinnerungskultur, vgl. Schneider 2014).

Um die Schülerinnen und Schüler zu leiten, bieten sich zunächst Fragen an, die sie zu bestimmten Informationen in den Briefen führen, u.a.: *Comment est-ce qu'un soldat vit ? Comment est-ce que les soldats dorment ? La communication entre eux et leurs parents, comment fonctionne-t-elle ? Quelles informations échangent les soldats avec eux ? Est-ce qu'un soldat peut avoir des hobbys ? Que dit-il de ses expériences dans la tranchée?* etc.

2. Der Erste Weltkrieg in einer Filmdokumentation

Mit meinem zweiten Ansatz verlasse ich zwar nicht die Briefe und Tagebücher, aber ich wechsele das Medium und die Intention, denn dieser bedient sich einer filmischen Dokumentation zum Ersten Weltkrieg. Doch ich greife die Thematik des ‚vrai' auf, die mir in einem ersten Schritt zur Plausibilisierung des Einsatzes solcher Briefe diente. Sie soll in diesem Ansatz zum Lerngegenstand werden.

Die Problematik der Unterscheidung von Realität und Fiktion, die oben angedeutet wurde, spielt im Fernsehen eine immer größere Rolle. So gibt es gerade für historische Ereignisse in filmischen Dokumentationen häufig Reenactmentszenen, d.h. Szenen, die mit Schauspielern gedreht werden, um bestimmte Ereignisse oder Theorien plastisch nachzustellen. Selbst wenn diese nicht den Anspruch erheben, Realität abzubilden, suggerieren die erzeugten Bilder eine große Realitätstreue. Da es sich aber um eine Umsetzung von schriftlichen Überlieferungen oder Spekulationen in eine visuelle Form handelt[4], stellt sich die Frage nach dem Wirklichkeitsanspruch, da hier eine bestimmte Interpretation zugrunde liegen muss. Auch die technische Bearbeitung stellt dabei ein Problem dar:

---

[4] Die schriftlichen Überlieferungen können aus jeglicher Zeit der Geschichte stammen. Z.B. können es antike Texte wie die Plinius-Briefe sein, in denen der Ausbruch des Vesuvs geschildert wird. Ein Drehbuchautor und ein Regisseur setzen diese Vorlagen dann in Filme mit quasi-dokumentarischen Szenen um. Bei Ereignissen, zu denen es keine schriftlichen Quellen gibt, die von Archäologen aber erschlossen wurden, werden die Vorstellungen und Hypothesen der Archäologen verfilmt.

Die Frage nach der technischen Umsetzbarkeit beinhaltet auch die Frage nach dem Ziel der Darstellung, denn wenn Reenactmentszenen künstlich verfremdet werden, dann kann man das als kreatives Mittel der Filmschaffenden bezeichnen. Man könnte aber genauso gut interpretieren, dass an dieser Stelle der Zuschauer bewusst getäuscht werden, soll. Selbst einem versierten, mit der so oft gewünschten Medienkompetenz ausgestatteten Rezipienten, ist es bei den heutigen Möglichkeiten der Nachbearbeitung nicht immer möglich zwischen echt und nachgestellt zu unterscheiden.

(Ansorg 2012, 99f.)[5]

Die Problematik von Realität und Fiktion stellt sich angesichts des hier betrachteten historischen Themas in einer filmischen ‚Dokumentation' auf zweierlei Weise, wobei das Konzept der Konstruktion, der Konstruiertheit von historischem Wissen und von Filmen, eine wichtige Rolle spielt:

Wahrheit und Konstruktion sind seit langem Gegenstand der Geschichtsdidaktik. So stellt bereits Dörr (1981) den Konstruktionscharakter der Geschichte als Konsens heraus, der auch im Unterricht thematisiert werden sollte: „‚Geschichte' ist nicht ‚an sich' verfügbar und naiv vermittelbar, sondern Wissen über Geschichte ist eine Konstruktion, deren – ebenfalls historisch bedingtes – Zustandekommen auch im Geschichtsunterricht ausdrücklich mit bedacht werden muß." (Dörr 1981, 433). In den letzten 20 Jahren wurde von dieser Ausgangsbasis weitergedacht und die Vorstellung, „dass das, was wir als Wirklichkeit bezeichnen, letztendlich nichts anderes als eine Konstruktion ist, die in den Köpfen von Menschen vor dem Hintergrund ihrer subjektiven Erfahrungswelt erfunden wird" (Völkel 2002, 17) zum ‚Konstruktivismus' entwickelt. Dieser hat zwei Seiten: die kognitionspsychologische, die besagt, dass Wissen in jedem Kopf selbst entsteht und nicht einfach von einem Kopf in den anderen übertragen werden kann, und die ‚wahrheitstheoretische' (Begriff M.S.), die zeigt, dass ein Produkt, das erst durch einen kognitiven Prozesse der Deutung entsteht, in dem sich Akteur und Beobachter nicht voneinander unterscheiden lassen, kein

---

[5] Im Übrigen setzt das Fernsehen an anderer Stelle gezielt auf solche Formate, die den Unterschied zwischen Wirklichkeit und Fiktion verschwimmen lassen. Dies geschieht bei der sogenannten Scripted Reality, bei der fiktionale Szenen alltäglichen Anscheins gespielt und mit dokumentarischem Charakter aufgezeichnet werden. Untersuchungen zufolge wirken diese so, dass ein Großteil der Zuschauer sie für real oder zumindest nachgestellt hält, obwohl auch Elemente eingebaut werden, die im Widerspruch zur Wirklichkeit stehen (z.B. Szenen mit – in Wirklichkeit nicht existierenden – Schulermittlern an deutschen Schulen).

unabhängiges Bild, keine ‚wahre Geschichte' ergeben kann, dass also jede Darstellung von Geschichte perspektiviert sein *muss*.

In Bezug auf den Film und seine Darstellungsmittel stellt sich ebenfalls die Frage der Konstruktion. Wie Surkamp in Bezug auf Spielfilme (2009) und Dokumentarfilme (zus. mit Ziethe 2010) feststellt, hat man es in beiden Fällen mit einer „konstruierte[n] Welt" (Surkamp 2009, 187; Surkamp & Ziethe 2010, 366) zu tun, wobei das Dokumentarische, aufgrund seines Ansatzes „einen realen Sachverhalt darstellen [zu] wollen" (Surkamp & Ziethe 2010, 366), einen noch stärkeren Wahrheitsanspruch suggeriert. Ziel des Unterrichts mit solchen Dokumentationen sollte es u.a. sein, den Schülerinnen und Schüler den Charakter der Darstellung zu verdeutlichen, ihnen also zu zeigen, dass es sich um „ein medialisiertes, perspektiviertes Bild der jeweiligen Zielkultur handelt" (ebd.). Dieses betrifft neben den filmspezifischen Mitteln auch die Auswahl von dargestellten Inhalten und ggf. die Eigeninszenierung des Regisseurs (wie etwa im Beispiel von Surkamp & Ziethe 2010).

Eine filmische ‚Dokumentation' vergangener Ereignisse wie des Ersten Weltkriegs ist somit in doppelter Weise Konstruktion: erstens in Bezug auf den Ausgangstext, der die Grundlage für eine Verfilmung bildet und im Sinn der Geschichtswissenschaft bereits eine Konstruktionsleistung beinhaltet, und zweitens hinsichtlich der Texttreue der filmischen Umsetzung.

Insofern erhebt die Dokumentation von Peter (2014) zum Ersten Weltkrieg, die auf Tagebüchern und Briefen beruht und mit der Behauptung „Ce sont des histoires vraies" beginnt, einen hohen Anspruch (vgl. Abb. 1). Sie trägt den Titel *14, Des armes et des mots* (vgl. Abb. 2)[6] und zeigt den ersten Weltkrieg in Dokumentarfilm und Internetpräsentation aus der Perspektive des kleinen Mannes. 2014, pünktlich zum hundertjährigen Gedenken des Beginns des Ersten Weltkriegs, wurde die Dokumentation erstausgestrahlt. Ein weltweites Netzwerk von Historikern unter Leitung von Oliver Janz (Professor an der Freien Universität Berlin), Stéphane Audoin-Rouzeau (*Historial de la Grande Guerre*, Péronne) und Peter Englund (Schwedische Akademie) wirkte an dem Projekt mit, in dem zum ersten Mal der Versuch unternommen wird, mit den Augen einfacher Sol-

---

[6] Die Dokumentation existiert in deutscher und französischer Version. Die deutsche Version trägt den Titel: *14 – Tagebücher des Ersten Weltkriegs*.

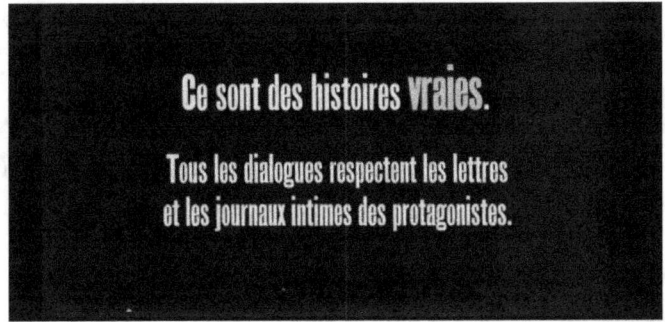

Abb. 1: Der Auftakt der Dokumentation mit ihrem Wahrheitsanspruch
(Peter 2014, Disc 1, Episode 3 „L'angoisse", 00:00:07; © LOOKS Film & TV)[7]

daten oder betroffener Menschen der Zivilbevölkerung einen multiperspektivischen Blick auf den Krieg zu werfen. Eine Filmproduktionsgesellschaft recherchierte und selektierte Unmengen von Material, die Autoren Yury Winterberg, Jan Peter, Maarten van der Duin, Andrew Bampfield, Stephan Falk, Florian Huber schrieben die Drehbücher und Jan Peter, Experte für historische Dokumentationen und Fiktionalisierungen, übernahm die Regie. Die Presse in Deutschland, Frankreich und anderen europäischen Staaten lobte die Produktion, so u.a. der *Focus* mit den Worten: „die Doku-Reihe beweist [...], dass das Fernsehen nicht schrilles Unterhaltungsmedium, sondern nach wie vor grandioses Bildungsinstrument sein kann" (Strobel 2014).

Abb. 2: Titelabbildung
(Peter 2014, Disc 1, Episode 3 „L'angoisse", 00:01:21; © LOOKS Film & TV)

---

[7] Abb. 1-3 : Mit freundlicher Genehmigung von LOOKS Film & TV Produktionen GmbH, Leipzig.

Nach einer Recherche, in der mehr als 1000 Tagebücher und Briefe gesichtet wurden, wählten die Beteiligten 14 Schicksale aus, anhand derer die Ereignisse und die Lebenssituationen zur Zeit des Krieges plastisch dargestellt werden. Da diese 14 Protagonisten aus verschiedenen Nationen stammen, ergibt sich ein multinationaler Blick auf die „Urkatastrophe" des 20. Jahrhunderts. Zu den 14 Protagonisten gehören: ein Amerikaner italienischer Herkunft, der sich freiwillig meldet, mehrere Franzosen (drei Männer, eine Frau, ein Kind) unterschiedlicher Herkunft, drei Deutsche (Käthe Kollwitz, Ernst Jünger und ein Mädchen von 12 Jahren), eine Australierin, die in Leipzig lebt, zwei Engländerinnen (Fabrikarbeiterin und Krankenschwester), ein österreichischer Bauer sowie eine Russin (eine 14-jährige Kosakin). Die Geschichten aus Briefen und Tagebüchern wurden mit Schauspielern in Reenactmentszenen umgesetzt, an die sich Kommentare anschließen, die die Einzelschicksale im Kriegsverlauf situieren und allgemeine Zusammenhänge und Gegebenheiten erklären. Zu den nachgestellten Szenen, die jeweils in Originalsprache gedreht und ggf. untertitelt (Dialoge) oder synchronisiert (innere Monologe) wurden, kommen Originalbilder der Zeit, die den Eindruck von Authentizität nochmal verstärken, meist aber nicht unmittelbar mit den Geschichten zu tun haben. Neben den Informationen, die aus dem Film hervorgehen, gibt es eine umfangreiche Internetpräsentation mit zusätzlichen Informationen zu wichtigen Orten und zur Bedeutung des Kriegs sowie zu den handelnden Personen. So werden die veranschaulichten Ereignisse, die eine Person betreffen, auf einem Zeitstrahl situiert, ergänzend erläutert und z.T. mit Zitaten aus den Dokumenten belegt.

Alles in allem ist dies eine sehr ansprechende und anschauliche Aufbereitung der Dokumente. Und doch kann man sich fragen: Wie steht es um die *Wahrheit* der dargestellten Ereignisse? *Est-ce que ce sont des histoires vraies*, wie es der Auftakt der Dokumentation inszeniert und vorgibt?

Um dies zu untersuchen, widmete ich mich einem der Protagonisten der Dokumentation, Louis Barthas (vgl. Abb. 3).

Louis Barthas (1879-1952), vor dem Krieg einfacher Handwerker (Böttcher), politisch engagiert in der Sozialistischen Partei (SFIO), erlebte fast den gesamten Krieg als Gefreiter und machte sich fortlaufend Notizen zu seinen Erlebnissen an vielen bekannten Kriegsschauplätzen des Ersten Weltkriegs. Mit Hilfe

Abb. 3: Louis Barthas in einer Montage aus Originalfoto und Reenactment-Double (Peter 2014, Disc 1, Episode 3 „L'angoisse", 00:29:20; © LOOKS Film & TV)

dieser Aufzeichnungen erstellte er direkt nach dem Krieg seine Tagebücher, die, erst 1978 veröffentlicht, schnell zu einem Klassiker wurden, da sie die Ereignisse so anschaulich und wahrheitsgetreu (so andere Kriegsveteranen) darstellten.

In den Tagebüchern suchte ich einige seiner verfilmten Geschichten und verglich sie mit der filmischen Umsetzung. Ich fragte also nach Konstruktion und Wahrheit auf der Ebene der Texttreue der Verfilmung – die historische Wahrheit blieb unhinterfragt. Dies führte zu interessanten Ergebnissen, die nun anhand eines Beispiels deutlich werden sollen (Peter 2014, Disc 1, Episode 3: „L'angoisse", 00:28:39-00:29:20; 00:30:06-00:31:38; 00:32:23-00:33:30; 00:41:23-00:42:57). Die Episode besteht aus vier Teilen. Zwischen den ersten drei Teilen werden jeweils Informationen zu Barthas und zu Kriegsdetails gegeben. Zwischen dem dritten und vierten Teil liegt ein größerer Abschnitt, in dem Geschichten anderer Personen erzählt werden.[8]

Die Szene spielt im Juni 1915. Es gibt zwar einen Begleittext im Internet[9], aber kein ausgewiesenes Zitat aus den Tagebüchern von Barthas.

Ein innerer Monolog zu Beginn ist zunächst ein fast wörtliches Zitat (Barthas 2013, 126). Der eher lapidare Satz „Le lieutenant Col nous envoya renforcer la première ligne" aus dem Tagebuch (ebd.) ist wohl Grundlage für eine Szene, in der Barthas von den Schreien seines Vorgesetzten angetrieben nach vorn ge-

---

[8] Der erste Teil der beschriebenen Szene ist auch im Internet zu finden: http://www.14-des-armes-et-des-mots.fr/page/fr/event/149/ (01.09.15).

[9] Vgl. http://www.14-des-armes-et-des-mots.fr/page/fr/event/149/ (01.09.15).

schickt wird. Der nachfolgende innere Monolog („Souffle de la mort") ist als Tagebucheintrag vom Juni 1915 nicht zu finden. Im Text ist kein Hinweis darauf zu finden, dass Barthas – wie im Film – selbst nichts mehr sieht, ebensowenig, wie von einem verlorenen Gewehr die Rede ist, das er suchen solle. Die folgende Szene der Dokumentation mit zwei Soldaten, deren Gesicht verbrannt ist, findet nicht am selben Tag statt, sondern ein paar Tage später (Barthas 2013, 129). Statt einer konkreten Auseinandersetzung vor Ort um den Abtransport von Verletzten wie in der szenischen Umsetzung gibt es die Erwähnung eines allgemeinen Befehls, nach dem die Verletzten wegen zu großer Gefahr nicht ins Hinterland gebracht werden können. Die Aussage, dass Soldaten doch schon tot seien, kommt von einer anderen Person in einem anderen Kontext als in der filmischen Umsetzung. Barthas übernimmt laut seinen Aufzeichnungen keine gezielte Wache bei einem Sterbenden, wie dies im Bild dargestellt wird. Das Ende der Szene (ein Quasi-Toter fordert seine Ration Kaffee ein) ist, abgesehen davon, dass der Hauptmann der Schilderung nach nicht daneben steht, wieder nah an der Tagebuchvorlage.

Diese kleine Geschichte besteht also aus einigen authentischen Elementen, die aber nicht unbedingt der Chronologie folgen, sondern mit relativer Beliebigkeit zusammengefügt wurden. Andere Elemente sind zumindest in diesem Kontext frei erfunden. Wirkliche Zitate sind z.T. die inneren Monologe; die Dialoge wurden größtenteils hinzugefügt. Sie versuchen einerseits Gedanken aus dem Text zu verarbeiten, andererseits aber auch nur, der Szene eine Kontur zu geben.

Es handelt sich also nur bedingt um ein authentisches Dokument. Wenn man erwartet, die konkreten Geschichten im Detail so wiederzufinden, fühlt man sich getäuscht. Letztlich kann man sehen, dass selbst in diesen kurzen Szenen der Wille vorscheint, zu systematisieren und eine logische Komposition zu erschaffen. Zudem lässt sich ein Personeninventar in realer Größenordnung wohl schon aus praktischen Gründen nicht ins Bild setzen, auch würde man als Zuschauer die Beziehung der Handelnden untereinander nicht verstehen. Daran kann man erkennen, dass auch solche Reenactmentszenen filmischen Zwängen unterliegen und eine Wahrheit immer eine konstruierte Wahrheit ist. Das Problem der historischen Wahrheit des Ausgangstextes ist damit – wie gesagt – noch gar nicht thematisiert.

Wie könnte man nun die Dokumentation im Unterricht einsetzen? Die Kompetenzorientierung verlangt als Idealbild ein Problem, was es zu lösen gilt. So müssen die Schülerinnen und Schüler ihr Wissen und Können einsetzen, um zu einem Ergebnis zu gelangen. Im Kontext der Arbeit mit der Dokumentation ist eine größere Problemstellung meines Erachtens sehr gut denkbar.

Die Lernenden könnten mit der Frage *Est-ce que ce sont des histoires vraies ?* konfrontiert werden. Eine komplexe Aufgabenstellung, die sich an eine Einführung in die Dokumentation anschließt, könnte folgendermaßen aussehen:

- Répondez à la question „Est-ce que ce sont des histoires vraies ?" en limitant vos recherches à la scène choisie sur Louis Barthas. Vous prenez alors cette scène comme exemple. Vous avez à votre disposition la scène du film, le livre de Louis Barthas et la présence internet (http://www.14-des-armes-et-des-mots.fr). Regardez d'abord la scène.
- Pour trouver une solution, prenez en compte les questions et réflexions suivantes:
  - Qu'est-ce que les auteurs du film veulent dire avec cette formule des „histoires vraies" ?
  - Qu'est-ce on peut vérifier?

  Considérez seulement la partie vérifiable et projetez un plan détaillé des démarches à faire pour enfin pouvoir répondre.

Ein solcher „Plan" könnte folgende Teilaufgaben enthalten:
- regarder la scène
- situer la scène temporellement (à l'aide du site internet)
- transcrire les textes de la scène
- chercher la partie du livre qui contient cette période (Barthas 2013, 115-143)
- parcourir des yeux le texte du livre (le texte transcrit à côté)
- marquer des phrases identiques du texte transcrit et du livre
- traduire/chercher à comprendre en détail les autres parties
- marquer les phrases qui ont le même contenu
- vérifier la proportion des phrases identiques ou du même contenu
- vérifier la chronologie en comparant les deux textes
- décider de la question de vérité en considérant le travail fait

In einem ersten Schritt finden die Schülerinnen und Schüler Kriterien, woran man Wahrheit hier festmachen kann. Sie legen die Begründung aus dem Vorspann zugrunde (halten sich an Tagebücher und Briefe), die ihnen als Ausgangspunkt dient. Der historische Wahrheitsgehalt der Tagebücher bleibt unhinterfragt, denn nur so kann man letztlich zu Ergebnissen kommen, da die Frage nach einer objektiven Wahrheit im Sinne der Geschichtswissenschaft nicht beantwortet werden kann. Hier kann mit Wahrheit nur die getreue Verfilmung der Textvorlage betrachtet werden.

Dann brauchen die Schülerinnen und Schüler ihre Problemlösekompetenz, um die Schritte festzulegen. Im Folgenden setzen die Schülerinnen und Schüler eine Reihe von Kompetenzen ein, um die Aufgabe lösen zu können: ihr Hörverstehen, um den Wortlaut der Dialoge zu klären (ggf. mit Unterstützung: transkribierter Text mit Lücken, die die Schülerinnen und Schüler ausfüllen), ihre sprachliche Kompetenz des Schreibens im Zusammenhang mit Kenntnissen von Orthographie und Grammatik, um einen kohärenten Text zu erhalten, ihr Leseverstehen im Sinne des selektiven und überfliegenden Lesens, um die identischen Textteile zu erkennen, ihre Lesekompetenz im Sinne des Detailverstehens, um identische Inhalte in verschiedener Form zu erfassen und schließlich auch ihre Urteilskompetenz, indem sie Schlussfolgerungen ziehen und ihre Auffassung begründen.

Wenn die sprachliche Arbeit am Text getan ist, bleibt eine Reihe von Fragen zu klären: Was ist Wahrheit in Bezug auf einen Film, wie ist ein Film konstruiert, was für Zwänge gibt es, hätte der Regisseur auch Ereignisse chronologisch nach den Informationen des Tagebuchs anordnen können? Welche Geschichte wäre dazu geeignet? usw.

Zusammenfassung

Im vorliegenden Beitrag wurde auf zwei Wegen ein Zugang zum Thema Erster Weltkrieg im Französischunterricht gesucht.

Die Frontbriefe bieten einen authentischen Zugang zum Thema, jenseits von fiktionalen Verdichtungen. Die Schülerinnen und Schüler haben es mit einem Medium zu tun, das insofern ‚wahr' ist, als es den Blick eines unmittelbar Beteiligten zeigt, der nicht in erster Linie eine kohärente Geschichte erzählen will.

Diese ‚Wahrheit' in Abgrenzung zum Fiktionalen ist nicht zu verwechseln mit einer objektiven Wahrheit, die es im Sinne der Geschichtswissenschaft nicht geben kann, weil auch ein Augenzeuge die Ereignisse aus einer bestimmten Perspektive und vor einem persönlichen Erfahrungshintergrund wahrnimmt.

Aber durch den fehlenden Zwang, eine geschlossene Geschichte erzählen zu müssen, spielen Details eine Rolle, die in fiktionalen Texten (d.h. auch Spielfilmen) aus Gründen der Kohärenz oder der gebotenen Kürze entfallen müssen. Diese Details bezüglich des Alltags eines Soldaten sind deshalb von Interesse, weil sie ein Einfühlen eher ermöglichen können als die Beschreibung der eigentlichen Kriegshandlungen, die immer eine Distanzierung hervorrufen müssen. Damit können Interesse und Motivation für die weitere Beschäftigung mit dem Thema erzielt werden.

Der zweite Ansatz, der sich einer filmischen Dokumentation bedient, beschreitet einen anderen Weg. Er geht auf Distanz zur Darstellung und fragt nach dem Wahrheitsgehalt des Dargestellten im Sinne der Texttreue der Verfilmung. Die Schülerinnen und Schüler gewinnen durch ihre Analysearbeit einen Einblick in die Konstruktion einer filmischen Szene im Hinblick auf eine literarische Vorlage. Damit stellt eine solche Sequenz in erster Linie einen Beitrag zur Medienerziehung dar, denn es wird deutlich, dass Verfilmungen, auch wenn sie sich recht nah an der Vorlage halten, in gewisser Weise gezwungen sind zu konstruieren und dass selbst Szenen mit Wahrheitsanspruch nur bedingt eine konkrete Wahrheit zeigen. D.h. selbst bei Einhaltung einer ‚gefühlten Wahrheit' in Bezug auf die Vorlage besteht diese nicht in einer vollkommenen Umsetzung eines Textes in Bilder und Sprache u.a. deshalb, weil ein bestimmtes Medium nur bestimmte Mittel zur Verfügung hat.

Diese Erkenntnis fördert den kritischen Blick für die Konstruktion von historischen Ereignissen, wie sie im Fernsehen zahlreich dargeboten werden. Gleichzeitig kann eine solche Sequenz den Ausgangspunkt für die Problematisierung des allgemein konstruktiven Charakters von Geschichtsschreibung bilden, der u.a. an den Dingen, die *nicht* erzählt werden, deutlich wird (vgl. Völkel 2010).

Literaturverzeichnis

ANSORG, Robert-Alexander. 2012. *Dokufiction? Living History? Histotainment? Der Archäologe im Fernsehen zwischen Reenactment und Computeranimation.* Hamburg: Diplomica.

BARBUSSE, Henri. 1937. *Lettres de Henri Barbusse à sa femme 1914-1917.* Bibebook. Online unter www.bibebook.com (01.09.15).

BARTHAS, Louis. 2013 [1978]. *Les carnets de guerre de Louis Barthas, tonnelier, 1914-1918.* Paris: La Découverte.

BREDELLA, Lothar. 2009. „Die zentrale Bedeutung von Inhalten für Bildungsziele, Lernstrategien und Kompetenzen", in: Bausch, Karl-Richard & Burwitz-Melzer, Eva & Königs, Frank G. & Krumm, Hans-Jürgen. edd. *Fremdsprachenunterricht im Spannungsfeld von Inhaltsorientierung und Kompetenzbestimmung.* Tübingen: Narr, 25-33.

DÖRR, Margarete. 1981. „Geschichtsdidaktik in der Bundesrepublik Deutschland – Neuere Entwicklungen, gegenwärtige Positionen und offene Fragen", in: Twellmann, Walter. ed. *Handbuch Schule und Unterricht.* Bd. 5.1. Düsseldorf: Schwann, 429-446.

DUCLOS, Jacques & FRÉVILLE, Jean. 1946. *Henri Barbusse.* Paris: Éditions sociales.

LEUPOLD, Eynar. 2010. *Französisch lehren und lernen. Das Grundlagenbuch.* Seelze: Klett/Kallmeyer.

MILESTONE, Lewis. 1930. *Im Westen nichts Neues.* DVD.

PETER, Jan. 2014. *14, des armes et des mots.* Arte Éditions / Looks Film und TV Produktionen. 3 DVDs.

SCHNEIDER, Michael. 2014. „Realer Krieg, mentaler Krieg, erinnerter Krieg: Drei Dimensionen der *Grande Guerre* im Französischunterricht", in: *Französisch heute*, 45/2, 64-71.

SURKAMP, Carola. 2009. „Spielfilme im Unterricht. Aktives Erleben statt passivem Konsum". In: Sohns, Jan-Arne & Utikal, Rüdiger. edd. *Popkultur trifft Schule.* Weinheim und Basel: Beltz, 178-198.

SURKAMP, Carola & ZIETHE, Katja. 2010. „Perspektivierte Bilder von Wirklichkeit in *Bowling for Columbine*: Welche Geschichten erzählen Dokumentarfilme und wie gehen wir damit im Unterricht um?" In: Hecke, Carola & Surkamp, Carola edd. *Bilder im Fremdsprachenunterricht: Neue Ansätze, Kompetenzen und Methoden.* Tübingen: Narr, 362-382.

STROBEL, Beate. 2014. „100 Jahre Erster Weltkrieg: Geschichten von Tapferkeit, Traum und Tod", in: Focus, 29.4.2014; http://www.focus.de/kultur/kino_tv/focus-fernsehclub/tagebuecher-des-ersten-weltkriegs-arte-tv-kolumne-tagebuecher-des-1-weltkriegs_id_3807630.html (01.09.15).

VÖLKEL, Bärbel. 2002. *Wie kann man Geschichte lehren? Die Bedeutung des Konstruktivismus für die Geschichtsdidaktik.* Schwalbach/Ts: Wochenschauverlag.

VÖLKEL, Bärbel. 2010. „Der diskrete Charme der nicht erzählten Geschichte(n)", in: Berhardt, Markus et al. edd. *Bilder – Wahrnehmungen – Konstruktionen. Reflexionen über Geschichte und historisches Lernen. Bedeutung des Konstruktivismus für die Geschichtsdidaktik.* Schwalbach/Ts: Wochenschauverlag, 204-215.

http://www.14-des-armes-et-des-mots.fr/ (01.09.15).

http://www.14-des-armes-et-des-mots.fr/page/fr/event/149/ (01.09.15).

„Poèmes de la paix et de la guerre" (1913-1916) – Apollinaires *Calligrammes* im Französischunterricht der Oberstufe

Martina Bender

> „Il connaissait le moteur de l'étoile …"
> Tristan Tzara

Im Juli 1916 gewährt Guillaume Apollinaire dem Dichter und Begründer der avantgardistischen Zeitschrift *Sons Idées Couleurs* (SIC) Pierre Albert-Birot[1] ein Interview. Auf die Frage, ob und in welcher Weise der Krieg eine Auswirkung auf die Avantgarde-Bewegungen haben würde, antwortet er mit der bestätigenden Feststellung: „Oui la guerre doit modifier ces mouvements et les aiguiller vers plus de perfection. [...] On ne fera plus de littérature désintéressée [sic!]." Namentlich die Literatur sieht er also in der Pflicht zum Bekenntnis. Sie habe Größe und Würde kommender Generationen zu inspirieren, indem sie – „en rappelant les expériences de la guerre" – ein Hohelied auf Heldentum und Patriotismus singt: „Quoi de plus beau du reste que de chanter les héros et la grandeur de la patrie." Schließlich sei es ihre Aufgabe, den Regierenden die Notwendigkeit militärischer Stärke zur Verteidigung Frankreichs und damit nicht zuletzt der Freiheit der Künste stets vor Augen zu führen.[2]

Angesichts der verheerenden Zerstörungen und des massenhaften Sterbens mag das enthusiastische Pathos dieses Appells für den heutigen Leser zunächst ebenso befremdlich wirken wie die offenkundige Faszination, die der Dichter den „merveilles" des an anderer Stelle der Gedichtsammlung *Calligrammes* als „jolie" apostrophierten Krieges[3] abgewinnt. Es kann auch nur spekuliert werden, ob Apollinaire, der wenige Tage vor der Unterzeichnung des Waffenstillstand-

---

[1] Pierre-Albert Birot. 1980. „Les tendances nouvelles. Interview avec Guillaume Apollinaire", in *SIC* 8, août/septembre/octobre 1916, 58f. Paris.

[2] „[...] quoi de plus noble qu'en rappelant les expériences de la guerre forcer les gouvernants à ne jamais oublier que nous devons être forts si nous voulons exercer librement les arts de la paix et nous élever dans ces arts.", Pierre-Albert Birot 1980, 58. Zitiert nach: Rehage 2003, 96.

[3] „Ah Dieu ! que la guerre est jolie": Eingangszeile des Gedichts „L'adieu du cavalier", Apollinaire 1966 [1925], 117.

abkommens starb, mit etwas größerem Abstand zu den Ereignissen die geistige Revolte der unmittelbar nachfolgenden Generation der *surréalistes* unterstützt und sich somit radikal und konsequent vom als bürgerlich-dekadent gescholtenen Gesellschafts- und Wertesystem losgesagt hätte. Immerhin gebrauchte er den Terminus, indem er sein 1917 uraufgeführtes Drama *Les mamelles de Tirésias* als ‚sur-réaliste' apostrophierte.[4] Sein unmittelbarer Reflex auf den ersten Weltkrieg wird allerdings (noch) von anderen mentalen und kulturellen Koordinaten begrenzt und offenbart damit eine zeitgenössisch dominierende Facette des französischen Blicks auf den Schock der historischen Urkatastrophe des 20. Jahrhunderts.

Die „Poèmes de la paix et de la guerre", wie Apollinaire seine *Calligrammes* untertitelt, im Französisch-Unterricht zu erkunden, kann also problematisch sein, ist ihnen doch eine Tendenz zur positiven Mythisierung des Krieges nicht abzusprechen. Andererseits fordern sie gerade dadurch zur Differenzierung der Perspektiven heraus und eröffnen die Möglichkeit interkultureller Wahrnehmung. Damit begründet Jürgen Grimm sein Plädoyer für ihre Aufnahme in den schulischen (und auch universitären) Lektürekanon, das er mit einer exemplarischen Analyse des Gedichts „Guerre" überzeugend untermauert (Grimm 1992, 312-315). Seine Überlegungen führen zu dem Befund, dass sich Apollinaires Reaktion auf den Krieg aus dem historischen Zeitgeist ebenso speist wie aus persönlichem Erleben, dabei aber immer in erster Linie das Resultat einer dichterischen Verarbeitung ist.

Insofern erweist sich der Erste Weltkrieg als durchaus determinativ für die weitere Ausbildung der ästhetischen Positionen des Dichters. Dabei manifestiert sich *la guerre*, die nunmehr lebensweltlich real gewordene Metapher für den Kampf zwischen Altem und Neuem, gleichermaßen als Katalysator wie als verdichteter Ausdruck der über Jahre vollzogenen Genese seines *esprit d'avantgarde*.

---

[4] Erstmals verwendet er das Wort *sur-réalisme* zur Kennzeichnung der avanciert multimedialen Qualität des Balletts *Parade* (1917), das in der Zusammenarbeit von Erik Satie, Jean Cocteau, Pablo Picaso und Léonide Massine für Djagilews *Ballets russes* entstanden war. Die begriffliche Fassung von ‚sur-réaliste' im Sinne einer Ästhetik des phantastisch Wunderbaren (‚le merveilleux') ist bereits in seinem 1908 in der Zeitschrift *La Phalange* veröffentlichte Prosagedicht „Onirocritique" zu erkennen.

Apollinaires „Poèmes de la paix et de la guerre" im Französischunterricht   147

1. Anmerkungen zu lebens- und werkgeschichtlichen Kontexten

Die Nachricht vom Ausbruch des Ersten Weltkrieges erreichte Apollinaire in Deauville, wo er sich in Begleitung des Dichters und Zeichners André Rouveyre aufhielt, um für die Zeitschrift *Comœdia* eine unterhaltsame Chronik der aktuellen Saison des mondänen Seebades zu verfassen.

Die umgehend beschlossene Rückkehr nach Paris unternahmen die beiden Freunde in einem kleinen Auto der Marke Renault, das als Inbegriff dynamischer Modernität seinen Zweck als schnelles Transportmittel ungeachtet einiger technischer Tücken wohl erfüllte. Vor allem aber fand „La petite auto" eine literarische Bestimmung als Titel und zentrales Motiv des ersten jener *Calligrammes*, in denen Apollinaire das Kriegsgeschehen explizit thematisierte (Abb. 1).

In erzählendem Gestus wird die zeitliche Spanne der Reise von der Abfahrt – „je partis de Deauville un peu avant minuit" – bis zur Ankunft in Paris am folgenden Tag – „au moment où l'on affichait la mobilisation" – evoziert. Damit ist ein Bezugsrahmen gegeben, innerhalb dessen sich eine darüber liegende symbolische Aussageebene entfaltet, die den Abschied von einer zu Ende gegangenen Epoche – „nous dîmes adieu à toute une époque" – mit dem von Bildern kriegerischer Gewalt begleiteten Eintritt in ein „univers nouveau" assoziiert.

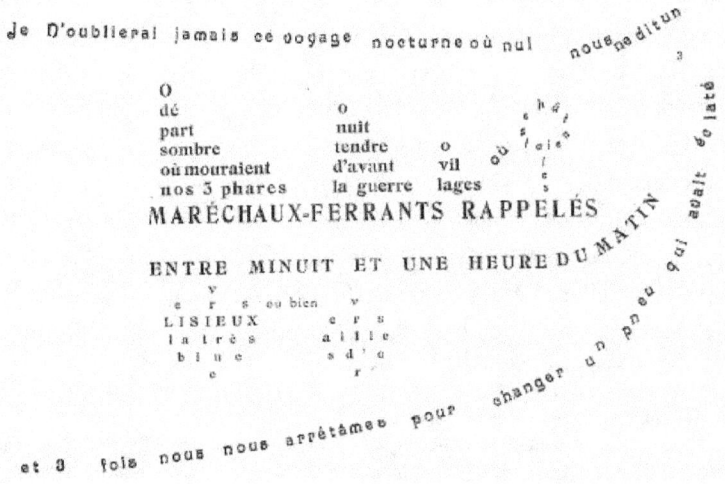

Abb. 1: „La petite auto" (in: Debon 2008, 119)

Diesem in der letzten Zeile euphorisch als „Neugeburt"[5] stilisierten Vorgang verleiht Apollinaire neben der historischen gewiss auch eine poetologische Dimension, die auf seiner Überzeugung beruht, dass die existenzielle Erschütterung des Krieges eine grundlegende Erneuerung der dichterischen Sprache notwendig und möglich mache. In diesem Sinne beschließt er beispielsweise den vorletzten Text der Sammlung mit den Worten:

> La Victoire avant tout sera
>
> De bien voir au loin
>
> De tout voir
>
> De près
>
> Et que tout ait un nom nouveau[6]

In der Zusammenführung seiner verschiedenen Sinnschichten nimmt das Gedicht „La petite auto", mit dem der „Étendards" überschriebene zweite Teil der *Calligrammes* eröffnet wird, durchaus eine programmatische Schlüsselstellung ein. Das Gedicht mit dieser funktionalen Zuschreibung im Unterricht einzusetzen, erscheint auch deshalb sinnvoll, da Apollinaire es in zwei Versionen erschaffen hat. So steht parallel zur typografisch konventionellen Textform auch deren Urfassung in Gestalt eines „Idéogramme lyrique".[7] Dabei kommt dem Verfahren, Schriftzeichen als graphische Elemente einer figürlichen Bildkomposition einzusetzen, zweifellos mehr als eine nur illustrative Funktion zu. Vielmehr bietet es dem Innovationsstreben des Dichters – „adapter l'intuition lyrique à la vie moderne"[8] – das sich vor allem in der poetologischen Leitidee der simultan-kontrastiven Bildassoziationen („contrastes simultanés") fassen lässt, eine adäquate Ausdrucksmöglichkeit. So werden die *Calligrammes* zu einer visuellen Erfahrung, die mit der Aufhebung der Grenzen zwischen Poesie und Malerei eine essenziell intermediale Dimension dichterischen Gestaltens eröffnet und im Prinzip der Simultaneität des Gegensätzlichen letztlich auch dem Unsagbaren, den Schrecken des Krieges, eine ästhetische Form verleiht: „[...] la parole fra-

---

[5] „Nous venions cependant de naître", Apollinaire 1966 [1925], 69.
[6] „La victoire", Apollinaire 1966 [1925], 182.
[7] Neologismus, der in seiner Bildung die Bezeichnungen ‚calligraphie' und ‚idéogramme' zusammenführt. „Lettre-océan", Apollinaires erster Text dieser Art, erschien 1912 in seiner im selben Jahr gegründeten Zeitschrift *Les soirées de Paris*.
[8] Zitiert nach Debon 2008, 60.

cassée de *Calligrammes* n'exprime pas en rythmes heureux l'horreur d'une histoire désarticulée, d'une humanité désarticulée, elle désarticule le poème, proposant l'image immédiate d'un monde fracassé." (Quesnel 1996, 102)

Es ist anzunehmen, dass Apollinaire mehrere Beweggründe veranlassten, sich freiwillig zum Dienst an der Front zu melden. Mit dem Ausbruch des Krieges waren die meisten seiner journalistischen Einnahmequellen versiegt, und sicher fühlte auch er sich vom suggestiven Strom patriotischer Begeisterung erfasst. Zudem eröffnete ihm der Eintritt in eine völlig neue Lebensrealität die Aussicht, die wiederholt durchlebten persönlichen Frustrationen scheiternder Liebesbeziehungen zu kompensieren. Einen ganz manifesten Ertrag versprach er sich schließlich in der Erwartung, als Angehöriger der Armee einer möglichen Ausweisung als Staatenloser zu entgehen und die französische Staatsbürgerschaft zu erlangen, was ihm auf Grund seiner polnisch-italienischen Wurzeln[9] bis dato nicht gewährt worden war.

Als er am 16. März 1916 die offizielle Benachrichtigung von seiner Naturalisation erhielt, befand er sich, inzwischen in den Rang eines *sous-lieutenant provisoire* der Infanterie aufgestiegen, an einer vorderen Frontlinie in der Champagne, wo er nur wenige Tage später, von Granatsplittern getroffen, eine schwere Kopfverletzung erlitt.

Von nun an nicht mehr unmittelbar am Kampfgeschehen beteiligt, da auch trotz intensiver chirurgischer Behandlung nie völlig genesen, verbrachte er die folgenden Kriegsjahre vorwiegend in Paris. Weiterhin im militärischen Dienst stehend, besetzte er hier verschiedene Posten im Zensur- und Pressebereich. Mit der Wiederaufnahme seiner vielfältigen journalistischen und schriftstellerischen Aktivitäten fand er sich zudem erneut in die Rolle eines *chef de file* der literarisch-künstlerischen Avantgarde[10] ein.

Den Weg dorthin hatte er bereits kurz nach der Jahrhundertwende eingeschlagen, als er sich in großer finanzieller Bedrängnis und mit zunächst kaum nen-

---

[9] Er wurde als unehelicher Sohn einer polnischen Adligen und des italienischen Offiziers Francesco Flugi d'Aspermont 1880 in Rom geboren.
[10] So hielt er am 26. November 1917 auf der Bühne des *Vieux Colombier* den programmatischen Vortrag „L'Esprit nouveau et les poètes", der als ein Manifest der poetischen Avantgarde gilt und in dem er für den Film als „populäre Kunst par excellence" und eine neue „Synthese der Künste" plädiert.

nenswerter Resonanz als Literat in der Hauptstadt zu etablieren suchte. Wenig lukrative Gelegenheitsbeschäftigungen, das Intermezzo als Hauslehrer in Deutschland sowie anschließende Reisen durch Mitteleuropa und nach London standen vor dem erhofften Erfolg. Dieser stellte sich endlich ein, nachdem Apollinaire ab 1905 Eingang in die zeitgenössische Künstler- und Literatenszene gefunden hatte. Im Kontakt mit Malern wie Derain, Vlaminck, Dufy, Matisse, Picasso und Braque, sowie in der Verbindung zu den Schriftstellern Alfred Jarry, Blaise Cendrars und Max Jacob entwickelte er ästhetische Positionen, die ihn alsbald als einen überzeugten Vertreter der *avant-garde* auswiesen. Steter intellektueller Austausch, journalistische Aktivitäten als Chronist, Kritiker und Herausgeber[11], das literarische Schaffen als Dichter[12] und Erzähler[13] und nicht zuletzt die stürmische Liebesbeziehung zur Malerin Marie Laurencin[14] prägten das folgende Jahrzehnt.

Als er im Frühjahr 1913 seine *Méditations esthétiques* veröffentlichte, galt er bereits als „défenseur de la peinture nouvelle", der mit kunstkritischem Sachverstand und polemischer Begabung als Fürsprecher der *Fauves*[15] in Erscheinung getreten war und vor allem dem Kubismus zum Durchbruch verhalf. Zudem prägte er die Bezeichnung ‚Orphisme' für die von Robert Delaunay initiierte Maltechnik des auf dynamischem Farbklang basierenden Simultankontrastes.[16]

---

[11] 1905 Gründung der ephemeren Zeitschrift *La Revue immoraliste* (gemeinsam mit Henri Delormel); Mitarbeit an Paul Forts Zeitschrift *Vers et Prose* (1905-1914), in der Symbolisten, Parnassiens und Futuristen publizierten; 1908 Vorträge im *Salon des Indépendants* („La poésie symboliste").

[12] 1911 *Le Bestiaire ou Cortège d'Orphée*, epigrammatische Sammlung, illustriert von Raoul Dufy; 1913 *Alcools*, Gedichte aus den Jahren 1898-1912.

[13] 1908 Kurzroman *L'Enchanteur pourrissant* (1909 mit Holzschnitten von André Derain); 1910 Erzählband *L'Hérésiarque et Cie.*

[14] Der Bruch der Beziehung im Jahr 1911 und seine fast zeitgleiche Inhaftierung im Zusammenhang mit der Affäre um den Diebstahl der *Joconde* stürzten ihn in eine tiefe Krise.

[15] *Die Wilden*: Aus Anlass der Ausstellung ihrer Werke im *Salon d'Automne* von 1905 geprägte Bezeichnung für eine Gruppe an sich sehr unterschiedlicher Maler, deren gemeinsames Anliegen in der Überwindung des Neoimpressionismus bestand. Anstoß erregten u.a. die expressive Farbigkeit und der heftige, flächige Pinselstrich ihrer Bildkompositionen, in denen sie zudem auf jegliche Raumillusion verzichteten.

[16] „Delaunay croyait que si vraiment une couleur simple conditionne sa couleur complémentaire, elle ne la détermine pas en brisant la lumière, mais en suscitant à la fois toutes les couleurs du prisme. Cette tendance, on peut l'appeler l'orphisme. […]", Apollinaire 1960, 355.

2. Didaktische Ansätze[17]

Um dieses komplexe Themenfeld zu erschließen, bietet sich die fächerübergreifende Zusammenarbeit mit dem Kunstunterricht an. Als deren stofflicher Ausgangspunkt empfiehlt sich zunächst eine Einführung in den für Apollinaires Schaffen so bedeutsamen Kontext der unmittelbaren Vorkriegszeit, da in der brodelnden Stimmung des ‚Tanzes auf dem Vulkan' auch die spannungsreiche Pluralität der avantgardistischen Strömungen auf einen Höhepunkt gelangte. In diesem Zusammenhang wäre ein Seitenblick auf die Explosion des Futurismus angezeigt, dessen Technik und Dynamik feiernde „brutalité moderne" auch er zelebrierte, ohne jedoch den militant-ideologischen Implikationen der Manifeste Marinettis[18] kritiklos zu folgen[19]. Ebenso denkbar erscheint ein vom Musikunterricht flankierter Verweis auf die mit der Pariser Uraufführung des *Sacre du Printemps* markierte musikästhetische Revolution, zu der Strawinsky mit der motorischen Rhythmik und expressiven Klanglichkeit seiner Komposition entscheidend beitrug.

Des Weiteren könnten die Schülerinnen und Schüler über die biografische Erkundung der freundschaftlichen Beziehungen, die Apollinaire als deren Gesprächspartner und Kritiker zu zahlreichen Künstlern unterhielt, auch ihr kunsthistorisches Wissen erweitern. Allein der Blick auf die stilistische Vielfalt der Portraits des Dichters liefert dafür ausreichend Stoff und lässt sogar einen künst-

---

[17] Die Überlegungen werden im Anhang thematisch gebündelt und durch entsprechende methodische Vorschläge konkretisiert.

[18] Filippo Tommaso Marinetti (1876-1944) verfasste Ende 1908 das Gründungsmanifest des Futurismus, das im Februar 1909 im Pariser *Le Figaro* veröffentlicht wurde und mit einem „Technischen Manifest der futuristischen Literatur" (1912) und dem Text „Zerstörung der Syntax – Drahtlose Phantasie – Befreite Worte" (1913) speziell auf die Literatur bezogene Ergänzungen erfuhr. Kennzeichen dieser avantgardistischen Strömung waren der provokante Bruch mit jeglicher Tradition und der emphatische Glaube an eine von technischer Modernität und rauschhafter Geschwindigkeit getragene Zukunft. Verwegenheit und Liebe zur Gefahr verliehen dem Futurismus einen aggressiven Grundton, der, philosophisch gestützt von Ideen Nietzsches und Schopenhauers, die politische Instrumentalisierung der Strömung begünstigte. Im ästhetisch-künstlerischen Bereich galten die Prinzipien von Dynamik und Simultaneität, womit die Schnelligkeit von Bewegung sowie die gleichzeitige Durchdringung verschiedener Wahrnehmungsbereiche darstellbar wurden.

[19] Am 29. Juni 1913 veröffentlichte er unter dem Titel *L'antitradition futuriste* seinerseits ein „manifeste-synthèse", in dem er unter dem Spannungsbogen von „Destruction" und „Construction" die Stichwörter seiner eigenen Ästhetik der „mots en liberté" skizzierte.

lerischen Reflex der persönlichen Konsequenzen, die Apollinaire infolge seines Fronteinsatzes zu tragen hatte, erkennen.

In Frage kommen hier z.B. das von magischer Poesie getragene Gemälde *La muse inspirant le poète (Portrait de Marie Laurencin et Guillaume Apollinaire* von Henri Rousseau (1909)[20] oder Jean Metzingers kubistisch stilisierte *Etude pour le portrait de Guillaume Apollinaire* (1911)[21]. Picasso thematisiert in seinem *Portrait de Guillaume Apollinaire de profil, la tête bandée* (1916)[22] die Kopfverwundung des Dichters. Rätselhaft erscheint hingegen de Chiricos im Stil der *pittura metafisica*[23] geschaffenes Gemälde des „homme cible" (1912)[24], dem Apollinaire selbst bekanntlich den mythologisierenden Wert eines „Portrait prémonitoire" zuschrieb.

Von der prononcierten Aussage „Moi aussi je suis peintre"[25] angeregt, sollten schließlich auch wesentliche Aspekte der Ästhetik Apollinaires betrachtet werden. Seine Poetik in ihrem dialogischen Bezug zur Kunst zu erschließen, bietet sich ein Blick auf den ersten Teil der *Calligrammes* an, der unter dem Titel „Ondes" eine Reihe noch vor dem Krieg entstandener Texte umfasst.

Hier finden sich Beispiele, die Prinzipien von Simultaneität und kubistischer Segmentierung besonders klar erkennen lassen. So etwa das Gedicht „Les fenêtres", das mit seinem berühmten Eingangsvers „Du rouge au vert tout le jaune se meurt ..." als ein Reflex auf Delaunays im Jahr 1912 geschaffene Serie

---

[20] http://maisonarts.forumgratuit.org/t165-ecrivains-poetes-peintres-en-peinture-sculpture-photos (01.09.15).
[21] https://en.wikipedia.org/wiki/File:Jean_Metzinger,_1911,_Etude_pour_le_portrait_de_ Guillaume_Apollinaire,_Mine_graphite_sur_papier_verg%C3%A9_rose,_48_x_31.2_cm, _Mus%C3%A9e_national_d%27Art_moderne,_Centre_Georges_Pompidou,_Paris.jpg (01.09.15).
[22] http://www.museepicassoparis.fr/en/pablo-picasso/reperes-chronologiques/ (01.09.15)
[23] *Metaphysische Malerei*: eine von dem italienischen Maler Giorgio de Chirico (1888-1978) um 1910 entwickelte Malweise, die mit der Verfremdung von natürlichen Perspektiven, Proportionen, Farben und Lichtrelationen dem Bild eine unwirklich geheimnisvolle Atmosphäre verleiht, die einen (Denk)raum für die nicht sichtbare, transzendente, allein im Geistigen liegende Wirklichkeit bieten soll.
[24] https://www.centrepompidou.fr/cpv/resource/cazbyy/rG9zK4 (01.09.15).
[25] So sollte der Titel einer geplanten, allerdings nicht realisierten kolorierten Ausgabe der ersten fünf im Juli 1914 in *Soirées de Paris* veröffentlichten „poèmes-dessins" lauten.

der *Fenêtres simultanées sur la ville*[26] gelesen werden kann, da auch Apollinaire dem Prinzip dynamischer Relationen von Farbe, Licht und Raum folgt. Die sprachliche und poetologische Charakteristik der Texte freizulegen, kann einen ersten Schwerpunkt bilden. Davon ausgehend sollte ein weiterer Ansatz in ihrer Nutzung als Ausgangsmaterial kreativer Sprachtätigkeit bestehen, wie es das Gedicht „Lundi rue Christine" nahelegt. Als „poème-conversation"[27] konzeptionell an Collagetechniken des synthetischen Kubismus angelehnt, könnte es auf der Basis der Analyse seiner von alltagsweltlicher Mündlichkeit inspirierten „mots en liberté" unterschiedliche Formate performativen Sprachhandelns initiieren.

3. Der Dichter im Krieg – der Krieg in der Dichtung: Thematische und didaktische Überlegungen zu *Calligrammes*

Apollinaire begegnet dem Krieg als Soldat und als Dichter. In *Calligrammes* verbinden sich diese beiden Perspektiven, so dass der Anspruch des ‚témoignage' in dokumentarischer Faktizität und literarischem Gestaltungswillen gleichermaßen zum Ausdruck kommt. Damit werden die Texte zu einem Zeugnis von hochgradig subjektiver Authentizität. Mit ihrer den Übergang von Tradition zu radikaler Modernität markierenden Ästhetik geben sie darüber hinaus Aufschluss über den im weitesten Sinne politisch-kulturellen Erfahrungshorizont ihres Schöpfers und seiner Zeit.

Mit diesen Prämissen erscheint es nur legitim, die *Calligrammes* im Fremdsprachenunterricht einzusetzen, soll es doch auch darum gehen, die Kenntnis (fremd)kultureller Kontexte – und deren historische Begründung – zu entwickeln, um auf dieser Basis zu einem interkulturell dimensionierten Verständnis zu gelangen. Apollinaires Haltungen als die eines Franzosen zu verstehen, bedeutet im konkreten Fall zunächst die Einsicht, dass seinem ‚Patriotismus' eine dezidiert anti-deutsche Militanz zugrunde liegen muss. Wenn diese Einstellung in erster Linie dem Opferbereitschaft und Heroismus beschwörenden politischen

---

[26] Vgl. z.B. das Gemälde *Les fenêtres simultanées* [2ᵉ motif, 1ʳᵉ partie]: http://www.guggenheim.org/new-york/collections/collection-online/artwork/1023 (01.09.15)

[27] „ […] où le poète au centre de la vie enregistre en quelque sorte le lyrisme ambiant", Apollinaire 1991, 976.

Zeitgeist und vielleicht auch dem persönlich motivierten Streben nach Assimilation geschuldet ist, spielt die namentlich unter Künstlern und Intellektuellen verbreitete Überzeugung von der legitimen Überlegenheit des auf den tradierten Werten von Humanismus und Aufklärung gründenden Zivilisationsmodells sicher ebenfalls eine wichtige Rolle.

Auf alle Fälle ergibt sich die Herausforderung, diese konfrontative historische Konstellation in ihrem Entstehungskontext angemessen kritisch und objektiv zu erfassen und damit auch einen Erklärungsansatz für die bis heute erkennbar asymmetrische Wichtung des Ersten Weltkrieges im nationalen Gedächtnis Frankreichs und Deutschlands zu finden. Gleiches gilt für die bereits angedeutete Problematik der in einigen Texten Apollinaires aufscheinenden Glorifizierung des Krieges, die mitnichten weder als Ausdruck eines durchweg unreflektierten Militarismus, noch als das Oberflächenphänomen eines spielerischen Reflexes auf futuristische Zertrümmerungspostulate einzuordnen ist.

Angesichts der inhaltlichen Heterogenität und Vielschichtigkeit, ihrer ästhetischen (und sprachlichen) Komplexität sind sicherlich nicht alle *Calligrammes* im Unterricht verwendbar. Insofern kommt der auf das jeweilige Ziel orientierten Auswahl einzelner Texte oder Textpassagen große Bedeutung zu. Einige thematische Ansätze, die sie leiten können, sollen skizziert werden:

> Me voici devant tous un homme plein de sens
> Connaissant la vie et de la mort ce qu'un vivant peut connaître …

So beginnt das Gedicht „La jolie rousse", mit dem Apollinaire den Zyklus der *Calligrammes* enden lässt. Der bekennende Impetus der Eingangszeilen erschließt sich sofort. Bei weiterer Lektüre stellt sich vielleicht sogar eine Assoziation zu François Villons testamentarischer „Ballade des pendus" ein. Denn auch hier wird um Milde und Nachsicht für begangene Irrtümer und Sünden gebeten (Apollinaire 1925/1966, 183-184):

> Soyez indulgents quand vous nous comparez
> À ceux qui furent la perfection de l'ordre …
> Pitié pour nos erreurs pitié pour nos péchés …
> Mais riez riez de moi
> Hommes de partout surtout gens d'ici …
> Ayez pitié de moi.

Es scheint die individuelle Lebensbilanz eines jener in den Krieg gezogenen „aventuriers" zu sein, welche „immer an den Grenzen kämpfen des Unbegrenzten und der Zukunft".[28] Sie umfasst das Resümee all dessen, was „un homme seul" in der komplexen Totalität des Seins im Spannungsfeld von Leben und Tod erfährt und bewirkt. Das lyrische Ich ruft dazu ein ganzes Bündel existenzieller Erfahrungsbereiche auf: ‚amours', ‚idées', ‚langages', ‚voyages' und schließlich „la guerre ... l'effroyable lutte ... cette longue querelle de la tradition et de l'invention / De l'Ordre et de l'Aventure" (Apollinaire 1925/1966, 183).

Damit empfiehlt sich der Text als Zugang zur komplizierten Persönlichkeit und Problematik des Dichters. Mit der Evokation konkret-lebensweltlicher Motive bietet er zunächst die Anregung zu weitergehender Erkundung biografischer Zusammenhänge, die die Schülerinnen und Schüler auf der Grundlage von geeigneten Sekundärquellen eigenständig unternehmen könnten, etwa um wesentliche Lebensstationen Apollinaires – Herkunft, Jugend, Reisen etc. – nachzuzeichnen oder um eine Vorstellung von seiner inneren Gefühlswelt zu gewinnen. Dabei würden sie z.B. auch in Erfahrung bringen, dass für „la jolie rousse" im wahren Leben Jacqueline Kolb steht, die im Mai 1918 seine Ehefrau wird.

Es liegt in der Natur einer Sammlung von „poèmes de la guerre", dass die Sicht auf den Krieg ein zentrales Motiv bildet. Damit sind die *Calligrammes* zwar keinesfalls als Kriegsbericht oder Kriegstagebuch aufzufassen; gleichwohl bieten mehrere der Gedichte sehr präzise Informationen über den Frontalltag, der etwa in der Phase des zermürbenden Stellungskrieges hauptsächlich aus Warten bestand und die Soldaten nach alternativen Möglichkeiten des Zeitvertreibs suchen ließ. Dazu gehörte neben der Erkundung von Natur und Umgebung auch die Verarbeitung leer geschossener Patronenhülsen, die als Rohstoff für die Anfertigung von Schmuckringen dienten. Sogar über das Procedere dieses ‚artisanat des tranchées' geben die Texte Auskunft, wenn es zum Beispiel am Ende des Poems „Oracles" heißt: „Avec un fil on prend la mesure du doigt" (Apollinaire 1925/1966, 92).

---

[28] „ ... qui combattons toujours aux frontières / de l'illimité et de l'avenir ...", Apollinaire 1966 [1925], 184.

Auch für Apollinaires Beteiligung am unmittelbaren Kampfgeschehen finden sich Anhaltspunkte. Sie beziehen sich auf den Tag der *mobilisation* („La petite auto") und führen über die Phase der Ausbildung zum *canonnier-conducteur* („Nîmes"), die Stationierung als *maréchal de logis* hinter der Front, bis zum Einsatz an vorderster Linie, wo er das Grauen des Giftgaskrieges erfuhr und am 17. März 1916 von Granatsplittern am Kopf getroffen wurde.

So könnten inhaltlich orientierte Aufgabenstellungen auf die ‚Entschlüsselung' von in den Texten enthaltenen Angaben zu den Existenzbedingungen der Frontsoldaten gerichtet sein. Im Einzelnen betrachtet oder im chronologischen Verlauf der Ereignisse über die Sammlung hinweg verfolgt, wäre aus den gewonnenen Informationen ein plastisches Bild von den Kriegserfahrungen Apollinaires herzustellen. Die Möglichkeiten der sprachpraktischen Realisierung sind vielfältig; in Abhängigkeit von der jeweiligen inhaltlichen und didaktischen Zielstellung reichen sie von der semantischen Erschließung kriegsterminologischer Lexik, über die Erweiterung und Umformung des Materials bis zur Produktion eigener Texte.

In welcher Weise Apollinaire den Krieg aus seiner Perspektive als tätiger Schriftsteller erlebte und empfand, sollte nicht zuletzt im Hinblick auf die Werkgeschichte der *Calligrammes* einen weiteren thematischen Fokus bilden. In dieser Hinsicht weisen die Entstehungsbedingungen des „Case d'armons"[29] überschriebenen Teils der Sammlung die Besonderheit auf, bereits im Juni 1915 an der Front (25. Batterie, 38. Artillerieregiment) publiziert worden zu sein: „achevé à la batterie de tir, devant l'ennemi".

Als Vorlage der Matrize für die 25 im Verfahren des Gelatinedrucks hergestellten Exemplare (vgl. Abb. 2) diente die von den *maréchaux des logis* Bodard und Berthier handschriftlich auf kariertem Papier gefertigte Abschrift der originalen Texte (vgl. Abb. 3).

---

[29] *case d'armons*: „Dans une batterie d'artillerie, la voiture-caisson, chargée de fournir en munitions la voiture-canon, comporte deux cases d'armons, situées à l'avant, près du timon ..." (Livre du gradé d'artillerie, Librairie militaire Berger-Levrault, édition pour 1913-1914). Zitiert nach Debon 1988, 6.

 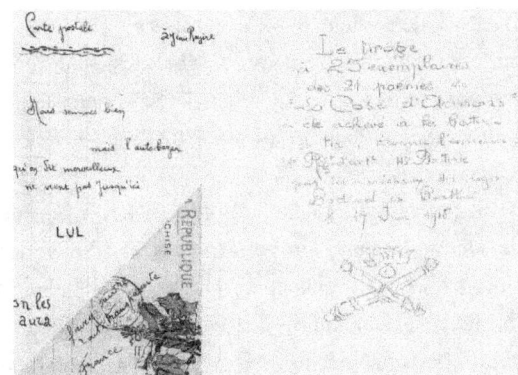

Abb. 2: Case d'Armons (page de titre). Debon 2008, 153.   Abb. 3: Case d'Armons (carte postale). Debon 2008, 165.

Aufschluss über Anlässe, Verlauf und materielle Schwierigkeiten der Produktion weiterer Texte gibt Apollinaires Korrespondenz. Zudem nutzte er die Briefe als Medium, um seine Gedichte zu notieren und angesichts stets drohender physischer Vernichtung auch zu bewahren. Die Tatsache, dass der Dichter die Mehrzahl der an der Front verfassten *Calligrammes* seinen Geliebten Louise de Colligny-Châtillon und Madeleine Pagès (einige Texte sogar beiden) nicht nur widmete, sondern mit der Post zusandte, machte ihre spätere Erstveröffentlichung im *Mercure de France* überhaupt nur möglich.

Über diese pragmatische Konsequenz hinaus entscheidend ist aber, dass viele der „poèmes de la guerre" auch als tiefgehend melancholische Liebesgedichte zu lesen sind. Eindrücklich zeigt sich dies z.B. in der Schlichtheit des Fünfzeilers „Le départ", den Apollinaire im November 1915 an Madeleine schickte, oder in der abschließenden Strophe eines jener Gedichte, in denen „Simultanéités" – so sein Titel – als Motiv und poetologisches Prinzip in besonders sinnfälliger Weise zusammenfallen (Apollinaire 1925/1966, 153):

> O phare-fleur mes souvenirs
> Les cheveux noirs de Madeleine
> Les atroces lueurs des tirs
> Ajoutent leur clarté soudaine
> A tes beaux yeux ô Madeleine

Die Möglichkeiten, die *Calligrammes* als Ausweis dichterischer Innovationskraft zu kennzeichnen, sind inhaltlich und methodisch vielfältig. Kognitivanalytische und empirische Zugänge können dabei einander sinnvoll ergänzen, sollten aber in jedem Fall die ästhetische Erfahrung des Dialogs zwischen den Künsten einbeziehen.

Insofern liegt es nahe, Apollinaires Konzept der *contrastes simultanés* über dessen Verbindung zur zeitgenössischen Malerei auf die Spur zu kommen, um es in seiner textimmanenten Umsetzung letztlich besser zu verstehen. Die performative Nachahmung der *poèmes-conversations* fokussiert eine analoge methodische Strategie, mit der das eigene Sprachhandeln der Schüler als ästhetische Kompetenz gleichzeitig zur Voraussetzung wie zum Ergebnis der poetologischen Erschließung der Texte wird.

Andere in diese Richtung weisende Ansätze können entwickelt werden, um die genuin intermediale Dynamik der *Calligrammes* zu erfassen. Von der Annahme ausgehend, dass bereits in der Beschaffenheit des Materials als Text-Bild-Kombination ein besonderer didaktischer Anreiz zur komplementären Zusammenschau liegt – ein Bild lesen, im Text ein Bild sehen – sind verschiedene Formen und Stufen der Bearbeitung denkbar. Sie reichen von der Variation und Erweiterung der vorhandenen Bilder, über den Entwurf von *Calligrammes* zu Gedichten, von denen nur eine ‚klassische' Textversion existiert, bis hin zu deren freier Produktion in unterschiedlichen Formaten und Medien.

4. Nachklang

Am Ende sollte jedoch unbedingt Gelegenheit sein, die Texte in ihrer reinsten sprachlichen Gestalt zu lesen, um die aus ihrer Schlichtheit erwachsende poetische Kraft und emotionale Tiefe als das Resultat ästhetischer Gestaltung zur Wirkung kommen zu lassen. Dafür kann das Bild der ihrer Hoffnung und Zukunft beraubten Kanoniere stehen, die das wahre Gesicht des Krieges kennen und deren „Exercice" im Leben darin besteht, die Askese des Todes vorweg zu nehmen (Apollinaire 1925/1966, 140):

Vers un village de l'arrière
S'en allaient quatre bombardiers
Ils étaient couverts de poussière
Depuis la tête jusqu'aux pieds

Ils regardaient la vaste plaine
En parlant entre eux du passé
Et ne se retournaient qu'à peine
Quand un obus avait toussé

Tous quatre de la classe seize
Parlaient d'antan non d'avenir
Ainsi se prolongeait l'ascèse
Qui les exerçait à mourir

Apollinaire widmete die „Poèmes de la Paix et de la Guerre" seinem gefallenen Schulkameraden René Dalize, „mort au champ d'honneur le 7 mai 1917".

Literaturverzeichnis

APOLLINAIRE, Guillaume. 1966 [1925]. *Calligrammes. Poèmes de la paix et de la guerre (1913-1916)*. Préface de Michel Butor. Paris: Gallimard.

APOLLINAIRE, Guillaume. 1960. *Chroniques d'art. 1902-1918*. Textes réunis avec préface et notes par L.-C. Breunig. Paris: Gallimard.

APOLLINAIRE, Guillaume. 1991. *Œuvres en prose complètes II «Bibliothèque de la Pléiade»*. Textes établis et annotés par Pierre Caizergues et Michel Décaudin. Paris: Gallimard.

BECKER, Annette. 2014. *La Grande Guerrre d'Apollinaire. Un poète combattant*. Paris: Tallandier.

BOSCHETTI, Anna. 2001. *La poésie partout. Apollinaire, homme-époque (1898-1918)*. Paris: Seuil.

COMPAGNON, Antoine. 2014. *La Grande Guerre des écrivains. D'Apollinaire à Zweig*. Textes choisis et présentés par Antoine Compagnon. Paris: Gallimard.

DECAUDIN, Michel. 2002. *Apollinaire*. Paris: Librairie Générale Française.

DECAUDIN, Michel & LEUWERS, Daniel. 1996. *De Zola à Guillaume Apollinaire. 1869-1920*. Paris: Flammarion, 319-327.

DEBON, Claude.1988. *Apollinaire. Glossaire des œuvres complètes*. Paris: Publications de la Sorbonne Nouvelle Paris III.

DEBON, Claude. 2004. *Claude Debon commente Calligrammes de Guillaume Apollinaire*. Paris: Gallimard.

DEBON, Claude. 2008. *Calligrammes dans tous ses états. Édition critique du recueil de Guillaume Apollinaire*. Paris: Calliopées.

FREMEAUX, France-Marie. 2012. *Ecrivains dans la Grande Guerre. De Guillaume Apollinaire à Stefan Zweig*. Paris: Express Roularta.

GRIMM, Jürgen. 1992. „Kriegsbewältigung bei Guillaume Apollinaire. Für eine Erweiterung des Lektürekanons in der Gymnasialen Oberstufe", in Dorion, Gilles & Meißner, Franz-Joseph & Riesz, János & Wielandt, Ulf. *Le Français aujourd'hui une langue à comprendre. Französisch heute. Mélanges offerts à Jürgen Olbert*. Frankfurt/M.: Diesterweg, 312-320.

MARTIN, Claude. ed. 1994. *Correspondance Jules Romains / Guillaume Apollinaire*. Paris: Jean-Michel Place.

QUAST, Antje. 1994. *Das Neue und die Revolte. Schlüsselbegriffe der Avantgarde bei Guillaume Apollinaire und Carl Einstein*. Bonn: Romanistischer Verlag.

QUESNEL, Michel. 1996. *La création poétique. Thèmes et langage dans la poésie française du XVIe à nos jours*. Paris: Armand Colin.

REHAGE, Georg Philipp. 2003. *„Wo sind Worte für das Erleben". Die lyrische Darstellung des Ersten Weltkrieges in der französischen und deutschen Avantgarde (G. Apollinaire, J. Cocteau, A. Stramm, W. Klemm)*. Heidelberg: Winter.

RICHTER, Mario. 2014. *Apollinaire. Le renouvellement de l'écriture poétique du XXe siècle*. Paris: Classiques Garnier.

Apollinaires „Poèmes de la paix et de la guerre" im Französischunterricht   161

Propositions d'ordre thématique et didactique; quelques pistes méthodiques

I – „La petite auto"

L'utilisation du poème est justifiée par un double objectif. D'abord, les élèves peuvent l'explorer comme source thématique pour récapituler comment Apollinaire évoque le jour précédant l'éclatement de la Première Guerre mondiale et l'appel à la mobilisation. De même ils peuvent expérimenter l'effet des différents ordres de sa lecture. Outre sa forme conventionnelle et son état transposé en „idéogramme lyrique", il se trouve une adaptation vidéoclip du calligramme dans une version des "Poèmes de la paix et de la guerre" sur internet (https://www.youtube.com/watch?v=L7CNslM2qvw).

On pourrait proposer des tâches comme :

- Lisez le poème dans ses différents états et observez l'effet imposé par la disposition iconique des mots.
- Résumez comment les deux amis ont vécu le jour de la mobilisation.

II – L'homme et la guerre

Il s'agit de mettre en lumière les contextes historiques et biographiques indispensables pour mieux comprendre les attitudes politiques du poète qui l'ont conduit à s'engager comme volontaire dans l'armée française. A partir d'une lecture du poème „La jolie rousse", dans lequel le "je" du poète se trouve sur le point de résumer sa destinée, les élèves pourraient déterminer les critères (jeunesse, études, voyages, amours etc.) qui guideront leurs recherches biographiques. Afin de comprendre l'enthousiasme guerrier et patriotique d'Apollinaire, l'enseignant propose des réflexions sur la mentalité et l'état d'esprit de la plupart des intellectuels et artistes français (et allemands) à l'époque. Les tâches suivantes pourraient être envisagées :

- Esquissez un tableau chronologique des moments essentiels marquant la vie d'Apollinaire. (sources indiquées par l'enseignant)
- Mettez en évidence la situation militaire au printemps 1916, notamment dans le secteur du front de l'Est où Apollinaire était stationné.
- Trouvez dans les *Calligrammes* intitulés „Carte postale" „Guerre", „Oracles", „SP." et „L'adieu du Cavalier" des indices révélant le quotidien des soldats qui se trouvaient en première ligne.

III – L'élaboration des *Calligrammes*

Afin de s'informer sur les circonstances et conditions matérielles de la genèse des Calligrammes, il est recommandé de consulter l'édition critique des *Calligrammes dans tous ses états* de Claude Debon. Elle comprend une riche documentation et la reproduction photographique des premiers manuscrits de chaque poème, ce qui permet aux élèves de récapituler les étapes de l'élaboration des textes et devrait les inciter à produire eux-mêmes des calligrammes.

- Etudiez et récapitulez le processus de la production du calligramme [...]. Présentez les résultats de vos recherches devant la classe.
- Dessinez un calligramme correspondant au texte du poème [...]. Avant de commencer votre travail artistique, formulez son contenu dans un petit résumé en prose narrative.

IV – Paris en 1913. L'esprit d'avant-garde

Une fois mis en évidence le rôle d'Apollinaire dans la vie littéraire et artistique parisienne à la veille de la Grande Guerre, un petit tour d'horizon des différents courants d'avant-garde permettra de contextualiser l'évolution de sa poétique. De plus, il convient de caractériser notamment les aspirations du futurisme et du cubisme en tant que mouvements qui prônent leur détachement des conventions sociales et culturelles. Pour compléter le panorama, le scandale autour de la création du *Sacre du printemps* mérite l'attention.

Pistes de recherche:

- Commentez les orientations esthétiques et idéologiques du futurisme que vous reconnaissez dans les paragraphes 1,2,3,4,9 du *Manifeste du futurisme*, publié directement en français dans le *Figaro* du 20 février 1909 par l'italien Filippo Tommaso Marinetti. (source indiquée par l'enseignant)
- Cherchez des informations concernant les réactions de la critique et du public parisiens à la création de la composition *Le Sacre du printemps* du russe Igor Stravinski. (en coopération avec l'enseignant de musique)
- Regardez le portrait d'Apollinaire, vu par le peintre Jean Metzinger [voir note 21 ci-dessus]. Mettez vos observations sur le style pictural du cubisme en relation avec les idées respectives que le poète développe dans ses chroniques de „La peinture moderne" (1913). (source: Apollinaire 1960, 351-357)

V– Simultanéité et cubisme : „Lundi rue Christine"

Il s'agit de montrer comment – en analogie à la peinture moderne – les principes poétologiques de la simultanéité, de la fragmentation et du collage se reflètent dans le „poème-conversation". En se fondant sur le poème „Lundi rue Christine" les élèves prennent en compte le principe discursif du jeu de construction/déconstruction sémantique et syntaxique à partir duquel Apollinaire crée une ambiance communicative tout à la fois continue et disloquée.

Le travail s'effectuera en petits groupes qui pourraient coopérer en adoptant les démarches suivantes :

- Observez l'organisation discursive du poème „Lundi rue Christine" et décrivez l'atmosphère qui en résulte.

- Dans une deuxième phase, partagez le texte en unités sémantiques que vous lirez ensuite d'une manière continuelle et à plusieurs voix.
- Maintenant, en rompant l'ordre et les contraintes de la composition du texte, formez en d'autres séquences discursives qui seront prononcées par chaque groupe simultanément et à haute voix dans la salle de classe où tous les élèves déambulent librement.
- Inventez et simulez des situations communicatives similaires à celle de la « rue Christine » qui pourraient se produire aux endroits de rencontres publiques (à la gare, au café, au marché etc.).

VI – „Exercice"

Le texte vaut autant par sa portée éthique que par sa qualité poétique. Le poète y dépeint l'image à la fois réelle et métaphorique de quatre jeunes soldats mourant prématurément dans l'exercice de l'ascèse qu'ils pratiquent, sans avenir devant la mort, en ne parlant que de leur passé. La lecture analytique du poème doit donner accès à une réflexion approfondie sur les conséquences traumatisantes qu'entraîne l'horreur de la guerre pour les individus.

Une deuxième voie d'interprétation peut interroger les moyens poétiques qui créent l'atmosphère mélancolique des trois quatrains et mettre en avant leur charge émotionnelle.

« Moi, mon colon, cell' que j'préfère,
C'est la guerr' de quatorz'-dix-huit ! »
Esquisse d'une approche didactique à la chanson
La guerre de 14-18 de Georges Brassens

Cordula Neis

Préliminaires

Parler de la guerre peut paraître un sujet difficile à aborder en classe. Face à la multiplicité des conflits actuels qui suscitent une sensation d'impuissance totale de l'individu, on risque d'être confronté à une manifestation de passivité de la part des élèves. De plus, les guerres déclenchées par l'humanité tout au long de l'Histoire semblent témoigner d'un esprit belliqueux de l'homme tout en favorisant sa conception hobbesienne d'un loup pour l'homme.

Certainement, les grands thèmes de la *global education* figurent tous dans les *curriculums* des langues étrangères des *Länder* respectifs en Allemagne aussi bien que sur le *Cadre européen de référence pour les langues* (CECR). Et c'est avec justesse qu'on exige de la part de l'élève le développement d'une conscience politique et sociale qui, dans certains cas, peut préluder à un engagement plus profond. Le traitement d'un sujet aussi déprimant que celui de la guerre peut être facilité grâce à l'usage de chansons politiques qui en font l'objet de leur critique, parfois même de leur dédain.

1.   *La guerre de 14-18* de Georges Brassens

Cette communication envisage une approche didactique de la chanson *La guerre de 14-18* de Georges Brassens, sans doute un *cheval de bataille* parmi les chefs-d'œuvre des grands classiques de la chanson française, et qui avait grandement fait scandale chez les anciens combattants. Pour ceux-ci, la chanson de Brassens représentait une trahison de l'identité nationale, un acte honteux face aux immenses sacrifices qu'ils avaient fait dans cette guerre.

Dans le cadre de notre approche didactique, il s'agira d'élucider l'attitude de Brassens envers la guerre en général et, plus particulièrement, envers celle de

14-18, d'intégrer ces réflexions dans un cadre interdisciplinaire qui respectera les composantes linguistiques, historiques et musicales de la chanson, pour finalement exploiter la pluralité des niveaux offerts par la chanson pour des travaux en classe.

Parmi ces travaux en classe figureront, à titre d'exemple, l'analyse de quelques mots-clés relatifs à la guerre, la récapitulation de quelques points de repère de l'interprétation de *La guerre de 14-18* dans une perspective interculturelle, un bref aperçu de la biographie de Brassens, une vie intimement liée à l'expérience dévastatrice de la Seconde Guerre mondiale et finalement une discussion consacrée à la justification de la guerre ou à l'abnégation de sa légitimité.

Avant de procéder à son analyse, je voudrais d'abord présenter cette chanson de 1962, apparue en pleine guerre d'Algérie, chanson qui provoqua tant de polémique:

La guerre de 14-18

Depuis que l'homme écrit l'Histoire
Depuis qu'il bataille à cœur joie
Entre mille et une guerr' notoires
Si j'étais t'nu de faire un choix
A l'encontre du vieil Homère
Je déclarerais tout de suite:
« Moi, mon colon, cell' que j'préfère,
C'est la guerr' de quatorz'-dix-huit! »

Est-ce à dire que je méprise
Les nobles guerres de jadis
Que je m'soucie comm' d'un'cerise
De celle de soixante-dix ?
Au contrair', je la révère
Et lui donne un satisfecit
Mais, mon colon, celle que j'préfère
C'est la guerr' de quatorz'-dix-huit

Je sais que les guerriers de Sparte
Plantaient pas leurs épées dans l'eau
Que les grognards de Bonaparte
Ne tiraient pas leur poudre aux moineaux
Leurs faits d'armes sont légendaires
Au garde-à-vous, je les félicite
Mais, mon colon, celle que j'préfère
C'est la guerr' de quatorz'-dix-huit

Bien sûr, celle de l'an quarante
Ne m'as pas tout à fait déçu
Elle fut longue et massacrante
Et je ne crache pas dessus
Mais à mon sens, elle ne vaut guère
Guèr' plus qu'un premier accessit
Moi, mon colon, celle que j'préfère
C'est la guerr' de quatorz'-dix-huit

Mon but n'est pas de chercher noise
Au guérillas, non, fichtre, non
Guerres saintes, guerres sournoises
Qui n'osent pas dire leur nom,
Chacune a quelque chos' pour plaire
Chacune a son petit mérite
Mais, mon colon, celle que j'préfère
C'est la guerr' de quatorz'-dix-huit

Du fond de son sac à malices
Mars va sans doute, à l'occasion,
En sortir une, un vrai délice
Qui me fera grosse impression
En attendant je persévère
A dir' que ma guerr' favorite
Cell', mon colon, que j'voudrais faire
C'est la guerr' de quatorz'-dix-huit

(Brassens 1993, 228-229)

2. Analyse musicale de la chanson *La guerre de 14-18*

A la première écoute, cette chanson crée une étrange tension entre la gravité du sujet traité et l'esprit vif, serein et gai de la musique qui l'accompagne. Avant d'analyser le texte, la musique vaut bien la peine de quelques remarques générales. La partition de la chanson s'avère ici révélatrice.

Le choix de la tonalité en ré majeur s'adapte bien au sujet de la chanson puisque depuis l'époque du baroque, elle est utilisée pour exprimer des chants de guerre. Marc-Antoine Charpentier (1643-1704), le compositeur du fameux *Te Deum*, la caractérise brièvement dans ses *Règles de composition* (1692) [Ms. Paris, Bibl. Nat. nouv.acq.fr.6355-6356] comme « Joyeaux et tres Guerier ». Ce jugement est d'ailleurs partagé par bon nombre de compositeurs et de poètes tels que l'Allemand Christian Friedrich Daniel Schubart (1739-1791) qui écrit dans son traité *Ideen zu einer Ästhetik der Tonkunst* (Wien 1806 [1784/85]):

> Der Ton des Triumphes, des Hallelujas, des Kriegsgeschrey's, des Siegsjubels. Daher setzt man die einladenden Symphonien, die Märsche, Festtagsgesänge, und himmelaufjauchzenden Chöre in diesen Ton.
>
> (Schubart [1784/85] 1806, 379)

Wolfgang Amadeus Mozart (1756-1791), dans sa comédie musicale *Così fan tutte*, fait aussi usage de la tonalité de ré majeur pour introduire sous forme de marche le chœur des soldats *Bella vita militar* (Acte I, No 8.). La marche militaire en ré majeur, nous la connaissons également de la plume de Franz Schubert (1797-1828) qui est l'auteur d'une fabuleuse pièce de piano pour quatre mains : le *Militärmarsch* in D-Dur (op. 51/1. D 733/1) !

Brassens, à son tour, opte également pour une marche à l'allure vive dont le prélude (cf. Annexe, Fig. 1) s'inspire de la musique militaire, notamment caractérisée par des sonneries de cor et de clairon. Ces sonneries guerrières sont modelées par l'intervalle d'une quarte qui est reprise et répétée par les deux guitares, créant un effet d'échos. De cette façon, Brassens-musicien imite les échos des fanfares qui sonnent sur le champ de bataille pour inspirer du courage aussi bien que pour servir de système de communication pour les troupes à grande distance. L'ouverture aux fanfares donne le ton de la scène : Brassens chante d'une humeur gaie, avec allégresse, et d'un ton railleur.

En dépit de la glorieuse histoire des grandes guerres de l'humanité et de celles menées par la France, l'instrumentation de la chanson apparaît sobre, mais efficace. Deux guitares et une contrebasse suffisent à Brassens pour soutenir sa chronologie belliqueuse. Cette sobriété de l'instrumentation est volontaire. Laissons la parole à l'artiste lui-même :

> Je tiens mes musiques pour valables dans la mesure où elles servent les paroles que je chante. Et elles sont là justement pour les soutenir un peu, pour les scander ; elles sont là pour les faire danser un petit peu, pour faire un peu danser les mots. Uniquement pour ça. Je pourrais, en me grattant un peu, faire des musiques plus « musicales ». Mais je n'y tiens pas, justement. Je tiens à donner cette espèce d'apparente monotonie, ce côté un peu incantatoire.
>
> (Rochard 2005, 171)

L'apparente sobriété de l'accompagnement est sans doute apte à soutenir la voix narrative du poète qui s'inscrit, ce faisant, dans la tradition des rhapsodes grecs. « D'abord les paroles, puis la musique », pourrait-on dire, tout en inversant la célèbre maxime mozartienne : *Prima la musica, poi le parole*.

3. Analyse du contenu de la chanson *La guerre de 14-18*

La guerre de 14-18 fait sans doute partie des chansons qui représentent le mieux le style de Brassens, son individualisme flagrant et sa prédilection pour l'ironie et les histoires macabres (cf. Wierichs 1975, 239). Si la musique adopte un ton serein et enjoué, le texte s'y oppose par une chronologie terrifiante des plus grandes atrocités dont le genre humain soit capable. Brassens en fait la liste comme s'il s'agissait d'un jeu d'enfants. L'histoire consisterait, selon lui, dans l'énumération de guerres vénérables. L'esprit belliqueux de l'homme est présenté comme une constante anthropologique. La guerre figurerait parmi les plus grands plaisirs de l'homme qui « bataille à cœur joie ». On peut y voir aussi une allusion à l'enthousiasme fervent que la déclaration de la guerre et la mobilisation des soldats français et d'outre-Rhin avait suscité en ces jours d'août en 1914, jours, qui marquèrent le début d'une guerre dont personne ne pouvait imaginer ni la durée ni les sacrifices.

S'il fallait choisir « Entre mille et une guerr' notoires », même le « vieil Homère » et la guerre de Troie devraient céder leur place à celle de 14-18. L'histoire des guerres est présentée comme s'il s'agissait des *Histoires des Mille et*

Une Nuits, comme si l'on avait affaire à un pays magique, de rêves. En réalité, jamais guerre n'aura été si violente que celle de 14-18 avec ses batailles qui étaient plutôt des sièges en rase campagne, avec cette forme de dépersonnalisation de la guerre où l'on ignorait qui on tuait et par qui l'on était tué (cf. Audoin-Rouzeau 2003, 39). Le champ de bataille était infiniment plus vaste que pendant la période des guerres de cabinet aux XVIIe et XVIIIe siècles qui tenaient à épargner la population civile et à localiser les conflits sur une étendue quelque peu limitée. Cette conception quasi ludique et baroque de la guerre fut d'ailleurs dénoncée par le célèbre théoricien de la guerre, Carl von Clausewitz (1780-1831), comme de simples *guerres en forme*. A son avis, les soldats des guerres de cabinet ressemblaient plutôt à des soldats de plombs qui obéissaient au caprice de leur roi souverain. Celui-ci concevait la guerre comme une espèce de jeu stratégique (cf. Stephan 1998, 158).

La monstrueuse tuerie, le carnage de 14-18 introduisit pour la première fois la mort de masse anonyme dans l'histoire militaire. Jamais guerre n'aura vu de pareille « brutalisation des hommes par le combat » (Audoin-Rouzeau 2003, 43). En fait, la ténacité des combattants nous semble tout à fait inexplicable.

La pseudo-morale de l'histoire de Brassens consiste dans un refrain grotesque qui termine toutes les six strophes de la chanson et qui apparaît sous forme légèrement variée dans la dernière : Avec zèle, le narrateur, s'il devait élire la guerre la plus belle, déclarerait toute de suite :

Moi, mon colon, cell' que j'préfère,
C'est la guerr' de quatorz'-dix-huit !

Obéissant, comme un brave soldat, il consentirait en hochant la tête en signe d'approbation aux plus grandes absurdités du monde telles que la classification des guerres selon leur beauté. Ce refrain qui rumine la pseudo-morale de l'histoire, énoncé par le brave soldat, sert à structurer la totalité de la chanson aussi bien qu'à mettre cette devise dans la tête de l'auditeur : Nulle guerre n'est comparable à celle de 14-18. A la fin de la chanson, le refrain atteint l'apogée du cynisme quand le narrateur déclare que lui-même participerait de bon cœur à cette guerre :

Cell', mon colon, que j'voudrais faire
C'est la guerr' de quatorz'-dix-huit!

Le refrain témoigne en plus de la prédilection de Brassens pour l'ambigu et le sous-entendu. Ainsi, le mot *colon* est volontairement choisi juste à cause de sa polysémie : Premièrement, le mot *colon* pourrait être conçu comme un raccourci du mot *colonel* qui désigne un « Officier supérieur des armées de terre et de l'air commandant un régiment » (cf. ORTOLANG, Centre National de Ressources Textuelles et Lexicales, CNRS, ATILF). Un second emploi du mot renvoie à un usage ironique et quelque peu familier: « P. anal. et souvent iron. Personne qui exerce un commandement, qui fait preuve d'autorité » (cf. ORTOLANG, Centre National de Ressources Textuelles et Lexicales, CNRS, ATILF). Ce double-sens, à la fois familier et ironique, s'intègre bien dans la conception critique de Brassens visant l'armée aussi bien que toute forme d'autorité. Un troisième sens de *colon* fait référence à l'actualité politique de la chanson. Écrite en 1962, en pleine guerre d'Algérie, le mot *colon* renvoie également aux grands propriétaires européens (cf. Elsenhans 1974, 111) qui, en vrais *colonisateurs*, avaient exproprié les propriétaires fonciers musulmans tout en suscitant ainsi une vague de *patriotisme rural* qui fut de majeure importance pour le déclenchement du conflit (cf. Elsenhans 1974, 91).

C'est grâce à la référence au mot *colon* que Brassens réussit à susciter une sensation d'actualité déplorable face à la guerre qui s'oppose à la longue série des « nobles guerres de jadis ». En effet, Brassens chante la louange des « nobles guerres de jadis » en décernant des prix et en classifiant la guerre de soixante-dix comme digne d'un « satisfecit ». Il s'amuse à se jouer de toutes les autorités quelles qu'elles soient, soit l'école ou l'armée. Notre chansonnier-poète, qui, de son propre aveu, a depuis toujours détesté les autorités de tout genre s'autorise lui-même à faire ce classement grotesque des guerres – quel acte d'usurpation d'autorité !

La troisième strophe commence par un coup de chapeau à la vaillance et à l'austérité des Spartiates qui ne « [p]lantaient pas leurs épées dans l'eau », ce qui veut dire qu'ils étaient des combattants très efficaces. Même les « grognards de Bonaparte » étaient des sabreurs sérieux qui « [n]e tiraient pas leur poudre aux moineaux ». Pour cela, ils sont également dignes des félicitations du narrateur.

Quoique notre chansonnier-poète ait personnellement traversé la guerre « de l'an quarante », c'est-à-dire la Deuxième Guerre Mondiale, il la qualifie de quelque peu décevante, ce qui lui vaut juste « un premier accessit », une approbation de la part du jury qui néanmoins décerne, en dernière instance, la palme à la Grande Guerre avec sa force dévastatrice inouïe, des ravages et des destructions sur le sol français de dimension jusqu'alors inconnue. Reste à mentionner les « guerres sournoises », les guerres clandestines, celles des guérillas qui se battent sans loi ni uniforme, celle des partisans, toutes jugées moins dignes de révérence que les autres guerres officielles de la « patrie reconnaissante ». Dans la dernière strophe, la guerre est assimilée à un jeu. Maintes guerres seraient issues d'un caprice de Mars, dieu de la Guerre, qui aurait sorti de son « sac à malices » la Grande Guerre, celle qui ne cesse de hanter notre chansonnier-poète.

Cette chanson, bien singulière par son ironie et son caractère macabre, riche en allusions historiques et mythologiques, a valu pas mal de déboires à son créateur. L'amertume de son ironie échappait aux anciens combattants qui le forçaient à se justifier et à se défendre:

> Cette fameuse chanson qui m'a valu tant d'inimitiés auprès des anciens combattants, *La guerre de 14-18*, c'était une manière comme une autre de dire que je n'aimais pas tellement la guerre. Enfin je n'avais pas d'autre ambition que de dire cela. J'ai essayé de n'insulter personne. Je sais très bien que la plupart des anciens combattants y sont allés presque à contrecœur. La guerre, c'est embêtant quand on la fait, mais, une fois qu'on l'a faite, pour peu qu'on l'ait gagnée ou qu'on croie l'avoir gagnée, on est content de l'avoir faite, de s'en être sorti.
>
> (Rochard 2005, 116)

Pour les anciens combattants, l'ironie de Brassens semble plutôt mal placée en face d'une guerre ressentie comme 'unique' et profondément ancrée dans la mémoire collective. Comme la Grande Guerre a été un événement fondateur du vingtième siècle qui, en France, est devenu le symbole d'un sacrifice immense de toute la population et surtout des soldats qui ont laissé leur vie dans l'enfer des champs de bataille, même les arrière-petits-enfants ont gardé la coutume d'honorer ceux qui y participèrent (cf. Becker 2014, 120). En même temps, cette guerre figure parmi les guerres les plus glorieuses de l'histoire de France et l'ampleur du sacrifice n'en est certainement pas la moindre raison. Face à la commémoration de la Grande Guerre, la chanson de Georges Brassens apparaît comme une atteinte à la mémoire nationale, un acte honteux qui offense les sentiments des soldats et de leurs enfants qui ont dû concevoir la Grande Guerre comme un sacrifice national comparable à un acte presque religieux.

4. Personnalité et attitudes de Georges Brassens

La fameuse chanson *La guerre de 14-18* est un exemple très représentatif de la pensée de Georges Brassens. Le Sétois, né en 1921 et mort en 1981, justifie son attitude de pacifisme militant avec une prédisposition héréditaire qui l'aurait penché du côté du refus de l'ordre et de la discipline :

> Je suis devenu antimilitariste parce que dès l'enfance, très jeune déjà, j'ai détesté la discipline, j'ai eu horreur de recevoir des ordres, et j'ai eu horreur d'en donner aussi. J'ai eu horreur de me soumettre. Alors, j'étais obligé de rencontrer l'antimilitarisme.
>
> (Rochard 2005, 114)

Ayant quitté la Méditerranée à 18 ans pour gagner Paris afin de devenir poète, Brassens traversa les débuts de la guerre dans la capitale où il fut réquisitionné en 1943 par les autorités du gouvernement de Vichy pour le STO, le Service du travail obligatoire en Allemagne, qui le mena à Basdorf, près de Berlin, dans les usines de BMW. Il profita d'une permission pour regagner Paris en 1944 où il se cacha chez des amis jusqu'à la fin de la guerre. A Paris, il mena une vie de bohème à la Murger. Il fréquenta les bibliothèques où il s'enrichit, en autodidacte accompli, d'une connaissance de la littérature française étonnante. Chez ses amis Jeanne et Marcel (l'Auvergnat de la légendaire chanson), il vécut dans la plus grande pauvreté avec un véritable zoo autour de lui qu'il décrira plus tard comme l'Arche de Noé (Rochard 2005, 33). Il mena une vie en marge de la société. Sans travail, il passa toutes les années de la guerre « le nez plongé dans les livres » (ibid., 42). Retiré dans sa tour d'ivoire, il s'enfuit dans le monde de la poésie et de la chanson. C'est ainsi qu'il confesse : « J'ai toujours été très étranger à la réalité » (ibid., 114). Sa façon de vivre en marge de la société et son refus des conventions bourgeoises le poussèrent vers la philosophie anarchiste qui correspondait bien à sa nature (ibid., 105) :

> La morale anarchiste est celle qui était la plus proche de ce que je croyais : un goût de la liberté, un refus de l'autoritarisme, un refus de l'armée (enfin l'autoritarisme, c'est l'armée !), un refus de la loi, le besoin de l'homme de gérer ses affaires lui-même, pour les corps de métier de gérer leurs affaires eux-mêmes. Quand je me suis aperçu que ces idées me convenaient, j'en suis resté là.
>
> (Rochard 2005, 104-105)

Pour Brassens, l'armée est l'incarnation de l'autoritarisme ; les armes représentent une atteinte à la liberté individuelle et à la dignité de l'homme tandis que l'anarchie, ce serait « le respect des autres » (ibid., 104).

Connaissant Brassens, il paraît quelque peu surprenant que les anciens combattants aient tellement malentendu son message lancé par *La guerre de 14-18*.

5. Quelques idées pour des travaux en classe

Une chanson comme *La guerre de 14-18* offre, il est bien clair, une multiplicité d'approches didactiques à plusieurs niveaux. Comme cette chanson se caractérise par un langage poétique très élevé, par des allusions mythologiques, historiques et politiques d'une indéniable complexité et finalement par une ironie amère pas toujours facile à comprendre, son traitement en classe présuppose une connaissance approfondie de la langue française de la part des élèves. Ceux-ci devront, au moins, avoir étudié la langue française pendant quatre ans. La majorité des tâches que nous proposons est surtout apte pour la *Oberstufe*, à l'exception de quelques tâches servant plutôt à l'introduction du sujet (cf. lecture et compréhension de texte, invention d'un acrostiche, description musicale de la chanson, dessin des impressions suscitées par la première écoute de la chanson). Les élèves devront, en outre, avoir déjà traité la Grande Guerre en cours d'histoire et disposer de connaissances générales sur le déclenchement et le déroulement du conflit, le rôle des différentes nations qui y participèrent, les bases de l'antagonisme franco-allemand et la naissance du nationalisme en Europe.

Généralement, pour traiter des chansons en classe, on peut choisir entre une approche musicale ou une approche textuelle. A première vue, l'approche musicale semble plus prometteuse quand il s'agit d'une chanson accompagnée d'un grand orchestre avec des effets pompeux et avec différentes tâches accomplies par différents instruments.

Dans notre cas, en dépit de l'apparente sobriété de la musique, je plaiderais néanmoins en faveur d'une approche musicale pour faciliter l'accès à la chanson et à son message.

5.1 L'approche musicale

Pour commencer le travail en classe sur la chanson, je propose une écoute juste du prélude de la chanson, c'est-à-dire les échos des guitares accompagnés de la contrebasse imitant les fanfares du champ de bataille (fig. 1) :

Fig. 1 : Brassens, *La guerre de 14-18* : Prélude
(http://lymoc.pagesperso-orange.fr/partitions.html)

Pour profiter des effets synesthésiques entre musique et peinture, on pourrait demander aux élèves de dessiner leurs impressions avant de chercher de les décrire. Après avoir fait une exposition des esquisses de quelques volontaires, esquisses qui seront commentées en classe, les élèves seront priés de décrire leur première impression. Tout en profitant de l'aspect émotionnel que nous offre l'approche musicale, on pourrait ensuite leur demander quel est l'effet produit par l'écoute de ce prélude. Cette discussion offrira également la possibilité de formuler des hypothèses sur le contenu de la chanson, dont on ne connaîtra, jusqu'à ce point de l'analyse, seulement le petit prélude.

Pour accéder à la description musicale de la chanson entière, on pourrait se contenter de la classification des instruments, de la description de la voix basse du chanteur et de sa façon de chanter qui s'approche beaucoup d'un récit oral.

Dans ce contexte, il serait aussi question de l'apparente 'monotonie' des chansons de Brassens, et l'on pourrait aussi expliquer le choix de la tonalité de ré majeur comme 'tonalité guerrière'. Ce sera là l'occasion pour les élèves de lire quelques commentaires de Brassens et d'autres présentés dans l'introduction (cf. les citations de Brassens regroupées sous ch. 4).

Les possibilités de collaboration interdisciplinaire offertes par notre chanson seront naturellement encore plus développées dans le domaine de l'histoire. Voilà pourquoi le temps réservé à l'approche musicale sera relativement restreint par rapport à l'approche textuelle.

5.2 L'approche textuelle

Activités avant l'écoute (servant d'introduction à la chanson)

Je commencerai mes propositions d'activités avant l'écoute de la chanson de Brassens par plusieurs tâches d'un degré différent de complexité. Ces tâches représentent un choix qui sera restreint ou élargi selon les besoins du professeur. En partie, les tâches pourront également être accomplies après l'écoute de la chanson, surtout celles qui exigent des recherches ultérieures plutôt extensives de la part des élèves.

Quand on décide d'introduire la chanson par l'approche textuelle tout en considérant la musique comme élément accessoire, on essayera avant d'écouter la chanson, d'évoquer de façon ludique quelques éléments lexicaux relatifs à la guerre. Ainsi, le professeur pourrait demander aux élèves d'inventer une espèce d'acrostiche avec les lettres du mot GUERRE (cf. fig. 2). Pour faciliter l'accomplissement de la tâche, les élèves se serviront de dictionnaires bilingues et monolingues. Les résultats seront discutés en classe, où le professeur aura soin d'élaborer aussi les significations et les connotations associées aux mots trouvés.

G	
U	
E	
R	
R	
E	
G	*garde-à-vous, gaz, geôlier*
U	*uniforme, uniformité, usurpation*
E	*exécution, espion, égorger qn.*
R	*ravages, revanche, régiment*
R	*révolte, révolution, révolter*
E	*émeute, extermination, exterminer*

Fig. 2 : Acrostiche de GUERRE

Ayant suscité l'intérêt des élèves pour le nouveau sujet, le professeur devrait, en guise de répétition de ce que les élèves ont déjà appris sur la guerre de 14-18 en cours d'histoire, les faire lire un texte qui résume *grosso modo* les aspects les plus importants de la Grande Guerre. Il s'agit en l'occurrence d'un extrait de l'article « L'épreuve de feu » (cf. fig. 3) de Stéphane Audoin-Rouzeau, professeur d'histoire contemporaine et grand spécialiste des guerres du XXème siècle. Cet article a été publié dans un numéro spécial de la revue *Les collections de l'histoire* No. 21 : 38-45 consacré à la *Grande Guerre*.

> Avec la Grande Guerre est apparue une nouvelle forme d'affrontement armé, qui fait de 1914-1918 une rupture historique fondamentale, aux conséquences déterminantes pour toute l'histoire du XXe siècle. Une rupture qui tient à un phénomène simple en apparence : le franchissement d'un seuil dans la violence de guerre.
>
> Dès l'année 1914, la guerre s'est en effet révélée comme bien plus brutale que les conflits antérieurs. Quatre ans plus tard, le bilan était terrible : 10 millions de morts environ, presque exclusivement de soldats. [...]
>
> On ne meurt plus de la même façon : au début du XIXe siècle, les maladies faisaient bien plus de victimes que les combats. A l'inverse, en 1914-1918, la mort fut presque exclusivement violente, même si le nombre des malades resta très élevé. [...] Ces premiers éléments suffisent à montrer à quel point le champ de bataille était devenu un milieu beaucoup plus dangereux qu'il ne l'avait jamais été auparavant. [...] Les batailles elles-mêmes furent beaucoup plus longues : celle de la Somme dura plus de quatre mois, Gallipoli plus de huit mois, Verdun dix mois environ, la troisième bataille d'Ypres, en 1917, quatre mois.

Fig. 3 : Extrait de l'article « L'épreuve de feu » de Stéphane Audoin-Rouzeau (2003)

Pour assurer une compréhension efficace du texte, les élèves seront priés de répondre aux questions suivantes :

> Pourquoi la Grande Guerre peut-elle être considérée comme « une rupture historique fondamentale » ?
> Pourquoi la Grande Guerre était-elle plus brutale que les conflits antérieurs ?
> Pourquoi le champ de bataille, pendant la Grande Guerre, était-il devenu un milieu beaucoup plus dangereux qu'il ne l'avait jamais été auparavant ?

A la fin du texte de Stéphane Audoin-Rouzeau plusieurs batailles sont mentionnées. Les élèves devront accomplir des recherches sur internet pour se renseigner sur la bataille de la Somme, sur l'enfer de Verdun, les batailles d'Ypres et

Fig. 4 : Carte postale de la bataille de la Marne.
(gallica.bnf.fr. / Bibliothèque nationale de France; © Bibliothèque nationale de France)

Gallipoli. Les résultats seront présentés sous forme de petits résumés qui devront également être accompagnés par un choix de photos trouvées sur les divers sites.[1] Ensuite, il sera question de décrire la carte postale (fig. 4), souvenir de la bataille de la Marne, ce qui donnera l'occasion de parler de la propagande de guerre et des moyens utilisés à ce propos. La carte postale est également destinée à expliquer pourquoi en France, la Guerre de 14-18 a été nommée la « Grande Guerre » tandis qu'en Allemagne, ce n'est que grâce à son centenaire qu'on l'a d'une certaine façon 'escamotée'. En effet, en Allemagne, le souvenir de la Grande Guerre pâlit face à la commémoration de la Seconde Guerre qui l'aura dépassée de loin par son inhumanité (cf. Münkler 2014, 9).

Des deux côtés du Rhin, la propagande de guerre, qui atteint son premier apogée en août 1914, a été un moyen très efficace pour suggérer à la population que cette guerre valait bien le sacrifice de la mort. Dans une séquence interculturelle, on comparera, après l'analyse de la chanson de Brassens, les perspectives des deux peuples. Dans ce contexte, on étudiera le poème suivant, à titre d'exemple :

---

[1] Différents sites sur les batailles les plus importantes de la Grande Guerre (01.09.15) :
http://www.france.fr/paris-et-ses-alentours/centenaire-de-la-premiere-bataille-de-la-marne-6-au-12-septembre-1914.html, http://www.historial.org/Champs-de-bataille-de-la-Somme
http://www.verdun.fr/Terre-d-Histoire/Verdun-et-la-Grande-Guerre/La-Bataille-de-Verdun

Friedrich Hussong (1878-1943), *Bettag*[2]

Nun schämt sich, wer nicht schwingen kann
Die Lanze und den Degen.
Herrgott, es hebt ein Wunder an,
Man betet Waffensegen.

Jetzt legt in eure tiefste Truh
Die bunten Plundersachen;
Wir brauchen uns're groben Schuh
Und grobe Siebensachen.

Auf Schlitzrock, Stöckel, Tripeltritt
Ist jetzt nicht mehr zu trauen;
Jetzt gilt nur noch der wucht'ge Schritt
Der Blauen und der Grauen.

Le texte sera brièvement analysé en classe (attitude du poète, identification de l'événement dont il est question, ambiance du texte, comparaison avec des textes du mouvement pacifique de nos jours).

Pour parler de l'enthousiasme que la guerre avait suscité à ses débuts auprès de la bourgeoisie allemande (pas auprès du menu peuple et des couches sociales inférieures, cf. Münkler 2014, 223), on discutera également de la photo suivante qui témoigne de cet enthousiasme fervent du début de la guerre, connu en Allemagne sous le terme « Augustbegeisterung » (fig. 5).

Fig. 5:
„Augustbegeisterung"
(Bundesarchiv Bild 146II-740; © Bundesarchiv)

---

[2] *Das Volk in Eisen*. Kriegsgedichte der Täglichen Rundschau, Berlin 1914: Verlag der Täglichen Rundschau: 11.

5.3 Activités relatives à la chanson de Brassens elle-même

5.3.1 Pendant l'écoute – Compréhension orale

Compréhension globale

Les élèves écouteront la chanson pour la première fois et on leur demandera de formuler des hypothèses sur son contenu. (Cette fois-ci, on choisira l'approche textuelle et on ne dira rien d'avance sur la musique). Ensuite, ils regarderont une vidéo de la chanson *La guerre de 14-18*[3]. On leur demandera si les premières hypothèses formulées sur le contenu de la chanson ont été confirmées. Avant de passer au texte lui-même, les élèves décriront quelques impressions fugitives de la vidéo.

Compréhension sélective

Les élèves écouteront la chanson pour une deuxième fois et essayeront de comprendre quelques mots qu'ils écriront au tableau.

5.3.2 Après l'écoute

Le professeur distribue le texte de la chanson. Afin de faciliter la compréhension du texte, il est sans doute raisonnable de permettre aux élèves de chercher les traductions de quelques paroles plutôt difficiles à comprendre dans un dictionnaire bilingue, par exemple : *à cœur de joie, mépriser, un satisfecit, un colon, les grognards, un moineau, un accessit, chercher noise à qn., sournois, un sac à malices, persévérer*.

La compréhension du texte de la chanson pourra en outre être facilitée grâce à l'usage d'un livre relativement récent de Jean-Louis Garitte qui s'intitule *Parlez-vous le Brassens* ? C'est une espèce de dictionnaire contenant les mots rares, les tournures et un inventaire des personnages utilisés dans ses chansons. On y trouvera par exemple l'entrée suivante :

> Noise. n. f. *La guerre de 14-18*
>
> Dispute, querelle, discorde accompagnée de bruit. Chercher noise à quelqu'un, lui chercher querelle, trouver un prétexte pour se disputer avec lui.

En l'occurrence, le professeur peut intégrer aussi les compétences linguistiques des élèves en démontrant l'affinité avec le mot anglais *noise*.

---

[3] www.youtube.com/watch?v=l2F5qaHzkj0 (01.09.15).

La consultation du « Petit dictionnaire du Brassens » révèlera sou peu qu'il s'agit chez notre chansonnier d'un poète qui a à juste titre mérité le *Grand prix de poésie de l'Académie Française* en 1967 nonobstant son hostilité envers toute forme d'autorité.

Les élèves seront donc priés de chercher des mots spécialisés dans le livre de Jean-Louis Garitte. Cette recherche donnera l'occasion au professeur de les sensibiliser aux beautés de la stylistique de Brassens qui oscille entre les archaïsmes et les mots recherchés d'une part et les vulgarités et grossièretés de l'autre part.

Après que les élèves se seront familiarisés avec le vocabulaire du texte, on donnera un bref aperçu de la personnalité de Brassens, de sa biographie et de ses attitudes. Ses attitudes pourront également être illustrées grâce à quelques extraits du film *Brassens, La mauvaise réputation* réalisé en 2011 par Gérard Marx. Dans une séquence très impressionnante du film (Marx 2011, 00:51:45), les élèves découvriront le jeune Brassens à Basdorf pendant son STO, intrépide, jouant du piano et chantant pendant que les bombes pleuvent et que les copains meurent d'angoisse. On montrera cet extrait et on citera la maxime de Brassens : « J'ai toujours été très étranger à la réalité ». Les élèves devront par la suite commenter la scène et expliquer cette citation dans le contexte de la scène en question.

La personnalité de Brassens et sa philosophie seront l'objet de nouvelles tâches. Les élèves devront, à l'aide du livre *Brassens par Brassens* de Loïc Rochard expliquer en quoi consiste l'anarchisme de Brassens et comment il se reflète dans sa *Guerre de 14-18*. Une confrontation entre quelques points de repère de la biographie de Brassens (cf. Rochard 2005, 102, 104-105, 109, 112-116) et le texte de la chanson contribuera à clarifier le caractère cynique et l'ironie amère de ce *pamphlet* pacifiste. Pour expliquer l'ironie de la chanson, les élèves devront également comparer le texte et la musique afin de comprendre la flagrante contradiction entre le caractère serein de la musique et l'énumération des plus terribles atrocités du genre humain. Les élèves regarderont un petit extrait d'une conférence avec Brassens, un an avant sa mort, dans laquelle il défend sa *Guerre de 14-18* face aux anciens combattants (*Brassens parle* ... : http://www.ina.fr/video/I04076281 ; 01.09.15).

Dans le cadre d'une comparaison de textes, on pourrait aussi mettre en parallèle le poème *Bettag* de Hussong et la chanson de Brassens. Le *Bettag* s'avère un modèle approprié pour justifier le penchant belliqueux de l'homme qui « bataille à cœur joie ». Cette espèce d'enthousiasme fervent à l'Hussong en face de l'imminente guerre est critiquée par Brassens qui, avec autant de zèle, nous expose un enthousiasme tout à fait feint dans sa chanson antimilitaire.

5.3.3 Comparaison des chansons *La Guerre de 14-18* de Georges Brassens et *L'Algérie* de Serge Lama

En analysant la chanson *La Guerre de 14-18*, le professeur essayera finalement d'expliquer la déplorable actualité de ce chef-d'œuvre par l'illustration du contexte historique dans lequel cette chanson est née, c'est-à-dire la guerre d'Algérie. Afin de susciter l'intérêt des élèves pour ce chapitre douloureux de l'histoire de la France qui a laissé des plaies toujours pas cicatrisées, les élèves écouteront la célèbre chanson *L'Algérie* de Serge Lama qui fait partie de son album studio *L'Enfant au piano*, sorti en 1977.

Ayant analysé le lexique de la chanson, les élèves seront priés de décrire l'attitude du chansonnier face à la guerre d'Algérie. Il sera question d'éclairer le refus du moi lyrique qui décrit cette guerre comme « une aventure dont je ne voulais pas ».

Dans le cadre d'une ultime comparaison de textes, on mettra en parallèle le refus explicite de la guerre d'Algérie accentué par Serge Lama et l'amertume cynique de la *Guerre de 14-18* de Georges Brassens avec ses références réitérées au *colon* et sa pseudo-louange de l'histoire militaire de la France.

La comparaison des deux chansons sera l'occasion de montrer à quel point l'analyse des chansons françaises est apte à illustrer des événements historico-politiques tout en laissant libre cours à l'imagination et à la flamme poétique qui alimentent la création et parfois aussi la réception de pareils chefs-d'œuvre.

6. Conclusion

Notre communication visait à illustrer comment une chanson telle que *La guerre de 14-18* d'un auteur, chanteur et interprète d'une envergure comme celle de Georges Brassens peut servir de point de départ ou bien de point de repère dans une séquence de cours relatifs à la Grande Guerre. Les travaux en classe qui figurent dans cette contribution illustrent que le traitement de la chanson sollicite également la coopération d'enseignants de disciplines différentes (impliquant, par exemple, les professeurs de musique, d'histoire ou d'allemand) et que le texte peut très bien servir pour reprendre les connaissances historiques des élèves sur la Grande Guerre aussi bien qu'à les approfondir.

La biographie de Brassens, à son tour, invite à se consacrer à la Seconde Guerre mondiale et à voir les liens entretenus par ces deux grandes catastrophes du XXème siècle. Pour établir un rapport avec la situation politique actuelle, les élèves pourraient également, dans un jeu de rôle, justifier et nier la légitimité de la guerre. Brassens nous met tous en garde contre la folie des guerres dans une autre de ses chansons intitulée *Mourir pour des idées*, dans laquelle il déclare : « Mourons pour des idées, d'accord, mais de mort lente ! »

Bibliographie

AUDOIN-ROUZEAU, Stéphane. 2003. « L'épreuve du feu. 1914-1918. La Grande Guerre », in: *Les collections de l'histoire* No. 21, 38-45.

BECKER, Jean-Jacques. 2014. *La Grande Guerre*. Paris: Presses Universitaires de France.

BRASSENS, Georges. 1993. *Poèmes & chansons*. Paris: Éditions du Seuil.

CHARPENTIER, Marc-Antoine. 1692. *Règles de composition*. Ms. Paris, Bibl. Nat. nouv.acq.fr. 6355-6356.

CHARPENTREAU, Jacques. 1960. *Georges Brassens et la poésie quotidienne de la chanson*. Paris: Les éditions du Cerf.

ELSENHANS, Hartmut. 1974. *Frankreichs Algerienkrieg. 1954-1962. Entkolonisierungsversuch einer kapitalistischen Metropole. Zum Zusammenbruch der Kolonialreiche*. München: Carl Hanser.

GARITTE, Jean-Louis. 2007. *Parlez-vous le Brassens ?* Latresne: Le bord de l'eau.

HUSSONG, Friedrich. 1914. „Bettag". *Das Volk in Eisen. Kriegsgedichte der Täglichen Rundschau*. Berlin: Verlag der Täglichen Rundschau: 11.

JEISMANN, Michael. 1992. *Das Vaterland der Feinde. Studien zum nationalen Feindbegriff und Selbstverständnis in Deutschland und Frankreich 1792-1918*. Ed. Reinhart Koselleck & Karlheinz Stierle. Stuttgart: Klett-Cotta.

LAMA, Serge (1977). „L'Algérie", in: *L'enfant au piano* (CD).

MÜNKLER, Herfried. 2014. *Der große Krieg. Die Welt 1914-1918*. Berlin: Rowohlt.

POIDEVIN, Raymond & BARIÉTY, Jacques. 1982. *Frankreich und Deutschland. Die Geschichte ihrer Beziehungen 1815-1975* (Originalausgabe: *Les relations franco-allemandes 1815-1975*. Paris: Armand Colin). München: C.H. Beck.

ROCHARD, Loïc. 2005. *Brassens par Brassens. Prologue de René Fallet*. Paris: le cherche midi.

Rochard, Loïc. 2009. *Les mots de Brassens. Petit dictionnaire d'un orfèvre du langage. Collection Brassens d'abord* dirigée par Jean-Paul Liégeois. Paris: le cherche midi.

Schubart, Christian Friedrich Daniel. 1806. *Ideen zu einer Ästhetik der Tonkunst.* Herausgegeben von Ludwig Schubart. Wien: Bey J. V. Degen, Buchdrucker und Buchhändler.

Stephan, Cora. 1998. *Das Handwerk des Krieges.* Berlin: Rowohlt.

Tillieu, André. 1983. *Brassens. Auprès de son arbre. Préface de Bernard Clavel.* Paris: France loisirs.

Vassal, Jacques. 1991. *Georges Brassens ou la chanson d'abord.* Paris: Albin Michel.

Wierichs, Peter. 1975. *Die Lyrik Georges Brassens'*. Münster: Universität Münster (Dissertation).

Wilmet, Marc. 2010. *Georges Brassens libertaire. La chanterelle et le bourdon. Photographies de Pierre Cordier.* Bruxelles: Les éditions Aden.

Sources électroniques (01.09.15)

Brassens, Georges, *La guerre de 14-18.*
www.youtube.com/watch?v=l2F5qaHzkj0

Brassens parle de sa chanson *La guerre de 14-18.*
http://www.ina.fr/video/I04076281

CNRS, ATILF: ORTOLANG, Centre National de Ressources Textuelles et Lexicales.
http://www.cnrtl.fr/

Marx, Gérard (2011). Brassens, La mauvaise réputation.
https://www.youtube.com/watch?v=cmR-i7E8DPA

Un exemple de roman de guerre en cours de FLE : *14* de Jean Echenoz

Timothée Pirard

Le monde des lettres et des études littéraires n'échappe pas à la commémoration de la Grande Guerre. Entre autres exemples, les éditions Gallimard ont publié Blaise Cendrars en édition de la Pléiade en 2013, les éditions Albin Michel ont obtenu le prix Goncourt 2013 avec *Au revoir là-haut* de Pierre Lemaitre, Antoine Compagnon a publié en 2014 *La Grande Guerre des écrivains*, une anthologie de plus de 800 pages, et il a intitulé son cours de 2014 au Collège de France *« La guerre littéraire »*. Lors de la première séance le 14 janvier 2014, Antoine Compagnon a justifié son choix de manière personnelle :[1]

> 2014 est l'année de la commémoration d'un désastre qui nous touche tous. Nous avons tous un lien avec cette guerre [...] Pour beaucoup de Français, il reste un sentiment de honte, de faute ; le fait d'être le produit d'une catastrophe à laquelle nous ne nous sommes pas intéressés.

Comment traiter ce « lien » dans un cours de littérature française s'adressant à des élèves ou étudiants allemands ? Nous pourrions choisir de parcourir le corpus classique de la Grande Guerre, celui de la littérature de témoignage des écrivains combattants. Mais il est aussi possible de traiter le thème à partir d'un roman contemporain : *14* de Jean Echenoz, publié en 2012. Pédagogiquement il est bienvenu d'étudier un livre sur lequel il y a très peu d'études publiées : si les étudiants ont l'habitude de faire des analyses littéraires à partir de littérature secondaire ou parascolaire, ils ont moins l'habitude de produire ces analyses à partir du seul texte source. Le cours permet de mettre en place un processus de recherche original et de montrer aux étudiants les mécanismes de l'analyse immanente. L'enseignant se fait accompagnateur d'une production intellectuelle.

Je veux donc présenter ici les deux axes de justification pédagogique qui correspondent à des qualités du texte étudié, car il présente bien sûr un intérêt histo-

---

[1] La vidéo de ce premier cours est disponible sur le site Internet du collège de France : http://www.college-de-france.fr/site/antoine-compagnon/course-2014-01-14-16h30.htm (01.09.15).

riographique, mais surtout un intérêt littéraire : le roman d'Echenoz va permettre de donner aux étudiants un aperçu de la période 1914-1918, puisque le roman ne peut pas faire l'économie de références historiques. Mais il permettra surtout d'appliquer des techniques d'analyse de texte, par la recherche de références intertextuelles notamment, ainsi que de poser la question littéraire du genre : le roman de la Grande Guerre est-il un roman historique ordinaire, ou bien s'agit-il d'un genre littéraire en soi ?

Le déroulement de la séquence de cours s'adresse donc à des élèves des dernières années de *Gymnasium* ou à des étudiants de philologie romane.

1. Un roman historique ?

Malgré son sujet, *14* n'est pas un roman historique selon la définition synthétique de Gérard Gengembre (2006, 44) : « Le roman historique est plus vrai que l'histoire parce qu'il la donne à comprendre de manière vivante. » Echenoz ne donne pas à comprendre l'histoire puisque – outre une ironie omniprésente dans le traitement des épisodes les plus tragiques – son personnage principal incarne un anti-héros essentiellement passif qui « s'adapte » ou « s'habitue » à la guerre, sans formuler ni enthousiasme ni plainte (Echenoz 2012, 71, 72). *14* est un roman ayant pour toile de fond un épisode fondamental de l'histoire contemporaine, mais le style particulier d'Echenoz et « son esthétique à la syntaxe ciselée l'éloigne[nt] de la tradition réaliste, voire naturaliste » (Schoentjes 2009, 965). Une première lecture de la quatrième de couverture (qui permettra de rappeler aux étudiants la notion de paratexte) donne un résumé laconique du roman :

> Cinq hommes sont partis à la guerre, une femme attend le retour de deux d'entre eux. Reste à savoir s'ils vont revenir. Quand. Et dans quel état.

Plus précisément, il s'agit de l'histoire de cinq soldats vendéens que nous suivons dans la guerre depuis la mobilisation. Charles, jeune bourgeois arriviste, amant de Blanche qui est enceinte de lui au moment de la mobilisation. Anthime, le frère cadet de Charles, amoureux lui aussi de Blanche. Arcenel, Bossis et Padioleau, simples adjuvants incarnant les soldats prolétaires ou artisans et illustrant les destins typiques des soldats de la Grande Guerre.

Une séance de cours peut être consacrée à l'étude de ces personnages types : le riche aîné et le cadet déshérité, le bourgeois promu officier et le prolétaire soldat du rang, la maîtresse partagée entre deux hommes, le tout dessinant un portrait social de la France de l'époque.

Mais le titre du roman annonce déjà qu'il sera plus question de littérature que d'histoire : contrairement à ce qu'il laisse penser, il ne s'agit pas d'une description historique de 1914, puisque le récit s'achève en 1918. Mais ce titre indique plutôt, avec la malice habituelle de Jean Echenoz, qu'il s'agit de sa quatorzième publication et qu'il sera donc question, dans ce livre, bien plus d'histoire littéraire que d'historiographie.

Toutefois, de nombreux éléments historiques réels sont présents, mais leur traitement ironique ou décalé éloigne bel et bien l'auteur d'une certaine tradition naturaliste. Echenoz se justifie (2012, 79) : « Tout cela ayant été décrit mille fois, peut-être n'est-il pas la peine de s'attarder sur cet opéra sordide et puant », façon de dire aussi que, n'ayant pas vécu ces événements, il serait ridicule de vouloir les décrire une nouvelle fois avec le réalisme des écrivains combattants, témoins directs tels Henri Barbusse, Roland Dorgelès, Gabriel Chevallier, Erich Maria Remarque ou Pierre Chaine. Echenoz reprend de cette manière le conseil de ce dernier, dans *Les mémoires d'un rat* de 1916, page 5 :

> D'autres [écrivains] ne se complaisent que dans l'étalage ou plus exactement dans l'étal d'une répugnante boucherie. Ce ne sont que ventres ouverts, tripes au soleil, cervelles jaillissantes, cadavres grouillants et autres horreurs. [...]
>
> A quoi bon ces descriptions malsaines puisqu'elles n'ont pas le pouvoir de supprimer les guerres ? Ces tableaux sont douloureux s'ils évoquent en nous des visions vécues. Ils sont inutiles s'ils s'adressent à l'imagination des curieux.

La source du roman de Jean Echenoz est pourtant un document historique. L'auteur explique le choix de ce sujet par un hasard, « une espèce d'accident : [...] je suis tombé sur des carnets de guerre [...] qui faisaient partie d'un lot de papiers de famille que j'ai aidé à ranger après une disparition ».[2] Cet élément est assez important pour les étudiants qui ont majoritairement une attitude positiviste : ils sont méfiants envers le roman s'il n'a pas de source réelle.

14 est donc, dans une certaine mesure, le traitement littéraire d'un document historiographique. Des faits historiques réels sont présents dans le roman par petites touches, souvent par l'allusion d'un nom propre ou d'une marque indus-

---

[2] http://www.leseditionsdeminuit.fr/f/index.php?livre_id=2758&sp=liv (01.09.15).

trielle existant dans les années 1910 et ayant disparu depuis, créant ainsi par la précision de ces noms une mise à distance avec le lecteur en même temps qu'un ancrage dans le monde réel : le lecteur perçoit que le monde du roman est un monde révolu. On apprend par exemple que le personnage de Charles avait « son appareil photo Rêve Idéal de chez Girard & Boitte pendu comme d'habitude à son cou » (2012, 13). On apprend aussi que ces photos sont publiées dans « des revues ouvertes aux clichés d'amateurs telles que *Le Miroir* et *L'Illustration* » (idem, 17).

Grâce à ces éléments réels de la période précédant la guerre, les étudiants ont pu se façonner un univers mental ou corriger des *a priori* sur une période qu'ils imaginent beaucoup plus moyenâgeuse. Mais Echenoz refuse aussi que cette époque ressemble trop à l'époque contemporaine. Charles pourrait tout aussi bien avoir un appareil photo Kodak et publier ses clichés dans *le Figaro*, mais cela créerait une actualité du récit et une proximité avec le lecteur que Jean Echenoz refuse dans les descriptions de ses personnages. La connotation ridiculement sentimentale du nom « Rêve Idéal » crée un contraste ironique quand on sait que son aptitude à la photographie va provoquer la mort de Charles.

Le choix des connotations liées aux noms réels provoque toujours chez le lecteur une impression d'irréalité. Ainsi à la page 42, quand Echenoz écrit que les soldats boivent « un Byrrh-citron quoique à l'eau plate faute d'eau de Seltz », cette boisson – bien que la marque existe encore – semble tout à fait désuète pour un lecteur de 2012, et l'eau de Seltz nettement archaïque.

Même les termes techniques présents dans la longue description du matériel militaire ne résistent pas au traitement anti-réaliste. Ils apparaissent d'abord comme de « petits faits vrais », d'autant plus que leur technicité les laisse souvent inconnus du lecteur qui, dans le doute, les tient pour véridiques: « havresac, modèle as de carreau 1893, quart en fer embouti, plaques en maillechort, pelle-pioche ». Mais cet effet de « liste permet de dire la guerre sans la dire véritablement » (Schoentjes 2009, 971). Pour les étudiants, ce genre de passage leur a

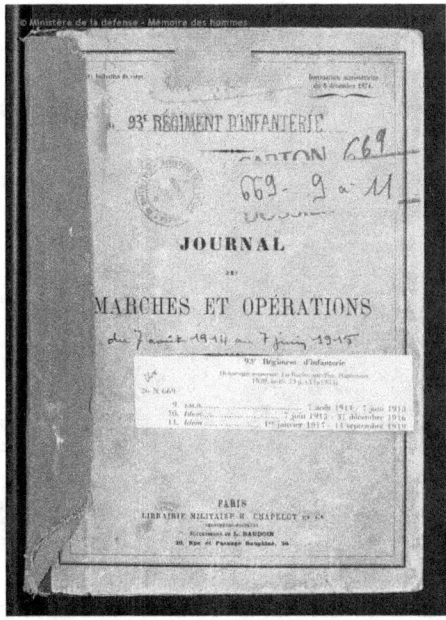

Fig. 1 : Couverture du journal des marches et des opérations (7 août 1914 – 7 juin 1915) du 93e régiment d'infanterie.[3]

permis de se défaire de l'attitude positiviste et d'envisager le travail de l'écrivain et donc la littérarité du texte.

Le traitement décalé des faits historiques est l'indice qu'Echenoz n'a pas écrit un roman historique. Tout, bien sûr, n'est pas faux dans le roman. C'est dans ce processus de recherche sur des éléments authentiques qu'il faut guider les étudiants, comme pour une initiation à la recherche littéraire. Nous apprenons p. 18 qu'Anthime est « affecté dans la 11e escouade de la 10e compagnie appartenant dans un ordre croissant au 93e régiment d'infanterie, 42e brigade, 21e division d'infanterie et 11e corps d'armée de la 5e armée. » Nouvel effet de liste certes, mais ce 93e R.I. est réel et il s'agit bien d'un régiment de Vendéens, comme les

---

[3] Tous les documents relatifs à ce régiment – notamment le *journal des marches et opérations* – sont consultables sur http://www.memoiredeshommes.sga.defense.gouv.fr (le site internet du Ministère de la défense ; 01.09.15). Le capitaine Veyssière est mentionné sur le 2e feuillet du JMO de 1914.

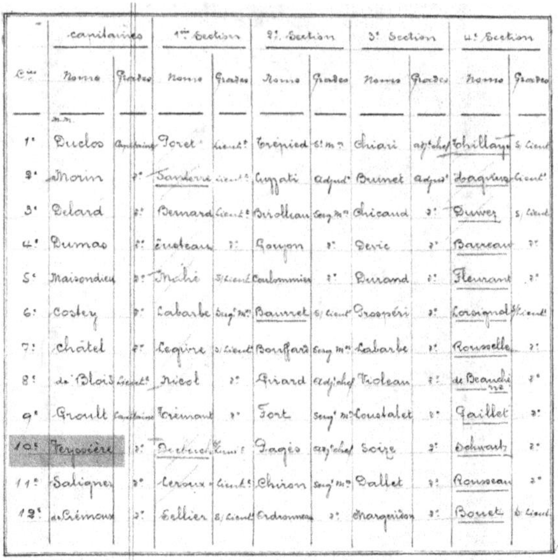

Cies	capitaines		1re Section		2e Section		3e Section		4e Section	
	Noms	Grades	Noms	Grades	Noms	Grades	Noms	Grades	Noms	Grades
1e	Duclos	Capitaine	Poret	Lieutt	Trépied	s. m.	Chiari	adjt chef	Chillaye	s. Lieut
2e	Morin	d°	Santerre	Lieutt	Cuzzati	adjudt	Brunet	adjut	Laquière	Lieutt
3e	Delard	d°	Bernard	Lieutt	Birolleau	Sergt Mr	Chicaud	d°	Duwez	s. Lieut
4e	Dumas	d°	Eusteau	d°	Gouyon	d°	Devic	d°	Barreau	d°
5e	Maisondieu	d°	Mahé	s. Lieut	Coulommier	d°	Durand	d°	Fleurant	d°
6e	Costey	d°	Labarbe	Sergt Mr	Baurret	s. Lieut	Prospéri	d°	Lorsignol	s. Lieut
7e	Châtel	d°	Lequire	s. Lieut	Bouffard	Sergt Mr	Labarbe	d°	Rousselle	d°
8e	de Blois	Lieutt	Nicol	d°	Girard	adjt chef	Violeau	d°	de Beauchêne	d°
9e	Groult	Capitaine	Trémont	d°	Fort	Sergt Mr	Coustalet	d°	Gaillet	d°
10e	Veyssière	d°	Deceberch	Lieut	Pagès	adjt chef	Soize	d°	Schwartz	d°
11e	Saligner	d°	Leroux	Lieutt	Chiron	Sergt Mr	Dallet	d°	Rousseau	d°
12e	de Crémoux	d°	Sellier	s. Lieut	Erdronneau	d°	Chargueiron	d°	Bonet	s. Lieut

Fig. 2: Liste des officiers du J.M.O. du 93e régiment d'infanterie

personnages principaux (cf. fig. 1). Au sein de ce régiment intervient p. 31 le personnage du capitaine Vayssière : un capitaine Veyssière a bien dirigé la 10e compagnie du 93e R.I. en août 1914 (cf. fig. 2). Et dans les premières semaines de la guerre, les soldats d'Echenoz traversent le village ardennais d'Ecordal (2012, 44) dans lequel s'est effectivement battu le 93e R.I. le 30 août 1914 (cf. fig. 3). Il faut donc montrer les documents authentiques aux étudiants. Ce travail sur la source doit constamment être lié au travail sur le texte. La falsification historique de l'auteur est toujours accompagnée d'une ironie qui révèle cette mise à distance de la réalité historique. C'est le cas notamment du récit, en une seule phrase longue d'une page, de la mort de Charles. Ce dernier, ayant profité de ses relations pour devenir co-pilote d'avion, pense ainsi échapper aux combats : il sera pourtant le premier mort du roman. Jean Echenoz, par ailleurs traducteur de la Bible, donne ici sa version de deux sentences évangéliques « quiconque s'élèvera sera abaissé[4] », nouvelle façon d'inscrire le texte dans une réalité historique immédiatement détournée et traitée ironiquement :

[4] Matthieu, 23:12.

Charles, béant, par-dessus l'épaule affaissée d'Alfred, voit s'approcher le sol sur lequel il va s'écraser, à toute allure et sans alternative que sa mort immédiate, irréversible, sans l'ombre d'un espoir – sol présentement occupé par l'agglomération de Jonchery-sur-Vesle, joli village de la région de Champagne-Ardenne et dont les habitants s'appellent les Joncaviduliens.

(Echenoz 2012, 57)

Dans un cours d'explication de textes, il faudra repérer la mort *« irréversible »* dans un *« joli »* village, ainsi que la précision inutile du gentilé complexe qui laissent subsister peu de tragique dans cette scène. Et à nouveau, une recherche historiographique peut être indiquée aux étudiants car Jonchery-sur-Vesle fut bien le lieu du premier combat aérien durant lequel un avion fut abattu. Mais c'est l'avion français qui remporta ce combat. Et contrairement à ce qu'écrit Echenoz, l'avion français « présente la particularité d'avoir été armé, à la demande de Frantz [le pilote français], d'une mitrailleuse Hotchkiss » [5] en état de fonctionnement : l'avion français est donc lourdement armé, alors que l'avion allemand ne l'est pas, façon sans doute pour l'écrivain de jouer sur le cliché de l'armée française mal équipée et mal préparée face à la machine de guerre allemande.[6]

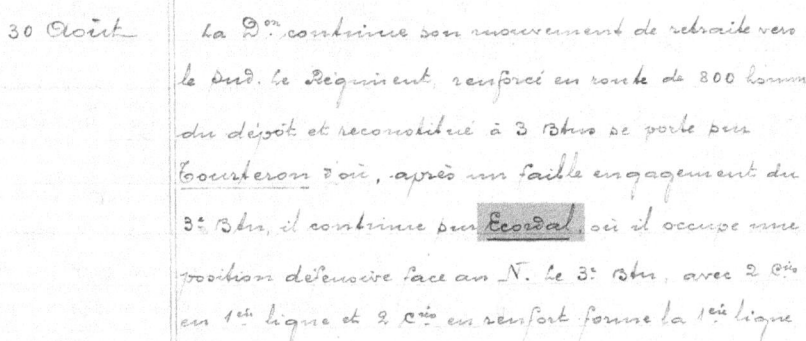

Fig. 3 : J.M.O. du 93e régiment d'infanterie, page du 30 août 1914

---

[5] http://www.archivesdefrance.culture.gouv.fr/action-culturelle/celebrations-nationales/recueil-2014/1914/premier-combat-aerien-de-l-histoire/ (01.09.15).

[6] Chevallier réservait un traitement plus romantique aux aviateurs, dans la figure des anges de la mort : « Nous enviions cet homme qui faisait la guerre dans la pureté du ciel, cet ange armé d'une mitrailleuse », in *La peur*, p. 45 (pagination de l'édition Le Dilettante, 2008).

Le troisième moment pédagogique, après la recherche historiographique et l'analyse textuelle, est l'interprétation qui correspond à un moment d'indépendance intellectuelle pour les apprenants. Comment analyser ce traitement de la réalité ? Les faits sont réels : objets, lieux, et dates correspondent à la réalité historique. Mais les personnages ne le sont pas. Echenoz indique dans un entretien radiophonique[7] qu'il a trouvé le prénom du personnage principal Anthime « sur un monument aux morts en Picardie » : nous assistons à une nouvelle modification de la réalité puisque le personnage ne sera que blessé au combat, puis réformé. De même, le capitaine Veyssière qui devient Vayssière n'est pas une coquille : Echenoz refuse de mettre en scène une personne réelle. La simple modification d'une lettre – modification purement scripturale n'entraînant pas de changement phonétique – montre que le personnage est bien un personnage de l'écrit. Il faut « lire » le texte pour « voir » ce travestissement de la réalité.

L'intérêt pédagogique de ces faits permet aux étudiants de créer leur représentation imaginaire de la Grande Guerre. Les étudiants manquent en général d'images mentales pour créer un lien intellectuel avec la Grande Guerre. Pour l'étudiant allemand, elle est une pure abstraction historique : la Première Guerre Mondiale, c'est surtout celle qui a eu lieu avant la seconde et qui en est partiellement la cause. Il a donc fallu montrer aux étudiants des images d'archives, des films, des cartes en lien avec les passages du roman étudié. Les nombreux éléments factuels réels décrits par l'auteur permettent cette création de l'imaginaire chez les étudiants.

En étudiant ce thème, une question est d'emblée soulevée : pourquoi raconter la guerre ? Pierre Schoentjes thématise trois fonctions propres aux « fictions de la Grande Guerre » (2009, 42-52) : raconter la guerre, montrer et expliquer la guerre, témoigner de la guerre. Avec *14*, nous assistons à une synthèse de tous les récits de guerre antérieurs, en même temps qu'à leur destruction. Le message de l'auteur pourrait être que la Grande Guerre est une expérience limite de l'imagination et donc de la littérature. Il semble difficile d'imaginer ce que représentent les 27 000 morts du 22 août 1914, jour le plus meurtrier de l'histoire

---

[7] Avec Laure Adler, dans l'émission *Hors-champs* du 28 septembre 2012 sur France Culture.

de France, ou les 240 000 obus tirés en un jour par l'armée française sur le seul territoire de la bataille de Verdun le 24 octobre 1916.

Echenoz laisse le lecteur face à ce choix : soit le roman de la Grande Guerre est impossible car cette réalité est irreprésentable ; soit au contraire ce type de roman est un genre en soi[8], dépassant le cadre du roman historique réaliste car décrivant un univers en délire, presque impossible à saisir car comme en témoigne Céline : « la guerre en somme c'était tout ce qu'on ne comprenait pas » (1932, 12).

2. Le jeu intertextuel : la littérature de la Grande Guerre *sui generis*

Pierre Schoentjes écrit que « le jeu intertextuel est là d'abord pour rappeler que la littérature parle toujours aussi de littérature » (2009, 975). Il analyse ce jeu à partir du premier chapitre de *14*, réécriture transposée du tocsin vendéen raconté par Victor Hugo dans *Quatre-vingt-treize*, roman ayant lui aussi un nombre pour titre.

Mais ce n'est pas tout. Dès la première phrase, Echenoz prend soin de saluer un de ses maîtres : Flaubert.[9] Les premiers mots de *14* sont : « Comme le temps s'y prêtait à merveille et qu'on était samedi » (2012, 12). Ils font écho aux premiers mots de *Bouvard et Pécuchet* (1999, 47)[10] : « Comme il faisait une chaleur de trente-trois degrés, le boulevard Bourdon se trouvait absolument désert. » On y trouve les mêmes considérations météorologiques et la même syntaxe avec le « comme » initial. Flaubert écrit aussi quelques lignes plus loin : « une rumeur confuse montait du loin dans l'atmosphère tiède » : cette rumeur sera le tocsin qu'Anthime perçoit sans le comprendre immédiatement.

---

[8] Ce qu'affirme par ailleurs Antoine Compagnon dans son cours du 4 février 2014 : « la guerre de 14 représente un genre en soi aujourd'hui dans la littérature française contemporaine. »
http://www.college-de-france.fr/site/antoine-compagnon/seminar-2014-02-04-17h30.htm : [2"17].

[9] « Flaubert m'inspire une affection absolue » déclarait Echenoz dans *Le magazine littéraire* de septembre 2001, p. 53 et 54.

[10] Flaubert, Gustave, 1999 [1881] *Bouvard et Pécuchet*, Paris: G.F., p. 47.

Les références peuvent parfois se faire « en passant », ce que Genette nomme relation « architextuelle »[11], simplement pour rappeler au lecteur qu'il lit une œuvre littéraire et non un ouvrage d'histoire. Dans ces cas, les écrivains sont directement nommés, sans développement, simplement par jeu. Ainsi dans le premier chapitre, Anthime passe « au coin de la rue Crébillon ». Puis p. 23 se trouvent

> quelques volumes dont *Le peuple de la mer*, de Marc Elder que Blanche feuillette parfois – moins pour sa vaillante obtention, l'an dernier, du Goncourt contre Marcel Proust que parce que l'auteur est un ami de la famille, sous son vrai nom Marcel Tendron,

manière pour Jean Echenoz de s'inscrire lui-même dans l'histoire de la littérature en rappelant que 86 ans après Elder, et 80 ans après Proust, c'est lui qui obtiendra le prix Goncourt avec *Je m'en vais*.

Le jeu intertextuel se déploie de façon plus profonde sous forme de jeu de piste, de signes à repérer, d'indices à trouver. C'est à travers cet exercice que *14* apparaît comme un hyper-roman, c'est-à-dire un roman qui contiendrait en soi tous les autres romans traitant du même sujet, et auxquels il est inévitablement comparé. Echenoz provoque ces comparaisons avec le corpus classique des romans sur la Grande Guerre pour ne pas les subir.

C'est le cas notamment avec le roman *La main coupée* de Blaise Cendrars (2013 [1946]). Le jeu de double entre les personnages paronymes de Rossi chez Cendrars et Bossis chez Echenoz est d'emblée remarquable.

> Rossi mangeait comme quatre. C'était un hercule de foire mais une bonne pâte d'homme [...] Rossi mesurait 1 m 95 et était large et lourd comme une armoire.
>
> (Cendrars 2013 [1946], 538-539)

> Bossis, non content d'avoir un physique d'équarrisseur, l'était authentiquement.
>
> (Echenoz 2012, 15)

Les deux personnages connaissent une fin pleine d'ironie tragique puisque Rossi le glouton finira éventré par une grenade « [se vidant] dans sa gamelle » (Cendrars 2013 [1946], 545) alors que Bossis l'équarrisseur se retrouvera « cloué par le plexus à un étai de sape » comme une carcasse prête à être dépecée, le même obus de 105 ayant déjà « haché divers soldats [...] et sectionné longitudinale-

---

[11] Gérard Genette (1982, 11) : « Il s'agit ici d'une relation tout à fait muette, que n'articule, au plus, qu'une mention paratextuelle (...) de pure appartenance taxinomique. »

ment le corps d'un chasseur-éclaireur » (Echenoz 2012, 81) : la tranchée est transformée en étal de boucher, la comparaison de la guerre à une boucherie étant un lieu commun dont Echenoz se joue ici.

Mais la référence à Cendrars ne s'arrête pas là. Echenoz pousse la relation hypertextuelle jusqu'à devenir le continuateur[12] de *La main coupée* et répondre à des questions restées en suspens, notamment celle du chapitre *Le lys rouge* qui décrit l'apparition mystérieuse de cette main coupée éponyme :

> Nous avions bondi et regardions avec stupeur, à trois pas de Faval, planté dans l'herbe comme une grande fleur épanouie, un lys rouge, un bras humain tout ruisselant de sang, un bras droit sectionné au-dessus du coude et dont la main encore vivante fouissait le sol. [...] Nous ne comprenions pas. Le ciel était vide. D'où venait cette main coupée ?

La réponse est à la page 83 de *14* :

> Le silence semblait donc vouloir se rétablir quand un éclat d'obus retardataire a surgi, venu d'on ne sait où et on se demande comment, bref comme un post-scriptum. C'était un éclat de fonte en forme de hache polie néolithique, brûlant, fumant, de la taille d'une main, non moins affûté qu'un gros éclat de verre. Comme s'il s'agissait de régler une affaire personnelle sans un regard pour les autres, il a directement fendu l'air vers Anthime en train de se redresser et, sans discuter, lui a sectionné le bras droit tout net, juste au-dessous de l'épaule.

C'est bien un « post-scriptum » à *La main coupée* qu'écrit Echenoz. De plus dans *14*, l'amputation d'Anthime se déroule « vers la butte de Souain » (idem, 77) en Champagne, lieu exact où Cendrars a lui-même perdu un bras au combat le 28 septembre 1915[13], c'est-à-dire comme Anthime après environ « cinq cents jours de front » (idem, 105). C'est justement parce que Cendrars ne raconte pas sa propre blessure dans *La main coupée* (le titre est trompeur) qu'Echenoz le fait à sa place. Il n'est pas un continuateur au sens de Genette, il est un remplaçant.

Un jeu de *transposition*, ce que Genette nomme encore « transformation sérieuse » (1982, 36), a lieu à la fin du chapitre 3 qui mentionnait Proust. On y voit le personnage de Blanche errer dans les rues désertes après le départ des hommes. Elle n'y croise que des enfants ou des hommes âgés. Les seuls hommes de son âge sont ceux « d'apparence plus ou moins souffrante, [qui] ont

---

[12] La « continuation » consistant selon Gérard Genette à achever l'œuvre à la place de son auteur. Cf. Genette 1982, 182.
[13] cf. la notice biographique, p. LXIV in, Cendrars, *Œuvres autobiographiques complètes I*, Editions Gallimard (coll. de la Pléiade), 2013.

été déclarés inaptes » (Echenoz 2012, 27). Le chapitre évoque la solitude érotique de Blanche qui semble en quête d'hommes valides mais ne trouve que « des vieillards [et] des gamins ». Cette déception est la transposition de celle de M. de Charlus, double homosexuel de Blanche, dans *Le temps retrouvé*, qui se pose cette question : « Que feront les hommes au retour ? » (Proust 1989 [1927]). M. de Charlus se promenant dans Paris désert croise soudain une troupe :

> [le boulevard] ne cessait de déverser, à moins que ce ne fût vers nous qu'ils affluassent, des soldats de toute arme et de toute nation, influx juvénile, compensateur et consolant pour M. de Charlus, de ce reflux de tous les hommes à la frontière qui avait fait pneumatiquement le vide dans Paris aux premiers temps de la mobilisation.
>
> (Proust 1989 [1927], 376)

Echenoz écrit (2012, 27):

> Les garçons de café ont disparu, il revient aux patrons de balayer eux-mêmes leurs seuils et leur terrasse. Les dimensions de la ville pneumatiquement vidée de ses hommes paraissent ainsi s'être étendues.

L'adverbe « pneumatiquement » qualifiant dans les deux cas les mots « vide » ou « vidée » est trop rare pour que le rapprochement soit fortuit. Echenoz transporte la scène de Paris à Nantes et d'un sexe à l'autre, mais c'est bien le même sentiment de solitude qui y est traduit. La mention plus haut dans le texte des « sourds, des myopes, des nerveux, des pieds plats » fait aussi penser à Proust proverbialement souffrant.

Le dernier auteur convoqué par Echenoz n'a rien à voir directement avec la Grande Guerre, mais il va fournir la morale de l'histoire, s'il en est une possible. Il s'agit de Jean de la Fontaine, dont le renvoi hypertextuel et masqué apparaît au détour d'une description animalière page 99 :

> Sont apparus des animaux, toujours, semblant avoir à cœur de représenter leur syndicat : un rapace haut dans le ciel, un hanneton posé sur une souche, un lapin furtif...

Le « syndicat » fait dans un premier temps penser au « conseil » tenu par les rats, mais il s'agit en réalité de la fable *L'aigle et l'escarbot*[14] (2007, 100) dans

---

[14] Jean de la Fontaine, *Fables*, Livre deuxième, fable VIII, 1668. Pagination de l'édition Diane de Selliers, Paris 2007.

laquelle un hanneton (autre nom de l'escarbot) venge la mort de son « compère » Jean Lapin en brisant les couvées de l'aigle. En voici les derniers vers :

> Devant son tribunal l'Escarbot comparut,
> Fit sa plainte, et conta l'affaire :
> On fit entendre à l'Aigle enfin qu'elle avait tort.
> Mais les deux ennemis ne voulant point d'accord,
> Le Monarque des Dieux s'avisa, pour bien faire,
> De transporter le temps où l'Aigle fait l'amour
> En une autre saison, quand la race escarbote
> Est en quartier d'hiver, et comme la Marmotte
> Se cache et ne voit point le jour.

Le jeu de symbole est clair : l'aigle allemand, le hanneton dans son trou comme un poilu dans sa tranchée. La morale pourrait être celle de la Première Guerre mondiale : les ennemis inconciliables ne peuvent être en paix qu'à condition de s'ignorer.

Le jeu référentiel dépasse même le cadre de la littérature, car outre celle-ci, la peinture a elle aussi été le support de nombreux témoignages d'artistes combattants. Parmi les plus marquants, l'Allemand Otto Dix, dont le tableau *Die Skatspieler* (*Les joueurs de skat*) de 1920[15] est représenté en filigrane par Echenoz, avec le même grotesque tragique, où Anthime, mutilé, s'essaie lui aussi à jouer aux cartes avec son camarade Padioleau, devenu aveugle :

> Parvenant à coincer ses atouts sous son menton[16] (…) Anthime jouait certes plus lentement que les culs-de-jatte ou les unijambistes, mais aussi moins que les gazés qui ne disposaient pas de cartes en braille.
>
> (Echenoz 2012, 104)

De nombreux romans de la Grande Guerre sont des chroniques qui décrivent les souvenirs des auteurs, les épisodes marquants de leur vie de soldat, sans nécessairement les lier narrativement. Ainsi *Le feu* de Barbusse (1916) contient peu d'enchaînements narratifs, et dans *Les croix de bois* (1919) de Dorgelès ou *La peur* (1930) de Gabriel Chevallier, les ellipses sont très nombreuses. Mais le

---

[15] https://www.freunde-der-nationalgalerie.de/uploads/pics/VFN_Dix_Skatspieler_01.jpg (01.09.15)

[16] Le personnage central du tableau d'Otto Dix le fait avec les dents.

point commun de ces œuvres tient aux sujets de ces épisodes, qui constituent autant de *passages obligés* ou moments canoniques du roman de la Grande Guerre, ce que notait Pierre Schoentjes (2009, 965) :

> Echenoz, dont les romans démarquent depuis longtemps les genres les plus divers, fait surgir un grand nombre de scènes typiques. Le tocsin, la mobilisation, les marches forcées, l'espion, l'attaque, les gaz, la blessure[17], la désertion, le tribunal militaire, l'exécution, le retour du soldat, la rencontre avec un ancien camarade etc...

Echenoz reprenant ces différents moments fait à nouveau œuvre de littérature : il montre que le roman de la Grande Guerre est un genre à part entière, avec ses codes et ses personnages types. Echenoz ne se demande pas pourquoi raconter la guerre, mais comment elle a été racontée.

3. Le roman *14* en cours de FLE

La littérature de la Grande Guerre en cours de FLE a l'avantage de sa transversalité : c'est un sujet d'actualité qui mobilise des connaissances historiques, littéraires et méthodologiques. La qualité du roman d'Echenoz et son apparente accessibilité (taille réduite de l'œuvre et lexique courant, utilisation du passé composé) peuvent décomplexer les étudiants. Echenoz est déjà un classique et rien ne s'oppose à ce qu'il fasse un jour son entrée dans les programmes des classes de lycée, lieu vers lequel se dirigent la majorité des étudiants.

Le travail autour du roman de Jean Echenoz peut être fait en classe de Terminale ou plutôt post-bac. Je propose ici un travail en 14 séances (une par semaine) groupées thématiquement par deux, ce qui permet la préparation de courts exposés ou la correction de travaux écrits d'une séance à l'autre. Le parcours se fera du général au particulier et l'apport pour les apprenants doit concerner autant les contenus de connaissances que la méthode de recherche en littérature.

---

[17] Et en particulier le mythe de la « bonne blessure », si souvent cyniquement décrite, car désirée et honnie. Par exemple Gabriel Chevallier, dans *la Peur* (1930, 158) : « Pour moi, qui ai eu la chance d'attraper la « bonne blessure » ce gros lot des champs de bataille, je me trouve à l'hôpital comme un homme qui passerait son hiver dans le Midi. »

Pistes didactiques

Séances 1 et 2 : Présentation du corpus : *la littérature de la Grande Guerre.*
Un bref rappel des courants littéraires du XIXe siècle semble nécessaire. Puis mise en place du débat sur la littérature de témoignage (problème de la véracité du récit). Lecture d'extraits de *Témoins*, de Jean Norton Cru qui remet en cause les classiques du corpus, notamment Barbusse et Dorgelès. Dans ce contexte, quelle est la place d'Echenoz ? Lectures et auditions d'entretiens de l'auteur à ce sujet (référence cf. supra note 7).

Objectif : Mettre en place chez les apprenants une distance critique par rapport aux « petits faits vrais » en littérature. Établir des définitions du roman et du contrat de lecture.

Activités : Lecture du premier chapitre de *Poétique du roman* de Vincent Jouve qui résume très bien ces différentes problématiques.

Tâches : À l'aide des différentes définitions fournies par Vincent Jouve, formulez les caractéristiques du genre « roman ». Ces caractéristiques se trouvent-elles dans le paratexte du livre de Jean Echenoz ?

Ecoutez l'interview de l'auteur (référence supra). Comment définit-il son travail d'écrivain ?

Horizon d'attente : Les apprenants doivent intégrer les notions de personnages (schéma actantiel : Greimas), de récit (schéma narratif, Propp), doivent repérer la mention « Roman » sur la couverture, ainsi que le résumé sur la quatrième de couverture qui est un condensé ironique du schéma actantiel.

Séances 3 et 4 : Présentation des outils théoriques littéraires concernant le roman historique (Gengembre), l'écriture et la réécriture (Genette) et le rapport du temps et du récit (Ricœur, notamment la quatrième partie de *Temps et Récit* sur « la fictionalisation de l'histoire »).

Objectif : Mettre en place la notion de genre chez l'apprenant.

Activités : Lectures des textes théoriques précédemment cités et comparaison avec le premier chapitre de *14*.

Tâches : Quelles sont les caractéristiques du roman historique selon Gengembre ? Est-ce que ces caractéristiques peuvent a priori s'appliquer à une œuvre que son auteur dit être une fiction (c'est le cas de Jean Echenoz) ? Extension philosophique : quelle est la fonction de l'"histoire (au sens de science historique) pour la formation intellectuelle ? L'histoire peut-elle être objective ? Le roman historique est-il aussi valable que le récit d'historien ?

Horizon d'attente : La tension est évidente entre la revendication objective et scientifique de l'histoire et la créativité libre du roman. Pourtant, depuis Aristote critiquant Hérodote (« il n'y a de science que du général » et l'histoire ne s'occupe que des faits particuliers), jusqu'au Nietzsche des *Unzeitgemäße Betrachtungen*, critiquant la science historique comme nuisible à la vie, l'histoire est souvent malmenée. Il faut donc mettre en avant que la valeur du roman et sa crédibilité n'est pas moins forte ni moins intéressante que celle du récit d'historien ou de témoin.

Séances 5 et 6 : Premier niveau de lecture de *14* : *le réalisme historique*.
Choix d'extraits proposant une lecture au premier degré du roman comme roman historique (extrait 1 : la mobilisation pp. 17-18 / extrait 2 : description de l'équipement du soldat pp. 48-49 / extrait 3 : scène de bataille pp 60-61). On interrogera la notion de genre (roman historique) et les caractéristiques du réalisme.

Activités : Les apprenants s'appliqueront à trouver dans les extraits proposés, les éléments qui pourraient faire penser à un récit réaliste (termes techniques militaires de la description de l'équipement par exemple).

Tâches : Lisez les extraits proposés. Quels éléments semblent relever d'un récit historique et quels éléments appartiennent au genre du roman ? Quelles différences stylistiques notez-vous ?

Horizon d'attente : Il sera intéressant de noter que le style de l'auteur change lorsqu'il joue sur les deux genres. Il « imite » le récit historique, notamment par ses effets de listes et son vocabulaire technique, et la rupture stylistique est nette lorsqu'il reprend le cours du roman (fluidité syntaxique).

Séances 7 et 8 : Deuxième niveau de lecture : *la falsification historique*.
Comparaison entre le roman de Jean Echenoz et le matériel source historique (chapitre 7 comparé au récit réel du premier combat aérien de l'histoire – cf. supra note 5 / J.M.O. du 93e R.I. (cf. note 3) comparé à la page 44).

Objectif : Appliquer la réflexion mise en place aux séances 1 et 2.

Activités : Recherche dans le J.M.O. du 93ᵉ R.I.

Tâches : Comparez la description des marches militaires faites par Echenoz (chapitre 6) et le J.M.O. original. Faites de même pour le récit d'historien du premier combat aérien de l'histoire et le traitement fait par le romancier. Quels écarts constatez-vous ? Où le travail de création littéraire est-il visible ?

Horizon d'attente : l'écart est facilement constatable dans le cas du combat aérien, puisque Echenoz inverse la situation réelle en donnant l'avion allemand vainqueur. On mettra en avant le « droit » du romancier à traiter ainsi la réalité et on montrera la nécessité de cette falsification pour l'économie générale du roman (si Charles ne meurt pas, il n'y a plus de tension autour de la séduction de Blanche, et Charles ne peut mourir qu'en avion pour des raisons symboliques : il est celui qui veut s'élever, Icare brûlant ses ailes par hybris).

Séances 9 et 10 : L'intertextualité (1). Littérature et image de guerre. *Variatio.* Lectures comparées de *14* et des romans précédemment cités (*Mémoires d'un rat de Chaine*, *La peur* de Chevallier, *La main coupée* de Cendrars et analyse d'image avec Otto Dix, cf. note 15 supra).

Analyse d'une autoréférence : *Ravel* (2006) de Jean Echenoz, pp. 36 à 38 dans lesquelles Echenoz rapporte avec la même ironie que dans *14*, l'expérience du front faite par Maurice Ravel. On lira à ce sujet les analyses des « romans biographiques » d'Echenoz dans *Variations sur un standard* d'Emilien Sermier.

Objectif : Mettre en pratique la notion d'intertextualité.

Tâches : Comparez les passages de *14* faisant explicitement écho aux œuvres antérieures précédemment citées, notamment à Cendrars. Comment Echenoz devient-il le continuateur de Cendrars ? Cela correspond-il à la notion de palimpseste définie par Genette ? Comparez la partie de cartes du roman et celle d'Otto Dix. Quels sont les points communs ? Quel mode de représentation vous semble le plus fort (peinture ou littérature) ?

Horizon d'attente : L'intertextualité (palimpseste) est très claire pour Cendrars et Dix. Elle montre la valeur artistique de la création littéraire et le dépassement du simple récit : un roman ne fait pas que raconter des histoires. La littérature parle toujours de la littérature.

Séances 11 et 12. L'intertextualité (2). Pur jeu littéraire. *Inventio*.
Lecture des extraits de *Quatre-vingt-treize* d'Hugo, de *Bouvard et Pécuchet* de Flaubert, de *Le temps retrouvé* de Proust, et de la Fontaine (cf. références précises supra). Ce jeu littéraire permettra de réfléchir aux notions de littérarité et de palimpseste.
Tâches et horizon d'attente : cf. séance précédente.

Séance 13 et 14. La méthode Echenoz.
Analyse d'extraits des romans biographiques (*Ravel, Courir, Des éclairs*) pour conclure sur le jeu littérature / réel. Analyse d'extraits d'autres romans d'Echenoz pour la notion de genre et de pastiche (*L'équipée malaise*, pastiche de roman d'aventure, *Nous trois*, pastiche de science-fiction catastrophe, *Les grandes blondes*, pastiche de roman policier.)

Tâches : Lisez le premier chapitre de *Des éclairs* (la naissance de Grégor). A quel genre cela vous fait-il penser ? Lisez la description de la destruction de Marseille dans *Nous trois*. A quel autre média pensez-vous ?

Horizon d'attente : la naissance de Grégor s'apparente à la littérature fantastique dont il sera bon de rappeler les caractéristiques (jeu sur la frontière entre le rationnellement acceptable et l'invention pure nécessitant la suspension du sens critique chez le lecteur. La destruction de Marseille doit évoquer les films catastrophes hollywoodiens. Ainsi se dessine la notion de pastiche et par delà, celle de plaisir littéraire, l'objectif transversal de toutes ces séances étant de transmettre le goût de la littérature aux apprenants.

Bibliographie

BARBUSSE, Henri. 1916. *Le feu.* Paris: Flammarion.
CELINE, Louis-Ferdinand. 1932. *Voyage au bout de la nuit.* Paris: Denoël et Steele.
CENDRARS, Blaise. 2013 [1946]. *La main coupée.* In : *Œuvres autobiographiques complètes*, Editions Gallimard (collection de la Pléiade).
CHAINE, Pierre. 1916. *Mémoires d'un rat.* Paris: L'œuvre.
CHEVALLIER, Gabriel. 2008 [1930]. *La peur.* Paris: Stock. Réédition par les éditions Le Dilettante.
CRU, Jean Norton. 1929. *Témoins, essai d'analyse et de critique des souvenirs de combattants édités en français de 1915 à 1928.* Paris: Les étincelles.
DORGELES, Roland. 1919. *Les croix de bois.* Paris: Albin Michel.
ECHENOZ, Jean. 2006. *Ravel.* Paris: Minuit.
ECHENOZ, Jean. 2012. *14.* Paris: Minuit.

FLAUBERT, Gustave, 1999 [1881] *Bouvard et Pécuchet*, Paris: GF – Flammarion.
GENETTE, Gérard. 1982. *Palimpsestes*. Paris: Seuil.
GENGEMBRE, Gérard. 2006. *Le roman historique*. Paris: Klincksieck.
JOUVE, Vincent. 2010. *Poétique du roman*. Paris: Armand Colin.
LA FONTAINE, Jean de. 2007 [1668]. *Fables*, Livre deuxième, fable VIII. Paris: Diane de Selliers.
PROUST, Marcel. 1989 [1927]. *Le temps retrouvé*. Paris: Gallimard (collection de la Pléiade).
RICŒUR, Paul. 1985. *Temps et récit*. Paris: Seuil.
SCHOENTJES, Pierre. 2012. *« 14 » de Jean Echenoz. Un dernier compte à régler avec la Grande Guerre*, paru dans le numéro 786 de *Critique*. Paris: Minuit.
SCHOENTJES, Pierre. 2009. *Fictions de la Grande Guerre, variations littéraires sur 14-18*. Paris: Classiques Garnier.
SERMIER, Emilien. 2013. *Variations sur un standard, jeux et métamorphoses dans les trois romans biographiques de Jean Echenoz*. Lausanne: Archipel Essais.

La Grande Guerre

im bilingualen Geschichtsunterricht

Szenen aus dem Großen Krieg. Interkulturelles narratives Lernen im bilingualen Geschichtsunterricht Französisch unter besonderer Berücksichtigung des Mediums Comic

Michele Barricelli

1. Einführung

Geschichtsunterricht war schon immer ein Sprachfach.[1] Texterschließung, Textanalyse und Textproduktion standen und stehen in seinem Mittelpunkt.[2] In der deutschen Schule diente allzeit Deutsch als die Verkehrs- und Arbeitssprache. Heute jedoch etabliert sich Geschichte zunehmend auch als ein bilingual unterrichtetes *Sachfach* – was freilich mehr für die englisch-deutsche denn die französisch-deutsche Konfiguration gilt (vgl. Kuhn 2012). Die zugehörige wissenschaftliche Forschung zeigt sich indes gespalten: Die Fremdsprachen setzen eher auf eine integrative Didaktik mit dem Fernziel der interkulturell-kommunikativen Kompetenz, konzipieren jedoch, da diese empirisch schwer zu messen ist, oft auch Forschungsdesigns, die den bilingualen Fachspracherwerb fokussieren.[3] Die Geschichtsdidaktik interessiert sich eher für den „Mehrwert"[4] oder besser Eigenwert des bilingualen Unterrichts im Vergleich zum ‚regulären' historischen Lernen, doch sind genuine Studien auf diesem Gebiet rar. Die Gründe dafür können hier nicht diskutiert werden. Ein anderer Weg, die beiden Fachperspektiven und ihre Forschungskulturen sowie Organisationsformen zu vereinen, könnte dagegen in einer Verschneidung der zweiseitigen Kompetenzformulie-

---

[1] Teile des Textes, allerdings ohne Fokus auf bilingualem Lernen, erscheinen auch als Barricelli (2015).

[2] Im Folgenden wird für den Deckbegriff ‚Sprache' der Unterschied zwischen Oralität und Schriftlichkeit – den es zweifellos gibt und der anderenorts klug erörtert wird – nicht mitbedacht. Das Schreiben im Geschichtsunterricht ist wie das Reden Sprachhandeln, insofern mittels eines prekären Ersatzes, der Sprache, das Eigentliche, das unerreichbar ist, nämlich die Vergangenheit, repräsentiert und verfügbar gemacht wird.

[3] Dies ist zumindest die Einschätzung der Geschichtsdidaktik, vgl. etwa Hasberg (2004) sowie eine neue, erstaunliche Invektive von Bernhardt (2015). Vgl. auch Heimes (2013).

[4] Der „Mehrwert" von bilingualem im Vergleich zu regulärem Geschichtsunterricht ist mittlerweile eine gut eingeführte Messgröße. Ursprünglich stammt der Begriff freilich aus der Wirtschafts- und Gesellschaftstheorie von Karl Marx.

rungen liegen, insofern diese, jeweils spezifisch konturiert, *interkulturelle* Bildungsziele umfassen. Die in vielen schulischen Curricula für den Fremdsprachenunterricht hoch angesetzte *intercultural communicative competence* blickt zwar zuvorderst auf die synchrone Ebene von Kulturbegegnung und gegenseitigem Fremdverstehen, während im Geschichtsunterricht die diachrone Alteritätserfahrung interessiert. Aber nichtsdestoweniger setzen beide Fachgruppen doch auf das Lernen in einer und für eine multikulturelle bzw. diverse Gesellschaft.

2. Bilinguales historisches Lernen zum Ersten Weltkrieg

Ein geeignetes Thema für eine bilingual sprachbewusste Untersuchung des historischen Lernens stellt fraglos der Erste Weltkrieg dar. Zuerst ist da jene merkwürdige und auffällige Ungleichheit der nationalen Erinnerungskulturen, die für spannende, im Äußersten sogar verstörende Lernanlässe sorgt. Während in Frankreich und Belgien *La Grande Guerre* unabtrennbarer Bestandteil des nationalen Gedenkens an Schulen wie in der Öffentlichkeit ist und sein hundertstes Jubiläum (*Centenaire*) über den Zeitraum von vollen vier Jahren begangen, damit der Gesamtkrieg quasi nachvollzogen wird – für Großbritannien und den *Great War* liegen die Dinge ähnlich –, fristet der Erste Weltkrieg in der deutschen Geschichtskultur immer noch ein Schattendasein. Zwar ist er anlässlich der Jahrestage verstärkt in den öffentlichen Blick gerückt. Zuletzt war sogar eine Explosion der geschichtswissenschaftlichen und erinnerungskulturellen Produktion zu verzeichnen, meist in Form von klassischen Gesamtdarstellungen oder der Abhandlung von Einzelfragen (thematisch neu war indessen lediglich die explizite Berücksichtigung außereuropäischer Perspektiven, so der Kolonialstaaten, von Arabien und China), populärhistorisch durch erstaunliche Bildbände;[5] dazu traten Museumskataloge, Faksimiles von alten Ausgaben als Beilagen aktueller Tageszeitungen,[6] überhaupt gesammelte Presseerzeugnisse.[7] Auch eine von der DFG geförderte (deutsche) Online-Enzyklopädie enormen Ausmaßes (in

---

[5] Vgl. etwa Walther (1914). Wunderbar darin die leuchtend roten („rouge garance") Pluderhosen („sarouel") der französischen (Kolonial-)Truppen zu Beginn des Krieges.

[6] Vgl. z.B. die umfangreiche Dokumentation der belgischen Tageszeitung *La Dernière Heure* vom 4.8.2014, d.h. dem hundertsten Jahrestag des deutschen Überfalls auf Belgien.

[7] Vgl. z.B. die zehnteilige Serie („Hors-Série") von *Le Monde* „14-18. Le Journal du Centenaire", erschienen über die Jahre 2013 und 2014.

englischer Sprache) wurde freigeschaltet.⁸ Für die Ansprache der Jüngeren erschienen Erzählungen in schülergerechter Sprache oder Überlegungen zu Unterricht und Projektarbeit.⁹ Das eigentliche geschichtsdidaktische Feld blieb aber leider doch ziemlich unbeackert, nämlich die Erinnerung an den Großen Krieg¹⁰ typologisch zu deuten, Sinnbildungen zu beschreiben und Orientierungsleistungen zu bestimmen. Ein nachträglicher Versuch soll hier noch einmal unternommen werden. Für das Konzept werden unterschiedliche öffentliche Erinnerungszeichen wie neu eingeweihte Denkmäler oder Briefmarken, besonders jedoch das populärhistorische Medium des Geschichtscomics herangezogen; gerade mit letzterem wird ein kulturell relevanter Zugang zu außerdeutschen Erinnerungsregionen hergestellt.

3. Comics und interkulturelles Geschichtslernen

Der Comic¹¹ ist im deutschen Geschichtsunterricht heute, nach langem Zögern (ja Verteufeln im Zuge von Schund- und Schmutz-Kampagnen, bereits in den 1920er und dann wieder den 1950er Jahren) eine durchaus nicht selten eingesetzte mediale Gattung. Wurden in Schulbüchern früher höchstens Bildfolgen aus den *Asterix*-Serien, dann dem Holocaust-Comic *Maus*¹² abgedruckt, finden

---

[8] http://encyclopedia.1914-1918-online.net/home/net (01.09.15)

[9] Vgl. z.B. Henke-Bockschatz (2014), Hofmeier (2013) und Kuhn (2014). Nirgends jedoch hat in den bundesdeutschen Curricula der Erste Weltkrieg dauerhaft gesteigerte Aufmerksamkeit erfahren

[10] Ich nutze hier diesen in Deutschland nicht üblichen Ausdruck in interkultureller Annäherung an Frankreich und Großbritannien, auch weil das Attribut ‚groß' etwas Narratives enthält: Es gab zuvor kleinere Kriege, dieser war größer und muss uns daher mehr Nachdenken wert sein. ‚Groß' bedeutet immerhin nicht, dass es später nicht noch größere Kriege gegeben habe oder noch geben könne.

[11] Als quasi synonymer Gattungsbegriff existiert ‚Graphic Novel'. In der Fachwelt wird mit ihm oft ein Qualitätsunterschied behauptet, der aber wohl doch eher einer Imageverbesserung dient. Immerhin beinhaltet ‚Graphic Novel' eine Aussage zur Länge und sozusagen Buchform des Produkts. Doch auch Comics konnten schon immer viele Seiten füllen und zwischen Deckeln gebunden sein.

[12] Tatsächlich hat sich ein Gutteil der fachdidaktischen Schärfung von Gütekriterien in Bezug auf Comics (Stichworte Authentizität, Literarizität/Fiktionalität, visuelle Narrativität) anhand von „Holocaust-Comics" vollzogen, vgl. Frenzel (2014). Dort fehlen allerdings die wichtigen Hinweise auf die frühen, durchaus die geschichtsdidaktische Bahn brechenden Arbeiten von Hans-Jürgen Pandel aus den 1990er Jahren.

sich jetzt auch andere Beispiele.[13] Die deutsche Comic-Kultur[14] ist gleichwohl mit der gesellschaftlichen Bedeutung dieses Mediums in Frankreich und dem frankophonen Belgien (oder etwa in Japan) nicht zu vergleichen. Dort dient, auf einem bereits weit ausdifferenzierten Feld fußend, die *Neuvième Art* seit Jahren, sogar Jahrzehnten als staatlich gefördertes Instrument einer spezifisch nationalen ‚Modernitätsoffensive', wobei der Boom gerade der Geschichtscomics seit den 1980er Jahren womöglich sogar auf die Erfahrung ökonomischer und Identitätskrisen zurückzuführen ist.[15] Unzählig waren folgerichtig nicht nur die einschlägigen Neuerscheinungen im Umfeld des *Centenaire*; atemberaubend sind auch die mit den graphischen Veranschaulichungen verknüpften Perspektiverweiterungen und Deutungsangebote.[16] Ein Beispiel von vielen geben die (oft schon älteren, jetzt wieder aufgelegten) Werke eines der bekanntesten französischen Zeichner dieser Art, Jacques Tardi (geb. 1946). Seine Alben zum Thema des Ersten Weltkriegs erschienen in verschieden zusammengestellten Ausgaben. Merkmal der hier benutzten Serie *Putain de Guerre*[17], die aktuell wieder aufgelegt wurde, ist, dass ein namenloser französischer Soldat (im Folgenden wie zeitgenössisch üblich *poilu* genannt), der wohl Erlebnisse von Tardis Großvater transportiert, die Jahre des Krieges an verschiedenen Fronten durchläuft, ohne verwundet zu werden, so dass er, in der Regel rein gedanklich, das Geschehen unbehelligt für sich auslegen kann. Wie jeder Zeichner seriöser Geschichtscomics hat Tardi vor der Produktion Quellen verschiedener Art (Aktenüberlieferung, Tagespresse, Briefe etc.), daneben fiktionale Literatur studiert und seiner

---

[13] Eine genrespezifische Standortbestimmung findet sich bei Gundermann (2014). Die dort anfänglich zum Ausdruck gebrachte Einschätzung des nach wie vor seltenen oder dysfunktioinalen Comic-Einsatzes im Unterricht wird hier allerdings nicht geteilt.

[14] Die Geschichtsdidaktik hat in Bezug auf den Geschichtscomic in den letzten Jahren Erhebliches geleistet. Vgl. z.B. Gundermann (2007) und Mounajed (2009).

[15] Vgl. Middendorf (2012). Dort viel weitere internationale Literatur zur französischen *Bande dessinée*. Stimmt die These der vermehrten Comic-Produktion zu Zeiten der Wirtschaftskrise, müsste sie sich gerade jetzt bestätigen lassen. Der sehr häufig und etwas gedankenlos gebrauchte Begriff der Massenkultur könnte aber in Bezug auf den Comic doch verfehlt sein. Wahrscheinlich gibt es kaum mehr echte Comic-Kenner als Opern-Experten. Vielmehr schwingt im pejorativen Wortbestandteil ‚Masse' immer noch ein Rest der Abwertung des Comics als Trivial-Medium mit.

[16] Es gibt sogar eine didaktische Variante zum Thema des Ersten Weltkriegs, vgl. Bock (2015).

[17] Tardi & Verney 2008 (deutscher Titel *Elender Krieg*, 2009/2010).

Arbeit zugrunde gelegt, doch die Bedeutung seines Werks erwächst nicht aus der Quellentreue, sondern – außer selbstverständlich der künstlerisch einzigartigen Umsetzung – der besonderen empathischen Zuwendung zu den Akteuren, die mit moralischer Haltung verbunden wird. Wohl aufgrund dieses didaktischen Zuges wurden Teile des Zyklus kürzlich sogar in Deutschland für den Unterricht empfohlen (wobei allerdings der Vergleich der Leistungsfähigkeit unterschiedlicher Medien für das historische Lernen im Mittelpunkt stand).[18] Die Eigenart des Mediums Comic machen jedenfalls seine Verschränkung von Visualität und Text sowie die buchstäblich unbesehenen Perspektiven auf historisches Geschehen aus, was spezifische Deutungen und Urteilsbildungen ermöglicht und die kongeniale Imaginationskraft des Lesers fördert. Zum einen nämlich legen die Zeichnungen Bilder für etwas fest, das bei reiner Textlektüre erst im Kopf oder Bewusstsein des Nutzers entstehen müsste; zweitens bieten sie Anschauung oder Simulacrum für etwas, das mit Worten oft formelhaft, verschämt oder umständlich umschrieben wird – im Falle von *Putain de Guerre* sind das vor allem die drastischen Darstellungen von Leid und Zerstörung (verstümmelte Körper, Blut, zerschossene Städte, zerwühlte Gräben[19]). Drittens zwingen Comiczeichnungen oft Dinge und Zeitebenen in einen Rahmen (Fachbegriff: Panel), die so nicht authentisch sind; oder die Sequenzen, so gern sie bisweilen Geschehen dicht wie im Daumenkino nachvollziehen, lassen vorsätzlich Stationen aus, um den Lesern die subjektive Einbildung abzuverlangen. Für eine angemessen intellektuelle Interpretation der Bildfolgen bedarf es daher besonderer methodisch-medialer Kompetenzen, die an der montierten Sequentialität, der zeichnerischen Härte, den Bildtexten (z.B. Sprechblasen) und vor allem den zwischen den Panels unausgefüllten Leerstellen (genannt ‚Hiatus', lateinisch ‚das Gähnen' oder auch ‚Atemholen', dann auch ‚Kluft', nämlich zwischen den Bildern) zu schulen sind.

Für die folgende Übung sollen die bislang diskutierten fachlichen, sprachlichen, kulturellen und medialen Zugänge zusammengeführt werden. Die genuin geschichtsdidaktische Arrangierung des historischen Lernens entsteht hierbei

---

[18] Bunnenberg (2013). Dort, S. 21, ein Vorwort von Jacques Tardi zu einer deutschen Ausgabe aus dem Jahr 2002 mit dem damaligen Titel *Grabenkrieg*.

[19] Die grausamsten Bilder bleiben hier allerdings ausgespart.

durch obligate Orientierung an den vier Sinnbildungstypen von Jörn Rüsen.[20] Zur Erinnerung: Rüsen hatte seine vier Erzählfiguren – die traditionale (Geschichte bleibt sich gleich), exemplarische (Geschichte wird als Vorbild oder zur Abschreckung erzählt), kritische (neue Geschichten erzählen die alten weg) und genetische (Geschichte legitimiert die Gegenwart) – durch eine aufsteigende Entwicklungslogik miteinander verbunden. Und während er noch meinte, historisches Lernen (und Geschichtsunterricht) bedienten sich vorzüglich des exemplarischen Sinns, gab er doch, wenn auch ohne Beleg und eigentlich grundlos, an, dass die reflektierteste Form des Erzählens die Genese sei. Nach der hier vertretenen Auffassung kommen vielmehr alle Erzähllogiken stets zugleich vor (oder können zumindest jederzeit über denselben Gegenstand konstruiert werden), so dass eine Auffächerung von (Lern-)Geschichten über den Ersten Weltkrieg mittels vier *gleichwertiger* Sinnbildungen, deren spezifische Relevanz nochmals erörtert werden soll, gerechtfertigt ist.[21]

Da der Erste Weltkrieg in der Regel in der neunten Klasse unterrichtet wird, sind die Adressaten ca. fünfzehnjährige Schülerinnen und Schüler (für eine Verwendung in der Oberstufe wäre hier und da eine Anhebung des Aufgabenniveaus notwendig). Für jeden Sinnbildungstyp werden drei Aufgabenvorschläge unterbreitet, die Sprach- und Textproduktion, bilingual-sprachvergleichende Begriffsarbeit und kulturelle Perspektivenwechsel vereinen. Die ersten zwei Aufgaben fördern in einer eher analytischen Hinwendung Deutungs- und Urteilskompetenz. Die dritte Aufgabe ist jeweils der synthetischen Lernhandlung des historischen Erzählens gewidmet, d.h. der Ausbildung *historisch-narrativer Kompetenz*. Einige Male werden für die Bearbeitung hilfreiche Erzählwörter empfohlen, was als einfache Maßnahme des aus dem Fremdsprachen- oder bilingualen Sachfachunterricht vertrauten *scaffolding* mit dem Zweck der Informationsverarbeitung und Wissensaneignung gelten kann (vgl. Thürmann 2013). Diese verbalen Unterstützungen erscheinen hier auf Deutsch *und* Französisch, um den Bezug zum bilingualen Unterricht zu verdeutlichen. Ob und wie im Üb-

---

[20] Vgl. zu dem in der Geschichtsdidaktik seit langem anerkannten und in verschiedenen Verwendungszusammenhängen elaborierten Modell historisch-narrativer Sinnfiguren: Rüsen (2008 [1994]), breiter diskutiert bei Barricelli (2012).

[21] Vgl. zur Verbindung von Sinnbildungstypen, Erzählmustern und Emotion Barricelli (2013) sowie Barricelli (2015).

rigen mit den Textkommentaren gearbeitet werden sollte, die im französischen Original sehr viele umgangssprachliche Ausdrücke und Worte soldatischen Slangs enthalten, kann hier nicht diskutiert werden. Nötig ist der Hinweis, dass mit dieser didaktischen Ausarbeitung keineswegs eine direkte Umsetzung in die Unterrichtspraxis angestrebt ist. Die Quellen stehen beispielhaft und die Tatsache konkreter Aufgabenformulierungen soll kein reales Lerngeschehen suggerieren. Mögliche Erwartungshorizonte für die Beantwortung können leicht aus den jeweils einleitenden Überlegungen abgeleitet werden. Die Assimilation von Inhalten und Arbeitsimpulsen an den bilingualen Klassenraum – das heißt hier unter anderem die Entscheidung über das möglicherweise in verschiedenen Phasen unterschiedliche Sprachregime – wäre wie stets Sache der Lehrpersonen im Hinblick auf das Vorverständnis und Leistungsniveau der Schülerinnen und Schüler.

4. Szenen aus dem Ersten Weltkrieg in vier Sinnbildungen

4.1 Traditionale Sinnbildung

Dem Grunde nach sind alle Erzählungen vom Krieg *traditionale* Erzählungen. Denn ihren Ausgang nehmen sie immer von der Feststellung, dass der harmonische Zustand des Menschen mit sich selbst und seinen Göttern, der Frieden, gestört sei. Narration soll hier heilen, indem Ursprünge klar bezeichnet, Störungen benannt und Schuldige dafür ausgemacht werden. Höchster Wert ist ihr der (bereits im Ursprung der Sache beschlossene) *normal course of events*, von dem nicht abzuweichen sei. Über den Krieg, seinen Verlauf und die Folgen, aber auch seine Einhegung oder Verhinderung wird infolge dessen regelmäßig mithilfe der narrativen Figur einer *restitutio ad integrum* erzählt. Traditionale Sinnbildung verwischt mithin stärker als die anderen Logiken die prinzipielle Differenz zwischen den Zeitdimensionen. Ein Aspekt dieser wiederherstellenden Erzählung war im Fall des Ersten Weltkriegs die prompte Frage nach der ‚Schuld' an seiner Auslösung. Tatsächlich spielte die ‚Kriegsschuldfrage' bereits in den frühesten Augenblicken des Weltkriegs eine propagandistische Rolle (vgl. 4.4) und wurde dann im Rahmen der Friedensschlüsse aktualisiert, indem Deutschland und seine Verbündete als Urheber von Krieg und Kriegsschäden bezeichnet wurden.[22] Traditionale Erzählungen mit ihren Verpflichtungen gegenüber Ursprung und Herkunft, ihrem Sinn für Einheit und Unversehrtheit können ideologisch scharfe Waffen gegenüber den jeweils Nicht-Mitgemeinten sein. Interkulturelle Kompetenz soll hier zum Aufbrechen ihres (national, ethnisch) exklusiven Charakters, zur Formulierung von Alternativen und zur Anerkennung des Rechts des Anderen auf Geschichte befähigen.

Aufgabenvorschläge

- Untersuche, warum der Comic-Zeichner Jacques Tardi die Mobilmachungen vom August 1914 in Paris (Abb. 1) und Berlin (Abb. 2) sehr ähnlich darstellt. Achte auf die Haltung der ausmarschierenden Soldaten, die Gesichter der dargestellten Menschen, den Schmuck von Straßen und Gebäuden.[23]
- Analysiere den Artikel 231 des Versailler Vertrags in seiner französischen Originalfassung genau. Vergleiche dazu auch die heute gültige deutsche Übersetzung. 1919 und noch lange danach wurde behauptet, in dem Artikel werde die „Alleinschuld" des Deutschen Reiches am Krieg festgestellt. Beurteile, wie mit dieser Wortwahl die Wirkung des Vertrags bewusst gesteuert wurde. Bedenke dafür den Inhalt der deutschen Worte ‚Urheber' und ‚Schuld' (auch ‚Schulden').

    Art. 231:

    „Les Gouvernements alliés et associés déclarent et l'Allemagne reconnaît que l'Allemagne et ses alliés sont responsables, pour les avoir causés, de toutes les pertes et de tous les dommages subis par les Gouvernements alliés et associés et leurs nationaux en conséquence de la guerre qui leur a été imposée par l'agression de l'Allemagne et de ses alliés."

---

[22] Der Versailler Friede war einer der ersten diplomatischen Verträge, die nicht nur in einem französischen Original, sondern zusätzlich einem englischen abgefasst waren; eine deutsche Ausfertigung gab es nicht. Die Schlussakte des Wiener Kongresses (1815) war sogar synoptisch in beiden Sprachen nebeneinander ausgefertigt.

[23] Die tatsächliche Verbreitung dieses „Augusterlebnisses" ist heute stark umstritten, was hier nicht diskutiert werden soll. Es war wohl auf gewisse studentische und bürgerliche Kreise beschränkt. Vgl. https://www.dhm.de/lemo/kapitel/erster-weltkrieg/innenpolitik/augusterlebnis.html (01.09.15). – Nichtsdestoweniger existieren aber die bekannten Fotografien der Ausmärsche, die Tardis Zeichnungen zu Grunde liegen.

„Die alliierten und assoziierten Regierungen erklären, und Deutschland erkennt an, dass Deutschland und seine Verbündeten als Urheber für alle Verluste und Schäden verantwortlich sind, die die alliierten und assoziierten Regierungen und ihre Staatsangehörigen infolge des Krieges, der ihnen durch den Angriff Deutschlands und seiner Verbündeten aufgezwungen wurde, erlitten haben."

- Erzähle mithilfe der Abb. 1 und 2 sowie weiterer Forschungsliteratur (vgl. Anm. 9) verschiedene Geschichten über den Beginn des Ersten Weltkrieges, in denen die Gewichte im Hinblick auf die Verantwortung für die Aufnahme von Kampfhandlungen unterschiedlich verteilt sind. Du kannst in der dritten Person oder aus der Erlebnisperspektive eines oder einer Beteiligten schreiben.

Benutze Wörter und Wendungen wie:

(D) *lang erwartet, endlich, Jubel, Fahnen, Gesang, plötzlich, Unvorhersehbarkeit, Angst, Drang, zu Hause, Zeitenwende. als Erste, ohne Grund, reagieren, weil die anderen, zu Recht / Unrecht, aus Vorsicht, aggressiv, Schutz suchen, rächen, zuschlagen, blindlings, hineinschlittern*

(F) *attendu de longue date, enfin, la liesse, les drapeaux, les chants, soudain, l'imprévisibilité, la peur, l'enthousiasme, chez soi, un tournant décisif, d'abord, sans raison, réagir, parce que les autres, légitimement / illégitimement, par prudence, rechercher la protection, se venger, frapper, aveuglément, se retrouver dans une situation*

4.2 Exemplarische Sinnbildung

Exemplarische Sinnbildung über den Ersten Weltkrieg ist in Deutschland fast unauffindbar. Anders in Großbritannien. Den Briten und ihren Bundestruppen aus dem Empire mag am Ende des Krieges zwar ein Rätsel (bzw. nicht *genetisch* herzuleiten) gewesen sein, warum sie trotz ihrer haarsträubenden strategischen Fehlleistungen – man denke an Gallipoli 1915 oder die Somme-Schlacht 1916 und überhaupt die extremen Verluste über alle vier Jahre hinweg – schließlich doch zu dessen Siegern zählten. Sie fanden aber den exemplarischen Sinn des Erlebten in einer Erzählung über den tadellosen Mut ("bravery") des einzelnen Soldaten und den unbedingten Zusammenhalt aller Angehörigen und Zivilisten

Abb. 1: Mobilmachung in Paris, August 1914
(Tardi & Verney 2008, 6; © Casterman)[24]

---

[24] Diese Abb. sowie Abb. 2, 5, 6, 7, 8, 9 und 10: Mit freundlicher Genehmigung der Autoren und der Editions Casterman, Bruxelles / Paris.

Abb. 2: Mobilmachung in Berlin, August 1914
(Tardi & Verney 2008, 7; © Casterman)

in der Heimat. Diese kämpften in ihren Gedanken und Erinnerungen gleichsam an der Front mit, was als Sentenz gern durch ein Spiel des Eigentlichen mit dem Metaphorischen ausgedrückt wurde: "Britain's strong Arm and yours will carry us through".[25] In Frankreich hingegen überwiegen Erinnerungen an Momente der Behauptung in einem grundsätzlich aus der Position des Unterlegenen geführten Kampfes.

Exemplarische Erzählungen behaupten – was im Falle des Ersten Weltkriegs den „im Felde unbesiegten" Deutschen unmöglich war – einen unbedingten Zusammenhang zwischen den Zeitdimensionen, weil unveränderlich in ihnen allen Menschen als Menschen vor dem Hintergrund eines als gegeben akzeptierten Regelwerks handeln. Sie formen also oft und trotz ihres zeitüberspannenden Anspruchs kulturell oder national partikulare Gedächtnisse. Narrative Kompetenz soll hier zur Aufdeckung ungerechtfertigter Generalisierungen und zur Kontextualisierung des funktionalen Vorbildcharakters befähigen. Interkulturelles Lernen setzt ein, wenn der sehr oft beschränkte bzw. exkludierende Adressatenkreis (z.B. „Völker", „Nationen") kritisch reflektiert wird.

Aufgabenvorschläge
- Arbeite mit dem in Großbritannien im Jahr 2014 zum Gedenken an den Ersten Weltkrieg herausgegebenen Briefmarken-Block (Abb. 3). Finde Argumente für und gegen die gewählten Abbildungen, z.B. während der Nachstellung einer Redaktionskonferenz. Erörtere im Hinblick auf die Texte, Bilddarstellungen und Symbole, an wen sie sich allgemein oder speziell richten, wer in der Erinnerung eingeschlossen wird und wer nicht.[26]
- Arbeite mit offiziellen französischen Gedenk-Briefmarken (Abb. 4) zur so genannten Marne-Schlacht (September 1914). Sie wurden herausgeben zur Erinnerung an die national bedeutsame Episode der *taxis de la Marne*, als in Ermangelung anderer Transportmittel bestimmte Truppenteile der

---

[25] So das Quellenzitat auf dem offiziellen Ersttagsstempel der in Abb. 5 gezeigten Briefmarken.
[26] Private William Cecil Tickle (1898-1916), gefallen in der für Großbritannien besonders verlustreichen Somme-Schlacht, wurde als *teenage hero* für das Markenporträt ausgewählt. Das Foto wurde wenige Tage vor seinem Tod aufgenommen. Der Leichnam konnte nie geborgen werden.

französischen Armee mit Taxis von Paris an die nicht weit entfernte Marne-Front gebracht wurden. Informiere Dich zunächst genauer über die damaligen Ereignisse. Beurteile dann deren Wiedergabe auf den Briefmarken. Der Comic versetzt das Geschehen zusätzlich in einen ganz eigenen Zusammenhang (Abb. 5): Der namenlose französische *poilu* trifft auf Kolonialsoldaten (*indigènes*); einer von jenen weist ihn sogar auf seine Position ein.

Bewerte die Szene in Bezug auf ihren Lerninhalt für historisches Fremdverstehen. Gib an, inwiefern der Comic der in Frankreich sehr populären, durchaus sentimentalen Erinnerung an die *taxis de la Marne* eine neue Perspektive hinzufügt.[27]

- Erzähle eine Geschichte über die ersten Wochen des Weltkrieges aus der Perspektive eines *poilu*, in der Du auch die besondere Zusammensetzung der französischen Armee erinnerst.
Benutze Wörter und Wendungen wie:
(D) *junge Männer, Söhne, Töchter, Tod, Leid, Dienst, gerechte Sache, Zusammenhalt, Ehre, Erinnerung, ewig, füreinander, schrecklich, Mahnung, nicht vergessen, niemals wieder, stolz, endlich, leider, antreten, Gesichter, Völker, Kleidung, Befehl, Ernst, merkwürdig, zum ersten Mal, alle zusammen, jeder für sich*
(F) *de jeunes hommes, des fils, des filles, la mort, la souffrance, le service, une cause juste, la cohésion, l'honneur, le souvenir, éternel, l'un pour l'autre / les uns pour les autres, terrible, la mise en garde / l'avertissement, ne pas oublier, plus jamais, fier, enfin, malheureusement / hélas, se mettre en rang, les visages, les peuples, l'habillement, l'ordre, le sérieux / la gravité, étrange, pour la première fois, tous ensemble, chacun pour soi*

4.3 Kritische Sinnbildung

Für die Geschichtsdidaktik ohnehin wesentlich, aber auch medial am reizvollsten bleibt die Behandlung der *kritischen* Sinnbildung zum Kriegsgeschehen. Kritische Erzählungen stellen einen Zusammenhang der Zeitdimensionen grundsätzlich in Frage, schon aus Furcht davor, die regelmäßig inhumanen Begleitumstände der menschlichen Existenz könnten sich endlos fortsetzen. Jörn Rüsen

---

[27] Der Text verrät den Gedanken des *poilu*, dass die Truppen aus den Kolonien wohl nicht in den Taxis (*en sapin*, eigentlich: ‚Pferdedroschke') gekommen seien.

Abb. 3: Briefmarken (Block) Großbritannien 2014 (Privatbesitz, M.B.)

Abb. 4: Briefmarken (Block) Frankreich 2014 (Privatbesitz, M.B.)

Abb. 5: Aufstellung französischer Truppen, September 1914
(Tardi & Verney 2008, 15; © Casterman)

stellt die kritische Erzählung unter das Rubrum der „Negation von Standpunkten" und der „Umwertung aller Werte" (Rüsen 2008). Diese durchaus pessimistische Weltanschauung hat sich am mächtigsten im popkulturellen Diskurs über den Weltkrieg durchgesetzt: Gerade im französischen Geschichtscomic sind alle heldenhaften, strahlenden, vorbildlichen Deutungen sogar des eigenen Sieges heute abhanden gekommen. An ihrer Stelle regieren Zweifel, Verzweiflung, Verwünschung des Schlachtens. Auf dem Gebiet der Populärkultur findet mithin, so die hier vertretene Auffassung, seit einiger Zeit überhaupt die weitestgehende Modernisierung einer Geschichtsbetrachtung statt, die herausfordert, was konventionelle Historiographie oder ordinäre Schuldidaktik zu bieten haben. Tardis Comicbücher sind in dieser Hinsicht ganz besonders aussagefähig. Die emphatische Kritik liegt dabei in den oft erschreckenden Bildern (*brutalité*) ebenso wie in den Denk- und Sprechblasen der Akteure bzw. ihren meist sarkastisch vorgebrachten Kommentaren. Die ganze Sinnlosigkeit von Krieg und Gewalt werden nicht selten während des Zuges an einer Zigarette zum Ausdruck gebracht. Ausgewählt wurden hier blutige Bilder des Gemetzels mit von den Waffen abgerissenen Köpfen und Gliedmaßen, dem sich übergebenden Kameraden und einem weiteren, der, scheinbar unbeteiligt im toten Winkel, seinen Gedanken nachhängt. Interkulturelles Lernen formt sich diesmal genau durch die Reflexion auf die körperliche Erfahrung von Tod und Schrecken. Die historische Entwicklungsdimension wird durch den Wandel der Kriegstechnik und Kampferwartung zum Ausdruck gebracht: Zu Beginn des Krieges stürmten die feindlichen Heere wie mittelalterliche Turnierritter, z.T. sogar im Harnisch, aufeinander zu. Sehr bald aber wurde klar, dass der Große Krieg ganz anders funktionierte und nicht zuletzt für eine Verallgemeinerung des Sterbens unabhängig vom Dienstrang sorgte.

Aufgabenvorschläge
- Analysiere die dargestellte Kampfsequenz berittener Truppen zu Anfang des Krieges in Abb. 6. Der Zeichner nimmt Anleihen bei der Darstellung mittelalterlicher Turniere, zeigt aber, dass sich die Kavallerie den neuen Waffen („beau travail de artilleur") zu beugen hat. Worauf spielt die Aussage „de chez Krupp ou de chez Schneider" an?

Abb. 6: Kampfszene zu Beginn des Krieges (stilisiert)
(Tardi & Verney 2008, 14; © Casterman)

- Beschreibe den typischen Grabenkampf im Ersten Weltkrieg anhand der Comic-Zeichnungen in Abb. 7.
  Benutze dafür Wörter und Wendungen wie z.B.:
  (D) *Anspannung, Ruhe, warten, Geschütz, Gasangriff, Zerstörung, Angst, Tod, Ehre, Sinn des Krieges, Sinnlosigkeit, unvorstellbar, zu Hause, Menschen, Masse.*
  (F) *la tension, le calme, attendre, la pièce d'artillerie, l'attaque au gaz de combat, la destruction, la peur, la mort, l'honneur, le sens de la guerre, l'absurdité, inimaginable, chez soi, les gens, les masses.*
- Drei Abbildungen – Abb. 7 (Perspektive der Franzosen), Abb. 8 (spiegelbildliche Perspektive der Deutschen) und Abb. 9 – stellen noch einmal, in der Vorstellung des Comic-Zeichners, die große, den Zeitgenossen bis dahin unbekannte Brutalität des Kriegsgeschehens, die vor allem aus der neuen Durchschlagskraft der Geschütze resultierte, dar. Irgendwie mussten die Soldaten lernen, mit Tod und Verwundung umzugehen – und sie mussten sich in ein Verhältnis zu den ‚Feinden' setzen, die ja ebenso litten wie sie selbst. Versuche Worte für das zu finden, was der *poilu* denkt, der sich nach der Schlacht scheinbar unberührt eine Zigarette anzündet. Überlege, ob sich der Bericht eines deutschen Soldaten, der über einen ähnlichen gegnerischen Angriff berichtet, von der Erzählung des Franzosen unterschieden hätte.
  Benutze dafür Wörter und Wendungen wie:
  (D) *Brutalität, Ausweglosigkeit, Sinn / Sinnlosigkeit, ohne Unterschied, Frieden, Tod, Waffen, unerwartet, Hoffnung, Feinde, Freunde, Politiker*
  (F) *la brutalité, le désespoir, le sens / l'absurdité, sans distinction, la paix, la mort, les armes, imprévu, l'espoir, les ennemis, les amis, les hommes politiques*

4.4 Genetische Sinnbildung

Die *genetische* Sinnfigur ist zunächst das Los allen historischen Lernens im Unterricht. Denn Geschichtsunterricht und Geschichtsschulbuch sind, wie die zu Grunde liegenden Curricula im Großen und Ganzen (also trotz Themeninseln und Fokussierungen, einzelnen Längsschnitten und eingestreuten Fallstudien, auch biographischen Würdigungen), zuletzt als große Erzählung konstruiert, in denen die Vergangenheit wie die berühmte Pappelallee auf die (unsere jeweilige, also kulturell und national umgrenzte) Gegenwart zuläuft. So bleibt auch der

Abb. 7: Im Schützengraben (1914, französische Truppen)
(Tardi & Verney 2008, 20; © Casterman)

Abb. 8: Im Schützengraben (1914, deutsche Truppen)
(Tardi & Verney 2008, 21; © Casterman)

Abb. 9: Brutale Kampfszene
(Tardi & Verney 2008, 26; © Casterman)

Erste Weltkrieg, vor allem sein mit den Pariser Vorortverträgen besiegeltes unreines Ende, eine Etappe mit Erklärungspotenzial für die nachfolgenden, um noch vieles fürchterlicheren Katastrophen des fortschreitenden zwanzigsten Jahrhunderts, die Faschismen und Kommunismen mit ihren „Bloodlands" (Snyder 2011), den Zweiten Weltkrieg, den Holocaust. Genetische Erzählungen, während sie klar zwischen den Zeitdimensionen unterscheiden („Wir sind anders/Andere als früher/Frühere"), beschwören zugleich deren Zusammenhang, schon aus Mahnung und Warnung vor vergangenheitsenthobenen modernen Lebenswelten. Genetische Sinnbildung impliziert einen allgemeinen Zwang, sich zur Vergangenheit zu verhalten. Das gilt für die Kriegszeit selbst wie für uns, die wir uns hundert Jahre später des Geschehens erinnern. Während z.B. der damals international hoch angesehene deutsche Zoologe und Darwin-Adept Ernst Haeckel (1834-1919) 1914 als mutmaßlich Erster von einem „Ersten Weltkrieg" sprach (wobei dies keiner Prophetie gleichkam, sondern auf die Neuartigkeit der Kriegsführung abstellte), legte er zugleich *ab ovo* „Englands Schuld am Weltkriege" fest mit allem, was daraus technisch zu folgen hätte.[28] Insofern offenbaren auch alle Arten von Denkmälern, Gedenkveranstaltungen und künstlerischen Artefakten genetische Sichtweisen auf dunkle Vorwelten.

---

[28] „There is no doubt that the course and character of the feared ‚European War' (…) will become the first world war in the full sense of the word." Ernst Haeckel in: *Indianapolis Star* vom 20.9.1914. Vgl. Haeckel (1914). *Englands Blutschuld am Weltkriege*. Eisenach.

Im Allgemeinen benötigt genetische Sinnbildung indes größere Abstände zum berichteten Geschehen. Allzu schnell gesetzte Denkmäler werden häufiger gestürzt als solche, bis zu deren Errichtung viel Zeit verstrichen ist. 96 Jahre hat es seit seinem Ende gedauert, bis ein Mahnmal – das soeben in Nord-Frankreich eingeweihte Mémorial international de Notre-Dame-de-Lorette – erstmals an alle (an einem Frontabschnitt) gefallenen Soldaten, ungeachtet ihrer Nationalität, Herkunft und militärischen Ränge erinnert. Narrative Kompetenz soll hier zur Formulierung von Um-, Nicht- und Irrwegen der historischen Entwicklung, zur Anerkennung von Aufarbeitung und schließlich zur Selbstaufklärung über die eigenen Geschichtsbedürfnisse und jene „der anderen" befähigen.

Aufgabenvorschläge

- Die „Kriegsschuldfrage" bewegte die am Krieg teilnehmenden Nationen von Beginn an. Informiere Dich über den deutschen Wissenschaftler Ernst Haeckel (1834-1919) und sein Buch *Englands Blutschuld am Weltkriege*. Untersuche, warum es den beteiligten Mächten so wichtig war, die Verantwortung für den Krieg jeweils den Gegnern zuzuweisen. Nimm dabei auch noch einmal Bezug auf den Versailler Vertrag, Art. 231.
- Erzähle, wie sich die Menschen im Laufe der Zeit mithilfe sehr verschiedener Denkmäler an den Ersten Weltkrieg erinnerten. Berücksichtige dabei die großen Soldatenfriedhöfe (vor allem in Frankreich und Belgien) mit ihren Monumenten, die Grabmäler auf deutschen Friedhöfen, Gedenktafeln in Bahnhöfen und Schulen (vor allem in Frankreich), das neue *Mémorial international de Notre-Dame-de-Lorette*.[29]
Finde Worte dafür, wer woran und mit welcher Absicht erinnert, z.B.:
(D) *Krieg, Kampf, Sinn / Sinnlosigkeit, Mut, Leid, Held, Front, Heimat, unschuldig, die Großen / Kleinen, damals aber, nie wieder, vergessen, vergeben, versöhnen, Grenzen, Unterschiede, wir heute*
(F) *la guerre, le combat, le sens/l'absurdité, le courage, la souffrance, un héros, le front, la patrie/l'arrière, les gens importants/les petites gens, autrefois en revanche, plus jamais, oublier, pardonner, se réconcilier, les frontières, les différences, nous aujourd'hui.*

---

[29] Man beachte insbesondere die eingravierten Namen im „Ring der Erinnerung": http://media1.faz.net/ppmedia/aktuell/808779521/1.3260417/article_multimedia_overview/im-tod-sind-alle-gleich-die-in.jpg (01.09.15).

Abb. 10: Schlussszene des Comics *Putain de Guerre*
(Tardi & Verney 2008, 48; © Casterman)

- Die letzte Bildsequenz (Abb. 10) vermittelt ein Zwischenfazit des Kriegserlebens. Gesagt wird, dass Louise, die Freundin des *poilu*, ihre Beschäftigung in einer Blumenboutique aufgegeben habe, um in einer Munitionsfabrik zu arbeiten. Analysiere die Art der Darstellung der Waffenhülsen in den Panels – wofür stehen sie symbolisch? Erzähle eine Geschichte, welche den Verlauf eines Krieges aus der ‚autorisierten' Sicht eines Teilnehmers („faut y avoir été pour comprendre") wiedergibt, und eine andere aus der Position eines oder einer Daheimgebliebenen.
Benutze dafür Wörter und Wendungen wie:
(D) *am Anfang, glauben, im Recht sein, Anstrengung, Verzicht, blind, einseitig, unsere Nachbarn, ehemalige Freunde, Aufrüstung, Kampf, sinnlos, Vernichtung, endlos, kein Sieger, Verwüstung, aufhören müssen*
(F) *au début, croire, être dans son droit, l'effort, la renonciation, aveugle, partial, nos voisins, nos anciens amis, l'armement, le combat, absurde, l'anéantissement, interminable, pas de vainqueur, la dévastation, devoir arrêter*

5. Bilingualität im Kontext von Narrativität und Interkulturalität

Geschichtsunterricht ist Sprachunterricht, das haben die vorgeführten Übungen am Beispiel der Thematisierung des Ersten Weltkriegs gezeigt. In einem sehr traditionellen Sinn und im Einklang mit schon älteren Glaubenssätzen der interkulturellen Bildung ist nämlich gerade der mehrsprachige Unterricht über den Krieg in der Lage, durch Perspektivenwechsel, Anbahnung von Empathie, Anerkennung alternativer Geschichten zu Verständigung und Versöhnung beizutragen. Im kognitiven Inneren vollziehen sich dabei Lernprozesse als Reflexion von Bewusstseinszuständen; nach außen treten die Aneignung von Vergangenheit und die historische Urteilsbildung (immer nur) als Erzählhandlungen auf. Genau darum gilt narrative Kompetenz heute als zentrales Ziel des Geschichtslernens.

Wenn es gelingt, historische Sinnbildung gerade im außerordentlich sprachbewussten bilingualen Unterricht interkulturell zu reflektieren, etwa indem Vergleiche von Deutungen, Begriffen, bevorzugten Medien der Darstellung, Konnotationen der Erinnerung in der eigenen und der fremden Kultur angestellt werden (vgl. Barricelli & Schmieder 2007), könnten sich viel versprechende Zugänge zu einer gemeinsam geteilten Geschichte und damit zu inklusiven, nicht mehr national getrennten Gesellschaften in Europa und der Welt öffnen.

Literaturverzeichnis

Barricelli, Michele. 2012. „Narrativität", in: Barricelli, Michele & Lücke, Martin. edd. *Handbuch Praxis des Geschichtsunterrichts.* Bd. 1. Schwalbach/Ts.: Wochenschauverlag, 255-280.

Barricelli, Michele. 2013. „Historisches Lernen und narrative Emotion. Anmerkungen zu einer erzähltheoretisch orientierten Geschichtsdidaktik, die Gefühle respektiert", in: Brauer, Juliane & Lücke, Martin. edd. *Emotionen, Geschichte und historisches Lernen. Geschichtsdidaktische und geschichtskulturelle Perspektiven.* Göttingen: V&R unipress, 165-184.

Barricelli, Michele. 2015. „Worte zur Zeit. Historische Sprache und narrative Sinnbildung im Geschichtsunterricht", in: *Zeitschrift für Geschichtsdidaktik,* 14. Jahrgang, 25-46.

Barricelli, Michele & Schmieder, Ulrich. 2007. „Über Nutzen und Nachteil des bilingualen Sachfachunterrichts. Fremdsprachen- und Geschichtsdidaktik im Dialog", in: Caspari, Daniela et al. edd. Bilingualer Unterricht macht Schule. Beiträge aus der Praxisforschung. Frankfurt/M.: Lang, 205-220.

Bernhardt, Markus. 2015. "Bilingual History classes – no, thanks!" in: *Public History Weekly* 3/22. http://public-history-weekly.oldenbourg-verlag.de/3-2015-21/bilingual-history-classes-clil-no-thanks/ (01.09.15)

Bock, Martin. 2015. „*Tagebuch 14/18.* Ein bi-nationales Comic-Projekt zum Ersten Weltkrieg", in: Quentmeier, Manfred & Stupperich, Martin & Wernstedt, Rolf. edd. *Krieg und Frieden 1914-2014. Beiträge für den Geschichts- und Politikunterricht.* Schwalbach/Ts.: Wochenschauverlag, 201-209.

Bunnenberg, Christian. 2013. „Aus dem Westen was Neues? Der Erste Weltkrieg in der Graphic Novel *Grabenkrieg* von Jacques Tardi", in: *Geschichte Lernen* 152/153, 2- 21.

Frenzel, Martin. 2014. „Der Holocaust im Comic", in: *Aus Politik und Zeitgeschichte* 33/34, 29-34.

Gundermann, Christine. 2007. *Jenseits von Asterix. Comics im Geschichtsunterricht.* Schwalbach/Ts.: Wochenschau-Verlag.

Gundermann, Christine. 2014. „Geschichtskultur in Sprechblasen. Comics in der historisch-politischen Bildung", in: *Aus Politik und Zeitgeschichte* 33/34, 24-29.

Hallet, Wolfgang & Königs, Frank G. edd. 2013. *Handbuch Bilingualer Unterricht. Content and Language Integrated Learning.* Seelze: Kallmeyer/Klett.

Hasberg, Wolfgang. 2004. „Bilingualer Geschichtsunterricht und historisches Lernen. Möglichkeiten und Grenzen", in: *Internationale Schulbuchforschung* 26/2, 119-139.

Heimes, Alexander. 2013. „Geschichte", in: Hallet & Königs. edd., 345-351.

Henke-Bockschatz, Gerd. 2014. *Der Erste Weltkrieg. Eine kurze Geschichte.* Stuttgart: Reclam.

Hofmeier, Franz. 2013. *Der Erste Weltkrieg. Für Kinder und Erwachsene.* Schwalbach/Ts.: Wochenschauverlag.

Kuhn, Bärbel. 2012. „Bilingualer Geschichtsunterricht", in: Barricelli, Michele & Lücke, Martin. edd. *Handbuch Praxis des Geschichtsunterrichts*. Bd. 2. Schwalbach/Ts.: Wochenschauverlag, 325-339.

Kuhn, Bärbel. 2014. *Der Erste Weltkrieg im Geschichtsunterricht. Grenzen, Grenzüberschreitungen, Medialisierung von Grenzen*. St. Ingbert: Röhrig Universitätsverlag.

Middendorf, Stefanie. 2012. „Modernitätsoffensiven, Identitätsbehauptungen, *Bandes dessinées* und die Nationalisierung der Massenkultur in Frankreich", in: *Zeithistorische Forschungen. Studies in Contemporary History* 9, 76-97.

Mounajed, René. 2009. *Geschichte in Sequenzen. Über den Einsatz von Geschichtscomics im Geschichtsunterricht*. Frankfurt/M.: Peter Lang.

Rüsen, Jörn. 2008 [1994]. *Historische Orientierung. Über die Arbeit des Geschichtsbewusstseins, sich in der Zeit zurechtzufinden*. Schwalbach/Ts: Wochenschau-Verlag.

Snyder, Timothy. 2011. *Bloodlands. Europe Between Hitler and Stalin*. New York: Basic Books.

Tardi, Jacques & Verney, Jean-Pierre. 2008. *Putain de guerre 1914-1915-1916*. Bruxelles/Paris: Casterman.

Thürmann, Eike. 2013. „Scaffolding", in: Hallet & Königs. edd., 236-243.

Walther, Peter. 2014 [1914]. *Der Erste Weltkrieg in Farbe*. Köln: Taschen.

Historische und historiographische Konzepte im bilingualen Geschichtsunterricht. Entwurf eines Modells der mentalen Repräsentation

Christine Pflüger

1. Einleitung

„Grande Guerre et Libération: en 2014, le choc des mémoires" titelte *Le Monde* bereits am 27. Oktober 2012. Der drei Spalten lange Artikel greift die Debatte über den Plan der französischen Regierung zur Gründung einer „mission des anniversaires des deux guerres mondiales" auf, die für Anfang November 2012 vorgesehen war. Das Vorhaben rief heftige Kritik auf Seiten sozialistischer Politiker, von Mitgliedern der *Conseils régionaux* sowie von Historikern, namentlich Nicolas Offenstadt, hervor (Wieder 2012, 2).

Die französische Regierung dagegen verwies darauf, dass die Verbindung der beiden Ereignisse – nämlich des Ausbruchs des ersten Weltkriegs 1914 mit der Befreiung von der deutschen Okkupation 1944 – in einem gemeinsamen Gedenken schon fast Tradition habe: Nicht nur, dass de Gaulle im Jahre 1964 die Zeit zwischen 1914 und 1944 als einen dreißigjährigen deutsch-französischen Krieg („une guerre de trente ans") bezeichnet habe[1], sondern bereits vor ihm (nämlich 1954) und auch lange nach seiner Regierungszeit wieder (1984) sei beider Ereignisse schon gemeinsam gedacht worden (Wieder 2012, 2). Da für andere Länder oder auch andere Kriegsparteien ganz andere Daten für das Ende des zweiten Weltkriegs oder für die Befreiung von der deutschen Besatzung relevant sind, handelt es sich hier freilich um einen spezifisch französischen Diskurs.

Man könnte mit Auszügen aus diesem Artikel im Geschichtsunterricht in eine Diskussion über die Erinnerungskultur zum Ersten Weltkrieg einsteigen. Zudem wird am Beispiel dieses Artikels deutlich, dass im bilingualen Geschichtsunterricht nicht nur eine zweite Sprache verwendet wird und das Vokabular für die jeweiligen Inhalte zu erarbeiten ist, sondern auch, dass unterschiedliche gesell-

---

[1] Das Konzept eines zweiten dreißigjährigen Krieges bzw. eines dreißigjährigen deutsch-französischen Krieges geht auf de Gaulle zurück. Vgl. dazu Wächter 2006, 171ff.

schaftliche Kontexte und Diskussionen eine Rolle spielen und dafür ein Bewusstsein geweckt werden muss. Hinzu kommt zweitens das *Fach* selbst als *eigenes Konzept*, ‚Geschichte' als Disziplin gleich in zwei (oder mehr) Wissenschaftskulturen, samt den jeweiligen Konzepten der Geschichtsschreibung, die Peter Lee als *second order concepts* bezeichnet hat (Lee 2004, 131).

Hinzu kommen drittens die *historischen Konzepte* im Sinne der jeweils *zeitgenössischen* Konzepte, die Lee (2004) als *substantive concepts* bezeichnet, Denkweisen und Handlungsentscheidungen früherer Gesellschaften, die heutigen Schülerinnen und Schülern fremd sind.[2]

In diesem Beitrag wird ein Modell entwickelt, welches Überlegungen zur mentalen Repräsentation des zweisprachigen Lexikons (insbesondere beim Zweitsprachenerwerb) auf der einen Seite mit Überlegungen zur mentalen Repräsentation historischer Konzepte auf der anderen Seite zusammenführt. Auf der Grundlage dieses Modells lässt sich aufzeigen, dass ein zentraler Gewinn bzw. ‚Mehrwert' des bilingualen Arbeitens im Geschichtsunterricht aus geschichtsdidaktischer Perspektive im Bereich der Erarbeitung und Schärfung von Begriffen und Konzepten liegt[3], im Bereich der konzeptuellen Wahrnehmung und des konzeptuellen Denkens in zwei Sprachen.[4] Aus der Perspektive der Fremdsprachendidaktik ist dieses schulisch und außerschulisch vor allem für die Entwicklung von *Language Awareness* und *Cultural Awareness* von Bedeutung.[5]

An einigen Beispielen wird sodann verdeutlicht, inwiefern in den Quellen zum Ersten Weltkrieg jeweils spezifische zeitgenössische Konzepte – aus der Retrospektive also ‚historische' Konzepte – wirksam sind, während die aktuelle deutsche und französische Geschichtskultur (etwa in Form populärwissenschaft-

---

[2] Vgl. dazu etwa Hasberg 2004.
[3] Zur Begriffsarbeit im bilingualen Unterricht vgl. beispielsweise schon Dodson 1968 oder Bonnet 2004. Zur Relevanz von Begriffen und Konzepten sowie zur Begriffsarbeit im bilingualen Geschichtsunterricht vgl. z.B. Gruner 2010, Pflüger 2010, Pflüger 2013, Rautenhaus 2002, Vollmer 2002.
[4] Zum konzeptuellen Denken im Fach Geschichte vgl. beispielsweise Lee 2004. Zur „Sachkompetenz" als „historische Begriffs- und Strukturierungskompetenz" vgl. Schöner 2007, hier insbes. 272-280, Gruner 2010 und Pflüger 2010. Zur verstärkten Aufmerksamkeit der Geschichtsdidaktik für die Sprache vgl. etwa Günther-Arndt 2010.
[5] Vgl. dazu beispielsweise Fehling 2005.

licher Veröffentlichungen) zum ersten Weltkrieg in erster Linie auf gemeinsame *second order concepts* zurückgreift. Das heißt, in der Geschichtskultur kommen Konzepte der Geschichtsschreibung und Geschichtswahrnehmung zum Tragen, die mittlerweile sowohl im französischen als auch im deutschen Diskurs geteilt werden. Dies macht geschichtskulturelle Produkte in beiden Sprachen für heutige Schülerinnen und Schüler zugänglich und verhältnismäßig leicht zu erfassen.

Ein Mehrwert bilingualen Arbeitens besteht schließlich auch darin, dass sowohl die spezifischen als auch die gemeinsamen Konzepte bewusst gemacht und reflektiert werden können und nicht durch Übersetzung an Präzision bzw. Konnotationen verlieren. Dies fördert den Prozess der Begriffsbildung und ermöglicht den Aufbau nicht nur eines Wortschatzes, sondern insbesondere eines ‚Schatzes' an Konzepten.

2. Historiographische und historische Konzepte am Beispiel des Themas ‚Erster Weltkrieg'

2.1 Konzepte der Geschichtsschreibung: *second order concepts*

Im zitierten Artikel aus Le Monde wird auf ein historiographisches Konzept – und damit ein *second order concept* – zurückgegriffen, das sowohl in der französischen als auch in der deutschen Historiographie etabliert ist, das Konzept des ‚Dreißigjährigen Krieges', der *‚guerre de trente ans'*. Der Bezug auf 1944, ein Jahr, das als Datum des *débarquement* und der *libération* in Frankreich zentrale Bedeutung hat, bewegt sich dagegen in einem gesellschaftsspezifischen Diskurs. Auch das Konzept ‚Erster Weltkrieg', ‚*la première guerre mondiale*', ist ein solches *second order concept*, ein gemeinsames Konzept der retrospektiven Wahrnehmung – wusste doch 1914-18 noch niemand, dass es einen Zweiten Weltkrieg geben würde. ‚*La guerre de 14-18*' oder ‚*La Grande Guerre*' sind dagegen spezifisch französische *second order concepts*, während Begriff und Konzept der ‚Urkatastrophe' eher in der deutschen Retrospektive verwendet werden.

2.2 Zeitgenössische Konzepte: *substantive concepts*

Während sich *second order concepts* vor allem in aktuellen Publikationen und Medien aller Art niederschlagen, lassen sich aus den zeitgenössischen Quellen jene Konzepte erschließen, die Peter Lee (2004) im Gegensatz zu den *second order concepts* als *substantive concepts* bezeichnet und die integraler Bestandteil des historischen Untersuchungsgegenstands sind.

Da im bilingualen Geschichtsunterricht mit authentischem Quellenmaterial – und eben nicht mit Übersetzungen – gearbeitet wird, begegnen Schülerinnen und Schüler diesen Konzepten z.B. in Form spezifischer Begrifflichkeiten für die Wahrnehmung des Eigenen und des Fremden bzw. Anderen: *poilu* ist (aus französischer Perspektive) die Wahrnehmung des Eigenen, *boche* die Wahrnehmung des Anderen – ein Beispiel, an dem deutlich werden kann, wie für L1-Sprecher in Deutschland die Aneignung von L2-Sprache und historischem Perspektivenwechsel ineinander greifen.

Poilu kann dabei als historischer Begriff gesehen werden, weil heutige französische Soldaten nicht mehr so bezeichnet werden; *boche* blieb dagegen auch im Zweiten Weltkrieg und eine ganze Zeit lang nach dem Krieg die abwertende, negativ konnotierte Bezeichnung für die Deutschen.

2.3 *Substantive concepts* und *second order concepts* in zwei Sprachen – Entwurf eines Modells der mentalen Repräsentation

Um diese Bezüge zwischen zwei Sprachen einerseits und historischen sowie historiographischen Konzepten andererseits zu veranschaulichen, greife ich auf das von Aneta Pavlenko entwickelte Modell des „Bilingual Lexicon" (Pavlenko 2009, 147) zurück, das ich für den Kontext des bilingualen *Geschichts*unterrichts ausdifferenzieren möchte.

Pavlenko führt für ihr Modell des „Bilingual Lexicon" (vgl. Abb. 1) in den Köpfen bilingualer Personen bzw. der Lerner einer zweiten Sprache mehrere Modelle zu Zweitsprachenerwerb und Bilingualität zusammen. Im Zentrum des Interesses steht dabei die Frage, wie Konzept-Vorräte beim gleichzeitigen Umgang mit zwei Sprachen mental organisiert und repräsentiert sind (ebd., 146). Pavlenko geht davon aus, dass es in jeder Sprache sowohl sprachspezifische Konzepte ohne ein Äquivalent in der anderen Sprache (bzw. anderen Sprachen)

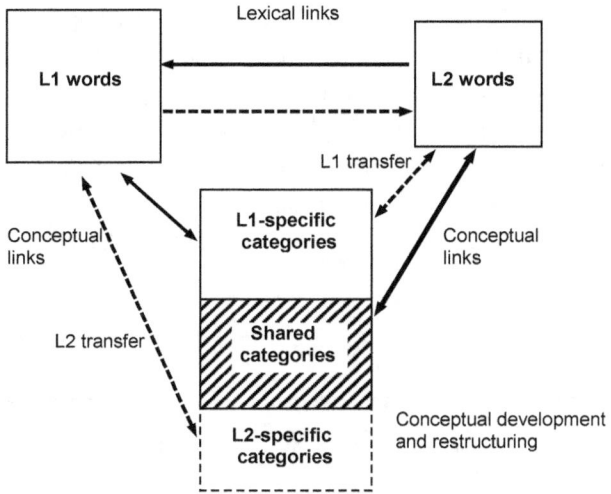

Abb. 1: Das Modell des "Bilingual Lexicon" nach Pavlenko (2009, 147)

gebe, als auch Konzepte, die sich mit denen der anderen Sprache (bzw. anderer Sprachen) überschneiden, ihnen ähnlich oder sogar weitgehend gleich sind.

Im Hinblick auf den zweisprachigen Umgang mit Geschichte schlage ich in Anlehnung an Lee (2004) vor, in dem sprachbezogenen Modell von Pavlenko die Dimensionen historischer und historiographischer Konzepte (‚Geschichte als Disziplin') sichtbar zu machen. Das heißt, sowohl die konzeptuellen Dimensionen des historischen Sprachgebrauchs als auch diejenigen von ‚Geschichte als Disziplin', die sich in spezifischem Vokabular, aber auch in jeweils spezifischen Kategorien niederschlagen, sollen im Modell explizit – und damit sichtbar – gemacht werden (vgl. dazu Abb. 2).

Auf diese Weise wird deutlich, dass die für die L1 bzw. die L2 „spezifischen Kategorien" (nach Pavlenko) jeweils auch *specific substantive concepts* beinhalten, d.h. die historischen zeitgenössischen Konzepte der Weltwahrnehmung und Sinnbildung (Lee 2004, 131), die in den Quellen wirksam sind.

Darüber hinaus beinhalten Pavlenkos „spezifische Kategorien" aber auch die jeweils spezifischen *second order concepts*, die Konzepte der retrospektiven Vergangenheitswahrnehmung, Geschichtsschreibung und historischen Sinnbildung (Lee 2004, 131).

Ähnliche Konzepte der Vergangenheitswahrnehmung und Geschichtsschreibung in beiden Sprachen – und in diesem Falle auch beiden Wissenschaftskulturen – sind im Bereich der *shared categories* anzusiedeln. Der Prozess des „conceptual development and restructuring" (Pavlenko) betrifft in Bezug auf die Beschäftigung mit Vergangenheit und Geschichte daher sowohl die Ebene der *substantive concepts*, also der jeweils zeitgenössischen Konzepte, als auch die Dimension der *second order concepts*, der Konzepte der Geschichtsschreibung.

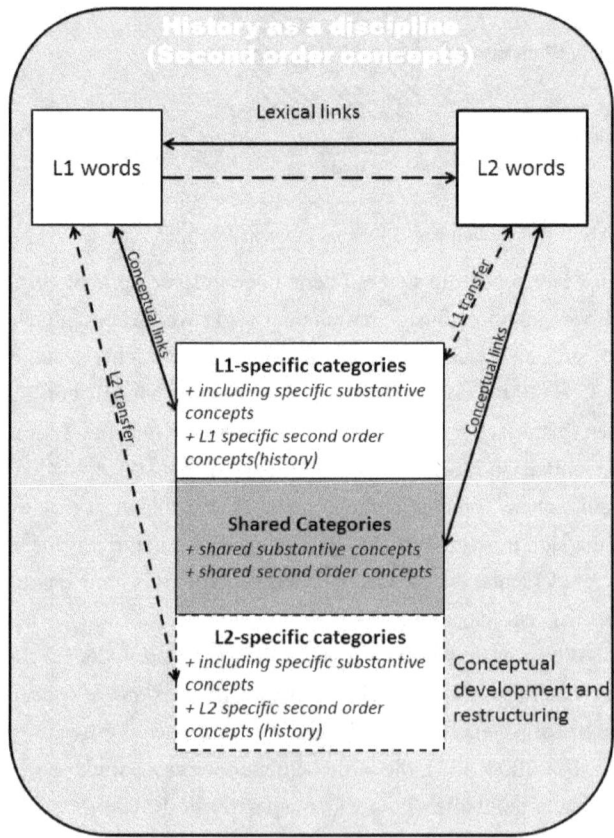

Abb. 2: Erweiterung des sprachbezogenen Modells von Pavlenko (2009) um konzeptuelle Dimensionen des historischen Denkens in Anlehnung an Lee (2004)

Historische und historiographische Konzepte im bilingualen Geschichtsunterricht 239

3. Zeitgenössische Konzepte in den Quellen: *substantive concepts* als „specific categories"

Anhand von zwei Quellenbeispielen möchte ich auf einige zeitgenössische Wahrnehmungsmuster – im Sinne von *substantive concepts* – aufmerksam machen, die sich mit Schülerinnen und Schülern erarbeiten und problematisieren lassen.

3.1 Die Begriffe *don* und *victoire* in französischen Schülerzeichnungen

Zwei französische Schülerzeichnungen von 1916 (Abb. 3 und Abb. 4; Pignot 2012, 400) nehmen eine Gegenüberstellung von *au front* und *à l'arrière* vor, wobei zugleich die gegenseitige Ergänzung, die Komplementarität dieser beiden Lebens- und Erfahrungsräume des Krieges dargestellt wird bzw. vermutlich entsprechend der Aufgabenstellung auch dargestellt werden sollte.

Abb. 3: Das Konzept der *victoire* für Front und Hinterland (Pignot 2012, 400)

Doc. 3. Élève Horn, *Pour la victoire, ils donnent leur argent; ils donnent leur sang*, s.d.

Abb. 4: Das Konzept des *don* für Hinterland und Front (Pignot 2012, 401)

Augenfällig wird in diesen Zeichnungen zum einen die Übertragung des Konzepts der *victoire* von der Kriegs- und Kampfsituation auch auf Alltagssituationen, sowie zweitens das Konzept der ‚(Hin-)Gabe' (*le don, donner*; „ils donnent leur argent / leur sang etc.)[6], das die Gemeinschaft zwischen *front* und *arrière*, zwischen den Soldaten auf der einen Seite und den Kindern, Frauen und Älteren (wie z.B. der Figur des Lehrers) auf der anderen Seite stiftet.

Beide Konzepte waren zeitgenössisch sowohl auf französischer als auch deutscher Seite wirksam und wurden insbesondere auch propagandistisch verwendet (für Kriegsanleihen, Nagelungen[7] usw.). Daher sind sie im Unterricht nicht nur aus diesen Zeichnungen, sondern auch aus Propagandaplakaten oder Spendenaufrufen gut zu erschließen und zu problematisieren.

Eine Verbindung von damaligen und heutigen Wahrnehmungskonzepten hat sich in der *Geschichtskultur* niedergeschlagen: *À l'arrière comme au front – Les Isérois dans la Grande Guerre* lautete der Titel einer Ausstellung im Sommer

---

[6] Ggf. kann hier auch der Unterschied zwischen *don* und *sacrifice* besprochen werden.
[7] Zum Phänomen der Nagelungen vgl. Schneider 2013, 14, 17 und passim.

2014 in Grenoble (Musée dauphinois). Obwohl die Perspektive hier retrospektiv und das Anliegen der Ausstellung ehrende und mahnende Erinnerung war, wurde durch die Verwendung der Konzepte von *front* und *arrière* als *grille de lecture* dennoch die Vorstellung einer wehrhaften Republik weiter getragen.[8]

3.2 Das Tagebuch der Hertha Strauch

Das zweite Beispiel, aus dem sich mit Schülerinnen und Schülern zeitgenössische Wahrnehmungsmuster erschließen lassen, ist das Tagebuch der 18-jährigen Hertha Strauch alias Adrienne Thomas, die den ersten Weltkrieg in Metz erlebte (Thomas 2004).[9] In ihren Aufzeichnungen spiegeln sich einerseits gesellschaftlich wirksame Konzepte und andererseits propagandistisch verwendete Konzepte, die teilweise in die eigene Wahrnehmung übernommen, zugleich aber auch vor dem Hintergrund religiös und humanistisch geprägter persönlicher Wertmaßstäbe kritisiert werden.[10]

Zu Hertha Strauchs kritischer Haltung gegenüber preußischer Politik und Mentalität trug sicherlich auch ihr „lothringisches Sonderbewusstsein" bei (vgl. Scholdt 2004, 221ff.), das hier jedoch nicht näher erörtert werden kann. Das junge Mädchen wuchs Anfang des 20. Jahrhunderts im zweisprachigen St. Avold auf. Da Elsass-Lothringen bis 1871 zu Frankreich gehört hatte, gab es in

---

[8] Im Gegensatz dazu liegt z.B. dem Projekt *La cote 108 à Berry-au-Bac: Fronts militaires et fronts domestiques entre histoires nationales et mémoire européenne* (Fabien Théofilakis) ausdrücklich das Bestreben nach einem Perspektivenwechsel zugrunde. Ziel ist es, den Ersten Weltkrieg nicht mehr aus einer nationalen, sondern aus binationaler Perspektive zu erzählen. Dies spiegelt sich etwa in der Übersetzung des propagandistisch aufgeladenen Begriffs der ‚Heimatfront' als ‚front domestique' (anstelle der aus dem Militärjargon entlehnten ‚arrière'). Durch die Übersetzung soll dieser Unterschied in den Konzepten ausgeglichen werden. Zugleich wird an diesem Beispiel deutlich, dass dies sprachlich nicht ganz einfach ist. (http://www.ihtp.cnrs.fr/spip.php%3Frubrique258&lang=fr.html; 01.09.15)

[9] Dieses Tagebuch ist als Quelle in mehrfacher Hinsicht für den Geschichtsunterricht von Interesse. Es spiegelt neben dem Kriegsalltag die Lebenswelt eines gutbürgerlichen Mädchens zu Beginn des 20. Jahrhunderts. Darüber hinaus ist der Ort des Geschehens nicht unwichtig: Hertha Strauch alias Adrienne Thomas erlebt den Krieg in Metz, d.h. in Elsass-Lothringen, das damals zum deutschen Reich gehörte, bis 1871 französisch gewesen war und auch heute wieder zu Frankreich gehört. Das Bewusstsein, in einer politisch umkämpften Region zu leben, kommt in Hertha Strauchs Aufzeichnungen ebenfalls immer wieder zum Ausdruck.

[10] Zu den Widersprüchen zwischen pazifistischen Haltungen einerseits, deutschnationalen Äußerungen andererseits vgl. auch Scholdt, (2004, 217-221).

der Großelterngeneration noch viele alteingesessene Lothringer in Metz, der tägliche Umgang war also durchaus zweisprachig.

Leitend ist dennoch auch bei Hertha Strauch die Wahrnehmung der Gegnerschaft. „Wir" und „die" stehen einander gegenüber, das Vorgehen der Deutschen wird als „sich unseres Felles wehren" (25. April 1915; Thomas 2004,15) und als „heldenhafte" Verteidigung der „gerechten Sache" gerechtfertigt. Die Wahrnehmung des Anderen ist bei ihr nicht ganz frei von gesellschaftlichen Stereotypen, wenn etwa die „Höflichkeit" der französischen Gefangenen, die sie mit großem Mitleid betrachtet, als Haltung gleich einer ganzen Nation zugeschrieben wird (1. Mai 1915; ebd., 21).

Während Hertha Strauch die Sinnlosigkeit des Krieges, die Kriegspropaganda und das „Menschenschlachten"[11] immer wieder kritisiert, bleiben z.B. gesellschaftliche Konzepte in Bezug auf soziale Schichten oder Geschlechterrollen weitgehend unhinterfragt. Im Zusammenhang mit ihrem Engagement im Lazarett bemerkt sie, dass sie (die dem höheren Bürgertum entstammte) ohne diese Situation „keinem Bäckergesellen das Taschentuch gewaschen, keinem Fabrikarbeiter Knöpfe an den Mantel genäht" hätte (25. April 1915; ebd., 16). Auch die Äußerungen zu dem, was „Sache" der Frauen und der Männer sei, spiegeln gängige gesellschaftliche Vorstellungen (1. Mai 1915; ebd., 2004, 21). Die Lektüre des gesamten Tagebuchs gibt jedoch auch Einblicke in Veränderungen ihrer Haltung, so kritisiert sie beispielsweise bereits im August 1915 die Oberflächlichkeit höherer Töchterschulen (12. August 1915; ebd., 75).

Ausschnitte aus diesem Tagebuch eignen sich daher als Quelle im bilingualen Unterricht gut, um zeitgenössische Wahrnehmungskonzepte, Gesellschaftskonzepte, aber auch emotionale Ambivalenzen und Spannungsverhältnisse zwischen verschiedenen Wertesystemen, die aufgrund der Kriegserfahrung virulent werden, herauszuarbeiten.

Während Hertha Strauch immer wieder die am Krieg beteiligten Nationen erwähnt, die Sinnlosigkeit des gegenseitigen Abschlachtens kritisiert und durch Überlegungen zur Problematik der Bündnisse die weltweite Ausdehnung des

---

[11] Ein Begriff, den Hertha Strauch immer wieder verwendet, was darauf schließen lässt, dass sie (vermutlich) den 1912 erschienenen Roman *Das Menschenschlachthaus* von Wilhelm Lamszus kannte.

Konflikts in den Blick nimmt, reduzieren die beiden Schüler-Zeichnungen – vermutlich auch aufgrund der (nicht überlieferten) Aufgabenstellung – den Konflikt auf klare Dichotomien: Die Kriegsparteien sind Frankreich und Deutschland (bzw. Franzosen und Deutsche), die Lebenswelt ist unterteilt in die Front und die *arrière* (hinter den Linien), als Ergebnis werden ein Sieger (*victoire*) und ein Verlierer festzustellen sein.

4. Gemeinsame *second order concepts* in geschichtskulturellen Repräsentationen des Ersten Weltkriegs am Beispiel von populärwissenschaftlichen Zeitschriften

Die beiden Quellen thematisieren naturgemäß noch nicht den späteren, erinnernden Umgang mit den Kriegserfahrungen. In der aktuellen Geschichtskultur dagegen ist der Erinnerungsdiskurs ständig präsent, ebenso das Wissen um die Katastrophe, die weltweite Ausdehnung und die Folgen des Krieges. In geschichtskulturellen Darstellungen des ersten Weltkriegs werden daher *second order concepts* wirksam, Konzepte der Geschichtsschreibung und der retrospektiven Wahrnehmung.

Die Untersuchung einiger Sondernummern der Geschichtszeitschriften, die von großen Tages- und Wochenzeitungen in Frankreich und Deutschland zum Thema ‚Erster Weltkrieg' herausgegeben wurden[12], hat gezeigt, dass in diesen populärwissenschaftlichen Darstellungen vielfach auf *shared second order concepts*, d.h. auf sowohl im deutschen als auch im französischen Diskurs aktuelle, gemeinsame historiographische Konzepte und Wahrnehmungskonzepte zurückgegriffen wird.

Geschichtskulturelle Objektivationen wie Spielfilme, Comics/*bandes dessinées*, historische Romane, Computerspiele und ähnliches, aber auch Ausstellungen, Dokumentationen und populärwissenschaftliche Publikationen verweisen

---

[12] *Le Nouvel Observateur*, Numéro double « 1914 – L'année où tout a basculé », 19 déc. 2013 au 1er janvier 2014; *ZEIT Geschichte* Nr. 1/2014 „Der Erste Weltkrieg. 1914-1918 Der Große Krieg: Wie er begann und wie die Menschen ihn erlebten"; *Ouest France*, 14-18 Centenaire de la 1re Guerre mondiale – Histoires d'hommes de l'Ouest. 100 lieux et hommes, Hors-Série 2014; *Le Monde Hors-Série* Octobre-Décembre 2013, 1914-2014. Un siècle de guerre.

auf Vergangenheit[13] und sind somit nicht allein sprachspezifisch, sondern häufig auch gesellschaftsspezifisch: Hier werden heutige Wahrnehmungskonzepte wirksam, die sich auf Themenwahl, Auswahl des abgedruckten Materials, Schwerpunktbildungen, Symboliken (usw.), auf Fragestellungen und Sinnbildungen auswirken. Es geht um das Verhältnis der heutigen Gesellschaft(en) zu ihrer Vergangenheit und um heutige Sinnbildungen.[14]

Indem Geschichtskultur (ebenso wie Forschung und wissenschaftliche Darstellungen) immer aus gegenwärtiger Perspektive entsteht, beinhaltet sie aber nicht nur aktuelle Wahrnehmungsmuster, sondern transportiert – explizit oder implizit – auch Werte und Zukunftskonzepte. Dies kann neben Themenauswahl und Akzentsetzung etwa auch durch Schlussfolgerungen geschehen, die aus Forschung, Beobachtungen und Überlegungen gezogen werden. So werden viele der zeitgenössischen Konzepte, die in den Quellen wirksam sind, in geschichtskulturellen Produkten aus heutiger Perspektive kritisch hinterfragt. Die Betonung liegt dabei zum Beispiel darauf, dass es nur Verlierer des Krieges gab[15], ja, dass in Kriegen alle Beteiligten Verlierer bleiben werden. Oder es wird in Artikeln über Kriegs- und Heldenmythen das Konzept der ‚Hingabe' als propagandistische und ideologische Konstruktion dekonstruiert.[16]

Da solche Publikationen aufgrund des vielfältigen abgedruckten Materials vermutlich hie und da im Unterricht verwendet werden, sollen die dort verwendeten *second order concepts* anhand einiger Beispiele verdeutlicht werden.

---

[13] Vgl. dazu Pandel (2009, 27). Auf die schier unüberschaubare Fülle an Publikationen, geschichtskulturellen Produkten und Events, die im Kontext des Gedenkens an den Beginn des Ersten Weltkriegs erschienen, kann hier nicht im Einzelnen eingegangen werden. Neben Filmen, Ausstellungen, Publikationen zur Erinnerungskultur (insbesondere zu Kriegerdenkmälern bzw. *Monuments aux morts*) und neueren Erzählformen wie Comics (Tardi u.a.) ist zu beobachten, dass insbesondere Familiengeschichten (auch in Form von Briefwechseln oder Erinnerungen), Tagebücher und Korrespondenzen (samt Feldpostkarten), Neuauflagen zeitgenössischer Antikriegsbücher (Remarque, Schlump, Kraus, Barbusse u.a.), Quellenveröffentlichungen zur damaligen Propaganda und Darstellungen des Kriegsalltags an der Front und zu Hause auf großes Interesse stoßen.

[14] Vgl. dazu die Definition von Geschichtskultur bei Jacques Le Goff: „J'accueille ici l'expression de « culture historique » […]. J'y ajoute le rapport qu'entretient, dans sa psychologie collective, une société avec son passé" (Le Goff 1988, 218f.).

[15] Vgl. dazu André Burgière in *Le Nouvel Observateur* 19 déc. 2013 au 1er janvier 2014 (numéro double), S.132.

[16] *Zeit Geschichte* 1/2014, 68-69 u. 50-51, sowie *Zeit Geschichte* 1/2014, 50-51 u. 38-39.

4.1 Alltags- und Sozialgeschichte

Dass in allen vier Zeitschriften – in der Sondernummer des *Nouvel Observateur*, in *ZEIT Geschichte*, im *Ouest France* sowie in *Le Monde* Hors-Série – Feldpost, Korrespondenzen und Tagebücher als wichtige Quellen zu Einzelschicksalen und subjektivem Erleben hervorgehoben und das Leben in den Städten, Hunger, Versorgungsprobleme und gesellschaftliche Auswirkungen des Krieges (z.B. Frauenarbeit in Rüstungsfabriken) angesprochen werden, spiegelt die seit den 1970er und 1980er Jahren etablierten Forschungsansätze der Sozial- und Alltagsgeschichte, der Forschung zu Kommunikationsmechanismen und – ansatzweise – der Mentalitätsgeschichte. Diese Konzepte der Geschichtsschreibung sind sowohl in der deutschen als auch in der französischen Forschung etabliert (wenn auch mit jeweils eigenen Akzenten) und können folglich als gemeinsame *second order concepts* angesehen werden, mit denen Schülerinnen und Schüler konfrontiert sind, wenn sie mit Auszügen aus der Forschungsliteratur oder populärwissenschaftlichen Publikationen arbeiten.

So liegt z.B. in *Ouest France* „14-18. Histoires d'hommes de l'Ouest" im Sinne der Alltags- und Sozialgeschichte der Akzent auf der Durchdringung des Alltags durch den Krieg, die durch die Umwandlung öffentlicher Gebäude wie Schulen oder eines Grand Séminaire in Lazarette[17], durch die Nahrungsmittelknappheit oder auch die Umwandlung eines Steinbruchs in ein Zuchthaus spürbar wurde. Auch *ZEIT Geschichte* „Der Erste Weltkrieg. 1914-1918. Der Große Krieg: Wie er begann und wie die Menschen ihn erlebten" greift am Beispiel des Hungers das Kriegserleben und den Alltag in den Städten auf (Ullrich 2014) und thematisiert darüber hinaus die Propaganda der beteiligten Mächte.

4.2 Die transnationale Perspektive

Auch Ansätze einer transnationalen Erschließung des Themas lassen sich feststellen. Während in den französischen Publikationen kaum von literarischen Verarbeitungen der Kriegserfahrungen die Rede ist bzw. nur in Form von Zitaten, werden in einem diesbezüglichen Artikel in *ZEIT Geschichte* auch die einschlägigen französischen Romanautoren – z.B. Henri Barbusse – erwähnt. Um-

---

[17] *Ouest France, 14-18. 100 lieux et hommes,* Hors-Série 2014, 50-51. Ein Beispiel für ein umgewandeltes Kloster vgl. ebd., 52.

gekehrt macht die Sondernummer des *Ouest France* auf ein geplantes transnational angelegtes *Mémorial* in der Nähe von Notre-Dame-de-Lorette aufmerksam, auf dem die Namen aller dort Gefallenen eingraviert werden sollen, in alphabetischer Reihenfolge, ohne Unterscheidung nach Nationalitäten.[18]

4.3 Globalisierung, *mondialisation*, *entangled history* und Verflechtungsgeschichte

Weitaus deutlicher als die transnationale Perspektive ist aber offenbar das Konzept der Globalisierung als Wahrnehmungskonzept wirksam, die *mondialisation* als *grille de lecture*, ein weiteres gemeinsames *second order concept*, das jedoch nicht als Konzept der Geschichtsschreibung anzusehen ist, sondern im Sinne einer aktuellen Kategorie zur Beschreibung politischer, ökonomischer, sozialer und kultureller globaler Verflechtungen und Interdependenzen verwendet wird. Als korrespondierende kulturwissenschaftlich-historiographische Konzepte könnten globalgeschichtliche Ansätze sowie das Konzept der *entangled history*, der Verflechtungsgeschichte, gelten.

Insbesondere *Le Monde Hors Série* ist m.E. durch das Globalisierungsparadigma, die *mondialisation* als *grille de lecture* geprägt. Der Krieg wird in diesem Heft nicht historisiert, sondern der Erste Weltkrieg wird an den Anfang eines Jahrhunderts voller Kriege und Konflikte, die zum Teil bis heute noch nicht abgeschlossen sind, gestellt. Diese Sonderausgabe schafft somit Aktualität, Beklemmung, betont das Leiden, das durch Kriege entsteht, als gegenwärtiges Leiden und lässt Fragen zu weltweiten politischen, wirtschaftlichen und sozialen Zusammenhängen aufkommen. Unter den Großkapiteln „Faire la guerre", „Vivre la guerre", „Raconter la guerre" finden sich Analysen und Theorien von Politologen und Historikern zum weltweiten Kriegsgeschehen, statistische Übersichten, kommentierte Auszüge aus Texten über den Krieg aus verschiedenen Jahrhunderten. Thematisiert werden die Rolle des Geldes und technischer Entwicklungen für Kriege, die Rolle von Gewalt und Menschenrechtsverletzungen, betroffene Opfergruppen (Frauen, Kinder, Flüchtlinge, Gefangene), die Rolle der Großmächte, sowie nicht zuletzt die Rolle des Kriegsfotografen, der Zeugnis

---

[18] *Ouest France, 14-18. 100 lieux et hommes*, Hors-Série 2014, 33. Das *Mémorial* liegt in der Nähe von Notre-Dame-de-Lorette und Souchez (Nord Pas-de-Calais).

von Schrecken, Angst und Alltag des Krieges ablegen und Fragen aufwerfen möchte. Indem auch Fragen von Erinnerung und Traumata zur Sprache kommen, die von dem Historiker Denis Peschanski und dem Neurophysiologen Boris Cyrulnik in einem transdisziplinären Ansatz untersucht werden, wird der Blick darüber hinaus auf den Zusammenhang zwischen individuellem Kriegserleben und den psychischen und psycho-sozialen Folgen für das Individuum und die Gesellschaft gelenkt (Lefebvre 2013, 76-77). Das *shared second order concept* der Verflechtung wird hier somit nicht nur im Sinne weltweiter Interdependenzen, sondern auch im Sinne einer transgenerationellen Verflechtung verstanden.[19]

Aber nicht allein in der Sonderausgabe *Le Monde Hors Série* sondern auch in den anderen untersuchten Publikationen wird die weltweite Ausdehnung des Konflikts hervorgehoben und auf die weltweiten Kriegsschauplätze aufmerksam gemacht, ob diese nun allein für den Krieg von 1914-18 aufgezeigt werden oder auch für das ganze Jahrhundert danach. So ist es ein zentrales Anliegen der Ausgabe von *ZEIT Geschichte*, das globale Ausmaß des ersten Weltkriegs zu zeigen, die Welt im Krieg zu zeigen, namentlich die sinnlose Zerstörung von Leben und Umwelt. Betont wird das Leiden und in einigen Artikeln auch der Erste Weltkrieg als Vorgeschichte des Zweiten.

4.4 Zukunftskonzepte

In der erzählenden Verbindung von Vergangenheit, Gegenwart und Zukunft vollzieht sich der Prozess der „historischen Sinnbildung" (Rüsen 1997 u. 2013). Viele Beiträge in den untersuchten Publikationen zum Ersten Weltkrieg stellen implizit oder explizit die Frage nach den Zielen von Erinnerung und Gedenken sowie die Frage, welche Folgerungen für heute und für die Zukunft aus der Auseinandersetzung mit dem damaligen Geschehen zu ziehen seien. Sie beinhalten folglich Sinnbildungsangebote für heutige Leserinnen und Leser auf mehreren Ebenen: Einerseits geht es um den Umgang mit der Vergangenheit, zugleich aber werden in diesem Prozess der Sinnbildung Zukunftskonzepte wirksam. Als

---

[19] Vgl. dazu auch Stéphane Audoin-Rouzeau im Interview mit André Burguière (Burguière 2013-2014, 135).

shared second order concept ist in dieser Hinsicht das Konzept auszumachen, Krieg als Mittel der Politik abzulehnen.

So ist bereits der Leitartikel in *Le Monde, 1914-2014. Un siècle de guerres* überschrieben mit „Les leçons d'un siècle de guerre" und endet mit dem Hinweis auf den chinesischen Autor Sun Zi, der schon im 4. Jh. v. Chr. zu dem Schluss kam, „la première règle de l'art de la guerre, c'est d'éviter la guerre" (Lefebvre 2013, 3).

In *ZEIT Geschichte* wird zunächst das unterschiedliche kollektive Gedächtnis der beteiligten Nationen angesprochen. Robert Gerwarth begründet damit, warum sich Europa „mit dem Erbe des Ersten Weltkriegs so schwertu[e]". Als die „große Lehre" aus dem Krieg sieht er letztendlich das vereinigte Europa an (Gerwarth 2014, 21), womit er zugleich ein Zukunftskonzept auf politischer Ebene formuliert.

In eine ähnliche zukunftsbezogene Deutung wird auch der historische Ort und gemeinsame Erinnerungsort Verdun einbezogen, wenn Christoph Dieckmann betont: „Verdun erinnern heißt, den Krieg zu hassen. Aus Dank, ihn nicht zu kennen" (Dieckmann 2014, 117).

5. *Specific second order concepts* in der Geschichtskultur

Zu den *specific categories* bzw. *specific concepts* zählt dagegen die Erwähnung der „fusillés", jener vor allem zu Beginn des Krieges von Standgerichten erschossenen französischen Soldaten, die in der französischen Historiographie (und auch im öffentlichen Diskurs) lange Zeit vernachlässigt worden waren und erst im Zuge der erneuten Beschäftigung mit dem Ersten Weltkrieg nun Gegenstand eines Forschungsprojekts geworden sind.[20]

Auch die Bezeichnung *gueules cassées* stellt in dieser Form ein zeitgenössisches, gesellschaftsspezifisches Konzept dar, das ursprünglich im Frankreich der Nach- und Zwischenkriegszeit zu verorten ist. Allerdings betreibt die „Union des blessés de la face et de la tête" (gegründet 1921), die seit 2001 durch eine

---

[20] Leiter der Untersuchungskommission zu den Fusillés im Auftrag des französischen Ministeriums der Anciens Combattants ist Antoine Prost. Vgl. Kolebka, 103, sowie die Kurzbiographien und den Hinweis auf ein Denkmal für vier Fusillés in *Ouest France, 14-18 Centenaire de la 1re Guerre mondiale – Histoires d'hommes de l'Ouest. 100 lieux et hommes*, Hors-Série 2014, 19 u. 23.

Stiftung verstärkt wird[21], heute unter dem Namen *gueules-cassées.asso* eine Internetseite. Das Anliegen der Vereinigung ist nach wie vor die Unterstützung entstellter Veteranen auch der aktuellen Kriege. Durch einen kurzen Artikel über diese Organisation bzw. Stiftung in der Sondernummer des *Ouest France* wird folglich eine explizite Verbindung zwischen der unmittelbaren Nachkriegszeit, der Gegenwart und der Zukunft hergestellt und die Fürsorge für Leidtragende aktueller Kriege als Zukunftskonzept verankert.

6. Bilingualer Geschichtsunterricht: Konzepte und Konnotationen – ein *regard croisé* auf den Ersten Weltkrieg

Was bedeuten die vorgestellten Analysen nun für den bilingualen Geschichtsunterricht?

Ein Mehrwert des bilingualen Geschichtsunterrichts liegt darin, dass anhand authentischer Materialien sprachlich codierte spezifische Konzepte (in Sprache, Vokabular, Metaphern und wissenschaftlichen Zugängen) und begriffliche Konnotationen erschlossen, bewusst gemacht und reflektiert werden können, die bei einer Übersetzung dieser Materialien verloren gehen, verändert oder zumindest nur eingeschränkt wahrgenommen werden würden.

Vor diesem Hintergrund wurden im vorliegenden Beitrag einige Materialien vorgestellt, die es erlauben, im bilingualen Geschichtsunterricht eine Art *regard croisé* auf den Ersten Weltkrieg zu werfen. Während anhand der zeitgenössischen Quellen frühere Wahrnehmungen, Einschätzungen und gesellschaftliche Konzepte erschlossen werden können, ermöglichen geschichtskulturelle Produkte eine Auseinandersetzung mit Formen und Funktionen der Erinnerung und mit den heutigen Einschätzungen der historischen Zusammenhänge. Darüber hinaus können die Auswahlprozesse diskutiert werden, die der Entstehung historischer Darstellungen zugrunde liegen. So könnte mit Schülerinnen und Schülern durchaus untersucht und diskutiert werden, ob und inwiefern Ähnlichkeiten oder Unterschiede zwischen den französischen und den deutschen Zeitschriftenpublikationen zu beobachten sind. Hierbei würden sowohl die vorgestellten *shared second order concepts* der Geschichtsschreibung als auch gesellschaftsspezifi-

---

[21] *Ouest France*, 14-18 Centenaire de la 1re Guerre mondiale – Histoires d'hommes de l'Ouest. 100 lieux et hommes, Hors-Série 2014, 84.

sche *second order concepts* ins Auge fallen. Insbesondere die *shared second order concepts* erleichtern Schülerinnen und Schülern – vermutlich – den Zugang zu solchen Materialien.

Mithilfe des Modells der bilingualen Repräsentation sowohl historischer als auch historiographischer Konzepte und Kategorien, die entweder sprachspezifisch verankert sind oder aber als gemeinsame Konzepte existieren, sollte verdeutlicht werden, dass eine bewusste und präzise Unterscheidung zwischen gesellschafts- und sprachspezifischen Konzepten auf der einen Seite sowie beiden Sprachen gemeinsamen („shared") Konzepten auf der anderen Seite zum Aufbau eines umfassenden ‚Schatzes' an Konzepten (d.h. nicht nur eines Wortschatzes) beitragen kann. Damit sollte auch die Notwendigkeit einer dezidierten Förderung der Begriffsbildung unterstrichen werden.

Selbstverständlich macht es dabei einen Unterschied, ob man es mit der Sekundarstufe I oder II zu tun hat. Die Materialauswahl wird sich außerdem stark am vorhandenen Sprachniveau der Schülerinnen und Schüler orientieren müssen. Eine jüngst durchgeführte Untersuchung an einer Kasseler Realschule (Wagner 2014), die deutsch-französischen bilingualen Geschichtsunterricht anbietet, hat ergeben, dass Schülerinnen und Schüler der Sekundarstufe I die französische Sprache zwar als schwierig einschätzen. Wenn sie aber das historische Thema interessant finden, sind sie – nach eigenen Aussagen! – gerne bereit, die Anstrengung zu unternehmen, um sich die Quellen in der Originalsprache zu erschließen.

Literaturverzeichnis

BONNET, Andreas. 2004. „Kompetenz durch Bedeutungsaushandlung. Ein integratives Modell für Bildung und sachfachliches Lernen im bilingualen Unterricht", in: Bonnet, Andreas & Breidbach, Stephan. edd. *Didaktiken im Dialog. Konzepte des Lehrens und Wege des Lernens im bilingualen Sachfachunterricht*. Frankfurt/M.: Peter Lang, 115-126.

BURGUIERE, André. 2013-2014. „La brutalisation du monde. Un entretien avec Stéphane Audoin-Rouzeau", in: *Le Nouvel Observateur* 19.12.2013- 01.01.2014, 132-135.

DIECKMANN, Christoph. 2014. „Keiner kommt durch", in: *ZEIT Geschichte* 1, 111-117.

DODSON, C.J. 1968. *Towards Bilingualism. Studies in Language Teaching Methods*, Cardiff: University of Wales Press, 17-77.

FEHLING, Sylvia. 2005. *Language Awareness und bilingualer Unterricht. Eine komparative Studie*. Frankfurt/M.: Peter Lang.

GERWARTH, Robert. 2014. „Die große Verwüstung", in: *ZEIT Geschichte* 1, 14-21.

GRUNER, Carola. 2010. „Entwicklung historischer Begriffs- und Strukturierungskompetenz im bilingualen Geschichtsunterricht. Analysebeispiel aus einer empirischen Studie", in: Handro, Saskia & Schönemann, Bernd. edd. *Geschichte und Sprache*. Berlin: LIT-Verlag, 93-112.

GÜNTHER-ARNDT, Hilke. 2010. „Hinwendung zur Sprache in der Geschichtsdidaktik – Alte Fragen und neue Antworten", in: Handro, Saskia & Schönemann, Bernd. edd. *Geschichte und Sprache*. Berlin: LIT-Verlag, 17-46.

HASBERG, Wolfgang. 2004. „Bilingualer Geschichtsunterricht und historisches Lernen. Möglichkeiten und Grenzen", in: *Internationale Schulbuchforschung* 26, 119-139.

KOLEBKA, Héloïse. „« Une mémoire portée par la société.» Entretien avec Antoine Prost", in: *Les collections de l'histoire* No. 61, S. 101-104.

LE GOFF, Jacques. 1998. *Histoire et mémoire*. Paris: Gallimard.

LEE, Peter. 2004. „Understanding History", in: Seixas, Peter. ed. *Theorizing Historical Consciousness*. Toronto: University of Toronto Press, 129-164.

LEFEBVRE, Michel. 2013. „Entretien avec Denis Peschanski et Boris Cyrulnik. Le traumatisme entre histoire et neuroscience", in: *Le Monde Hors-Série* oct.-déc., 1914-2014. Un siècle de guerre, 76-77.

PANDEL, Hans-Jürgen. 2009. „Geschichtskultur als Aufgabe der Geschichtsdidaktik: Viel zu wissen ist zu wenig", in: Oswalt, Vadim & Pandel, Hans-Jürgen. edd. *Geschichtskultur. Die Anwesenheit von Vergangenheit in der Gegenwart*. Schwalbach/Ts.: Wochenschauverlag, 19-33.

PAVLENKO, Aneta. 2009. „Conceptual Representation in the Bilingual Lexicon and Second Language Vocabulary Learning", in: Pavlenko, Aneta. ed. *The Bilingual Mental lexicon. Interdisciplinary Approaches*. Bristol: Multilingual Matters, 125-160.

PFLÜGER, Christine. 2010. „Chancen des bilingualen Geschichtsunterrichts – Überlegungen zu Grundlagen und Zielen frühen bilingualen historischen Lernens", in: Ventzke, Marcus & Mebus, Sylvia & Schreiber,Waltraud. edd. *Geschichte denken statt pauken in der Sekundarstufe II. 20 Jahre nach der friedlichen Revolution: Deutsche und europäische Perspektiven im gymnasialen Geschichtsunterricht*. Dresden: Sächsisches Bildungsinstitut, 49-58.

PFLÜGER, Christine. 2013. „Geschichtslehrerausbildung für den bilingualen Unterricht. Erfordernisse, Strukturen, Perspektiven für die erste Ausbildungsphase", in: Popp, Susanne et al. edd. *Zur Professionalisierung von Geschichtslehrerinnen und Geschichtslehrern. Nationale und internationale Perspektiven*. Göttingen: Vandenhoeck & Ruprecht, 223-246.

PIGNOT, Manon. 2012. *Allons enfants de la patrie. Génération Grande Guerre*. Paris: Seuil.

RAUTENHAUS, Heike. 2002. „Prolegomena zu einer Didaktik des bilingualen Sachfachunterrichts, Beispiel: Geschichte", in: Bach, Gerhard & Niemeier, Susanne. edd. *Bilingualer Unterricht. Grundlagen, Methoden, Praxis, Perspektiven*. Frankfurt/M.: Peter Lang, 115-126.

RÜSEN, Jörn. 1997. „Was heißt: Sinn der Geschichte? (Mit einem Ausblick auf Vernunft und Widersinn)", in: Müller, Klaus E. & Rüsen, Jörn. edd. *Historische Sinnbildung. Problemstellungen, Zeitkonzepte, Wahrnehmungshorizonte, Darstellungsstrategien*. Reinbek bei Hamburg: Rowohlt.

RÜSEN, Jörn. 2013. *Historik. Theorie der Geschichtswissenschaft*. Köln: Böhlau.

SCHNEIDER, Gerhard. 2013. *In eiserner Zeit. Kriegswahrzeichen im Ersten Weltkrieg. Ein Katalog*. Schwalbach/Ts.: Wochenschauverlag.

SCHOLDT, Günter. 2004. „Nachwort", in: Thomas, Adrienne. *Aufzeichnungen aus dem Ersten Weltkrieg. Ein Tagebuch.* Köln: Böhlau, 207-224.

SCHÖNER, Alexander. 2007. „Kompetenzbereich historische Sachkompetenzen", in: Körber, Andreas & Schreiber, Waltraud & Schöner, Alexander. edd. *Kompetenzen historischen Denkens. Ein Strukturmodell als Beitrag zur Kompetenzorientierung in der Geschichtsdidaktik.* Neuried: ars una, 265-314.

THOMAS, Adrienne. 2004. *Aufzeichnungen aus dem Ersten Weltkrieg. Ein Tagebuch.* Herausgegeben von *Günter Scholdt.* Köln: Böhlau.

ULLRICH, Volker. 2014. „Hungern bis zum Aufstand", in: *ZEIT Geschichte 1: Der Erste Weltkrieg,* 52-57.

VOLLMER, Helmut J. 2002. „Bilingualer Sachfachunterricht als Inhalts- und Sprachlernen", in: Bach, Gerhard & Niemeier, Susanne. edd. *Bilingualer Unterricht. Grundlagen, Methoden, Praxis, Perspektiven.* Frankfurt/M.: Peter Lang, 51-73.

WÄCHTER, Matthias. 2006. *Der Mythos des Gaullismus. Heldenkult, Geschichtspolitik und Ideologie 1940 bis 1958.* Göttingen: Wallstein.

WAGNER, Daniela. 2014. *Bedarf es des bilingualen (Geschichts-)Unterrichtes? – Schülermeinungen zur Option einer sprachlichen Früherziehung.* Wissenschaftliche Abschlussarbeit. Kassel: Universität Kassel (unveröff. Ms.).

WIEDER Thomas. 2012. „Grande Guerre et Libération: en 2014, le choc des mémoires", in: *Le Monde* 21079, 27 oct., 2.

Autorinnen und Autoren

DR. MICHELE BARRICELLI ist Professor für Didaktik der Geschichte am Historischen Seminar der Leibniz-Universität Hannover.
Arbeitsbereiche: Historische Kompetenzmodelle (insbesondere narrative Kompetenz), Zeitgeschichte im Unterricht, interkulturelles Geschichtslernen, Zeitzeugenarbeit, Erinnerungskultur und *Public History*.
E-Mail: michele.barricelli@hist.uni-hannover.de

DR. MARTINA BENDER ist wissenschaftliche Mitarbeiterin für hispanistische Literaturwissenschaft und Didaktik der romanischen Sprachen an der Martin-Luther-Universität Halle-Wittenberg.
Arbeitsbereiche: Literatur- und Filmdidaktik, Intermedialität im Fremdsprachenunterricht, Kultur und Theater des 17. und 18. Jahrhunderts in Spanien, frühneuzeitlicher spanischer Roman.
E-Mail: martina.bender@romanistik.uni-halle.de

DR. CORINNA KOCH ist Juniorprofessorin für Didaktik des Französischen und Spanischen an der Universität Paderborn.
Arbeitsbereiche: Comics, kommunikationsorientierte Grammatikvermittlung, Erster Weltkrieg, Mehrsprachigkeitsdidaktik, Praxissemester.
E-Mail: Corinna.Koch@upb.de

TRISTAN LECOQ ist *Inspecteur général de l'Education nationale (histoire et géographie)* und Professor für Zeitgeschichte an der Universität Paris-Sorbonne.
Arbeitsbereiche: Geschichte des Ersten und Zweiten Weltkriegs, Militär- und Marinegeschichte, nationale Sicherheit und Verteidigung im heutigen Frankreich.
E-mail: tristan.lecoq@education.gouv.fr

DR. CHRISTIAN MINUTH ist Professor für französische Sprache und Literatur und ihre Didaktik an der Pädagogischen Hochschule Heidelberg.
Arbeitsbereiche: Literaturdidaktik, projektorientierte Ansätze des Fremdsprachenlernens; Tätigkeit als Lehrbuchautor und Berater eines Schulbuchverlages.
E-Mail: minuth@urz.uni-heidelberg.de

PRIV.DOZ. DR. CORDULA NEIS ist Vertretungsprofessorin für Didaktik des Französischen und Spanischen an der Universität Paderborn.
Arbeitsbereiche: Sprachtheorie und -philosophie, Geschichte der Sprachwissenschaft, Sprachgeschichte, Begriffsgeschichte, Zeichentheorie, Konzeptionen von Schrift, Mündlichkeit vs. Schriftlichkeit, Sprachvergleich und Übersetzung, Geschichte und Gegenwart des Fremdsprachenunterrichts, Chanson-Didaktik.
E-Mail: cordula.neis@upb.de

DR. CHRISTINE PFLÜGER ist Professorin für die Didaktik der Geschichte an der Universität Kassel.
Arbeitsbereiche: Geschichtskultur und Erinnerungskultur, Repräsentationen von Widerstand in Literatur und Historiographie, Tagebücher und Selbstzeugnisse als Quellen im Geschichtsunterricht, historische Imagination, bilingualer Geschichtsunterricht (Französisch).
E-Mail: christine.pflueger@uni-kassel.de

TIMOTHEE PIRARD ist Lektor für Französisch an der Westfälischen Wilhelms-Universität Münster.
Arbeitsbereiche: Sprachpraxis, französische Literatur des 20. Jahrhunderts.
E-Mail: t.pirard@wwu.de

DR. MICHAEL SCHNEIDER ist Studienrat für Französisch und Spanisch am Ludwigsgymnasium Köthen und Lehrbeauftragter für Fachdidaktik am Institut für Romanistik der Martin-Luther-Universität Halle-Wittenberg.
Arbeitsbereiche: Literaturdidaktik und Intermedialität, historische Themen im Fremdsprachenunterricht und bilingualer Sachfachunterricht.
E-Mail: michael.schneider@romanistik.uni-halle.de

DR. JOACHIM SISTIG ist Studienrat für Französisch und Musik an der Anne-Frank-Gesamtschule in Moers und Lehrbeauftragter am Romanischen Seminar der Ruhr-Universität Bochum.
Arbeitsbereiche: Interkulturelles Lernen, Deutschland- und Frankreichbilder, Literaturdidaktik, französische Populärmedien.
E-Mail: Joachim.Sistig@rub.de

PRIV.DOZ. DR. KATHRIN VAN DER MEER ist Vertretungsprofessorin für Didaktik der romanischen Sprachen und Literaturen an der Westfälischen Wilhelms-Universität Münster.

Arbeitsbereiche: Französische und italienische Literatur des 19. Jahrhunderts, Lyrik des Symbolismus, Gegenwartsroman, Literaturdidaktik, Didaktik des interkulturellen Lernens.

E-Mail: vandermeer@uni-muenster.de

Sie haben die Wahl:

Bestellen Sie die Schriftenreihe
Französischdidaktik im Dialog
einzeln oder im **Abonnement**

per E-Mail: vertrieb@ibidem-verlag.de | per Fax (0511/262 2201)
als Brief (***ibidem***-Verlag | Leuschnerstr. 40 | 30457 Hannover)

Bestellformular

☐ Ich abonniere die Schriftenreihe *Französischdidaktik im Dialog* ab Band # ____

☐ Ich bestelle die folgenden Bände der Schriftenreihe *Französischdidaktik im Dialog*

____; ____; ____; ____; ____; ____; ____; ____; ____; ____

Lieferanschrift:

Vorname, Name ....

Anschrift ....

E-Mail.. | Tel.: ....

Datum .... | Unterschrift ....

Ihre Abonnement-Vorteile im Überblick:

- Sie erhalten jedes Buch der Schriftenreihe pünktlich zum Erscheinungstermin – immer aktuell, ohne weitere Bestellung durch Sie.
- Das Abonnement ist jederzeit kündbar.
- Die Lieferung ist innerhalb Deutschlands versandkostenfrei.
- Bei Nichtgefallen können Sie jedes Buch innerhalb von 14 Tagen an uns zurücksenden.

***ibidem*-**Verlag

Melchiorstr. 15

D-70439 Stuttgart

info@ibidem-verlag.de

www.ibidem-verlag.de
www.ibidem.eu
www.edition-noema.de
www.autorenbetreuung.de

www.ingramcontent.com/pod-product-compliance
Lightning Source LLC
Chambersburg PA
CBHW072139290426
44111CB00012B/1915